朝阳文物志

罗哲文题

北京市朝阳区文化委员会 编

文物出版社

封面设计　周小玮
责任印制　张道奇
责任编辑　孙　霞　许海意　张晓曦

图书在版编目（CIP）数据

朝阳文物志／北京市朝阳区文化委员会编．—北京：
文物出版社，2014.3
ISBN 978-7-5010-3374-4

Ⅰ.①朝…　Ⅱ.①北…　Ⅲ.①文物-概况-朝阳区
Ⅳ.①K872.13

中国版本图书馆 CIP 数据核字（2011）第 262961 号

朝阳文物志

北京市朝阳区文化委员会　编

*

文物出版社出版发行
（北京市东城区东直门内北小街 2 号楼）
http://www.wenwu.com
E-mail:web@wenwu.com
北京京都六环印刷厂印刷
新华书店经销
787×1092　1/16　印张：16.5　插页 1
2014 年 3 月第 1 版　2014 年 3 月第 1 次印刷
ISBN 978-7-5010-3374-4　定价：180.00 元

《朝阳文物志》编委会

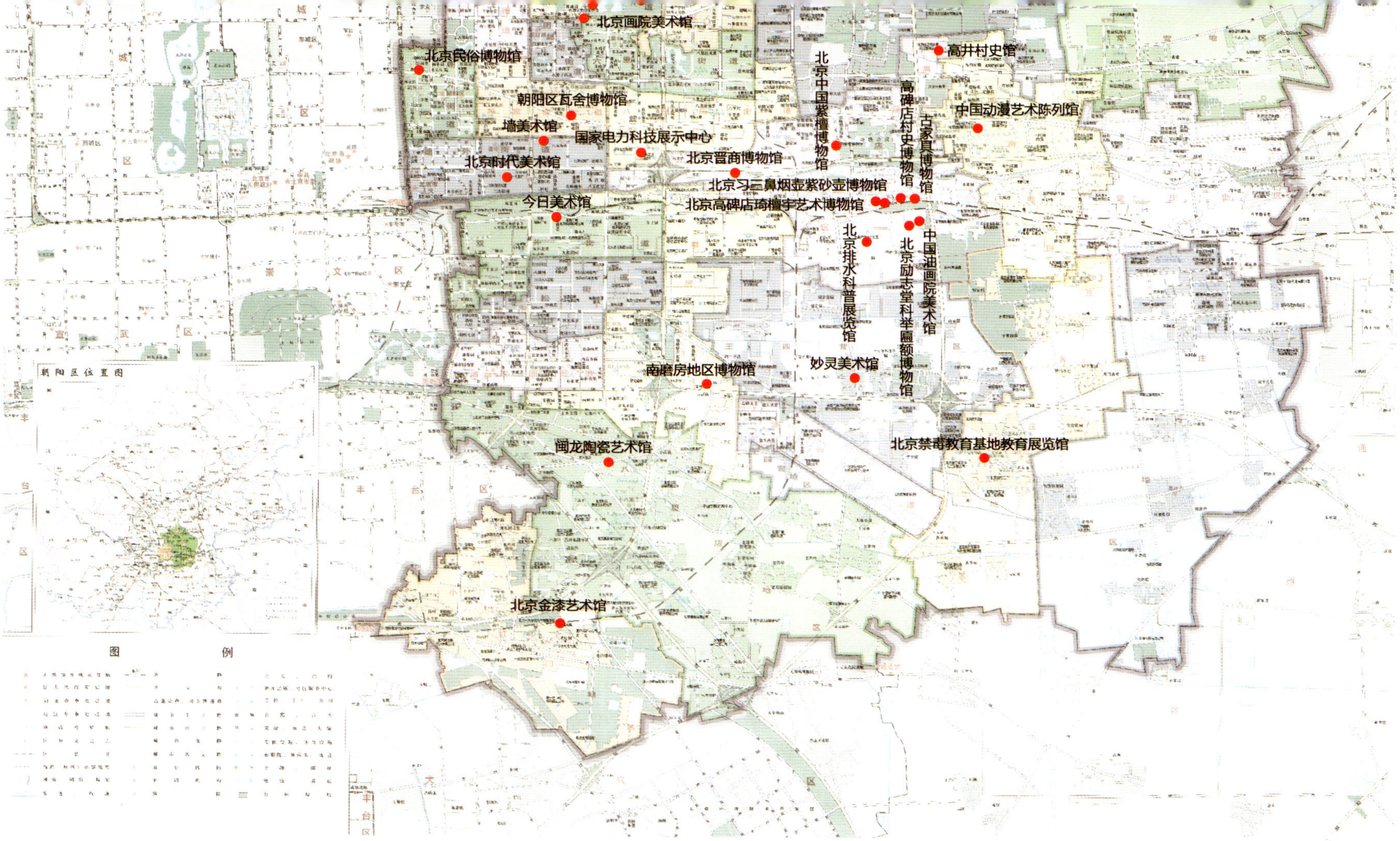

朝阳区博物馆分布示意图

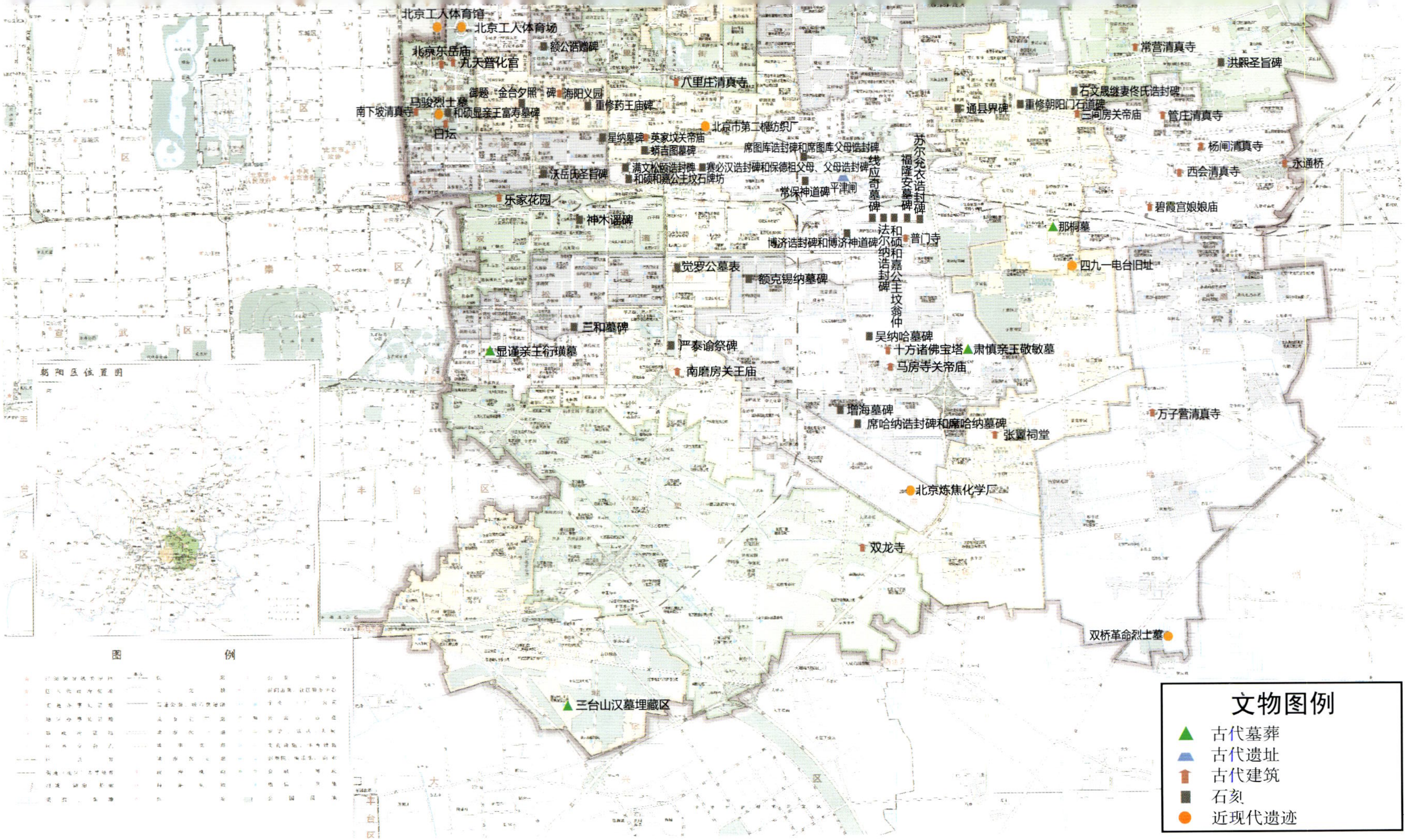

朝阳区重点文物分布示意图

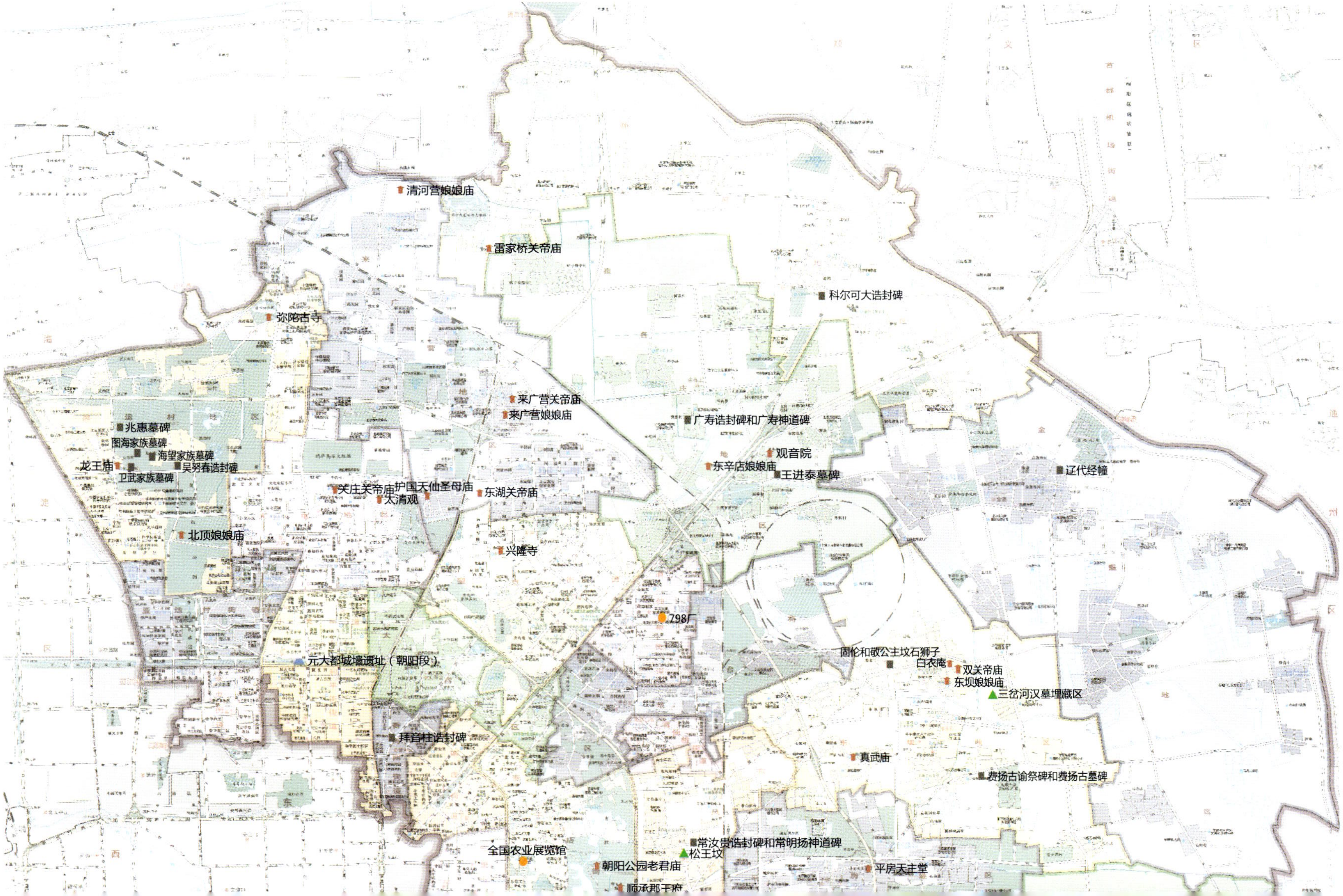

清河营娘娘庙
雷家桥关帝庙
科尔可大诰封碑
弥陀古寺
来广营关帝庙
来广营娘娘庙
广寿诰封碑和广寿神道碑
兆惠墓碑
图海家族墓碑
海望家族墓碑
龙王庙
吴努春诰封碑
卫武家族墓碑
观音院
东辛店娘娘庙
王进泰墓碑
辽代经幢
关庄关帝庙
护国天仙圣母庙
太清观
东湖关帝庙
北顶娘娘庙
兴隆寺
798厂
固伦和敬公主坟石狮子
白衣庵
双关帝庙
东坝娘娘庙
三岔河汉墓埋藏区
元大都城墙遗址（朝阳段）
拜音杜诰封碑
真武庙
费扬古谕祭碑和费扬古墓碑
常汝贵诰封碑和常明扬神道碑
松王坟
全国农业展览馆
朝阳公园老君庙
平房天主堂
顺承郡王府

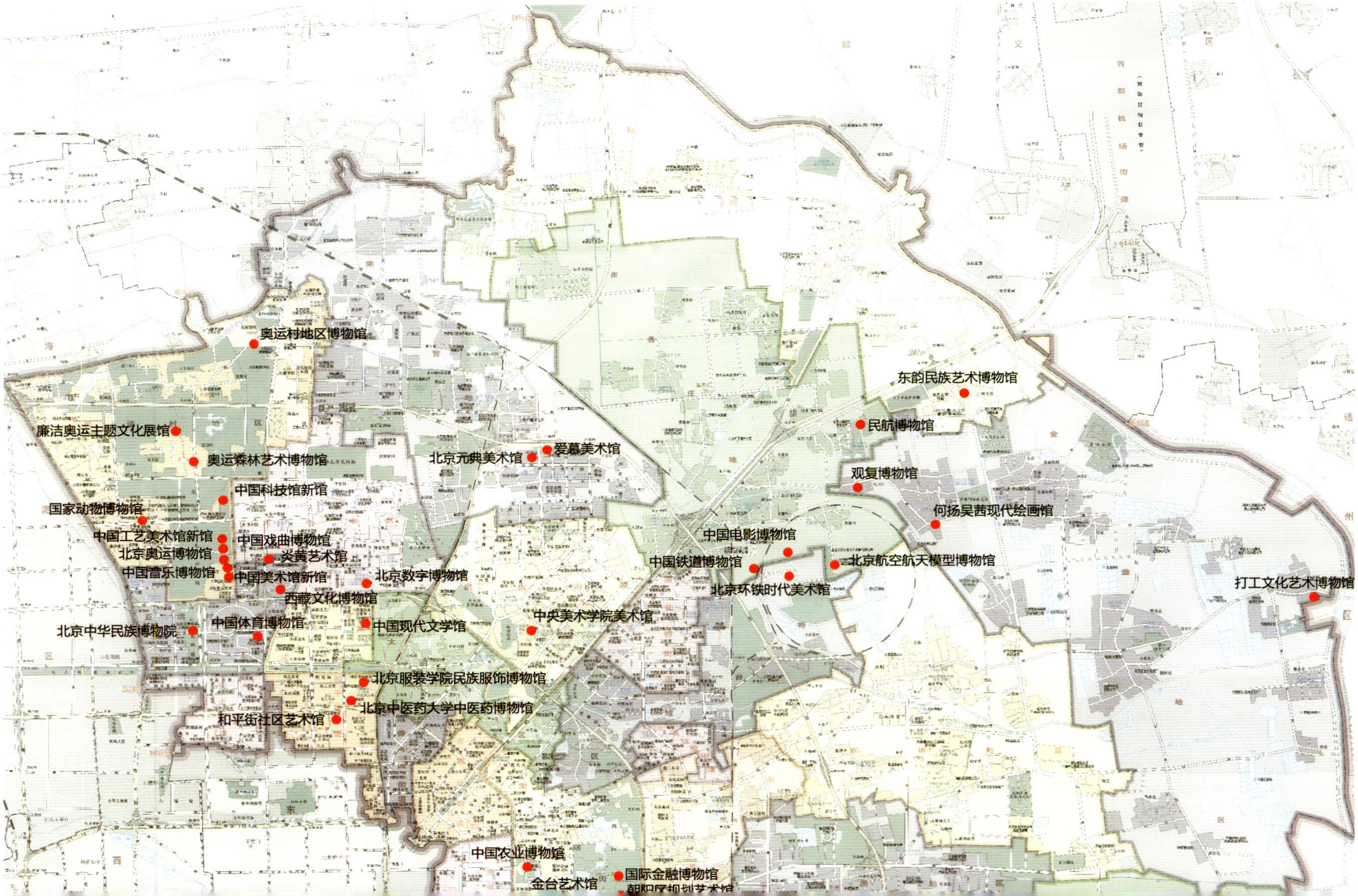
奥运村地区博物馆
东韵民族艺术博物馆
民航博物馆
廉洁奥运主题文化展馆
爱慕美术馆
北京元典美术馆
奥运森林艺术博物馆
观复博物馆
中国科技馆新馆
国家动物博物馆
何扬吴茜现代绘画馆
中国电影博物馆
中国工艺美术馆新馆
中国戏曲博物馆
北京奥运博物馆
炎黄艺术馆
中国铁道博物馆
北京航空航天模型博物馆
中国音乐博物馆
中国美术馆新馆
北京数字博物馆
北京环铁时代美术馆
打工文化艺术博物馆
西藏文化博物馆
中央美术学院美术馆
北京中华民族博物院
中国体育博物馆
中国现代文学馆
北京服装学院民族服饰博物馆
北京中医药大学中医药博物馆
和平街社区艺术馆
中国农业博物馆
国际金融博物馆
金台艺术馆

序　言

在朝阳区委、区政府及相关部门的支持与配合下，《朝阳文物志》的编写，历时一年，数易其稿，精益求精，终于面世。作为区域有史以来第一部文物志，它的编写是一项开拓性工作，填补了朝阳文物志书的空白。

朝阳区历史悠久，人文荟萃，境内文物古迹众多。早在新石器时代，北部立水桥地区即出现原始农业、畜牧业聚落。新中国成立后，呼家楼战国货币的出土，三岔河、三台山汉墓的发掘，后苇沟北齐古长城城砖的发现，小红门晚唐古沉船的出土，无不揭示着作为古代燕蓟之地，金、元、明、清四朝京畿要地的朝阳所承载的丰厚历史底蕴。

全区境内已发现不可移动文物 100 余处。其中全国重点文物保护单位 6 处，北京市文物保护单位 3 处，朝阳区文物保护单位 8 处。数量众多的遗物遗迹，承载着历史的印痕，见证朝阳区形成和发展过程，在北京乃至中国的历史画册上留下了浓墨重彩的一笔。这些弥足珍贵的文物遗存，是促进朝阳区文化大发展大繁荣取之不尽的源泉，成为朝阳区与世界交流的响亮名片。

近年来，在区委、区政府的正确领导下，朝阳区在文物保护修缮、文物安全、博物馆建设等方面成绩突出。建立了区文物主管部门、街道（乡）文化中心、社区（村）文化站三级文物保护网络；加大资金投入，用于文物修缮、文保单位环境治理、文物抢险的资金近 2 亿元，全区古建总面积已达到 2 万余平方米；通过筹建东岳书院、恢复日坛祭祀、老物件巡展等活动，挖掘文物承载的历史记忆，弘扬传统文化；结合北京市“十二五”时期历史文化名城保护建设规划，积极推进王四营古塔郊野公园传统文化区建设，提升郊野公园的文化品位和历史文化内涵；2010 年 9 月，朝阳区代表北京市通过了国家文物局的第三次全国文物普查实地验收；2011 年，国家文物局又将朝阳区确定为第一次全国可移动文物普查试点单位，并于 2013 年 4 月通过第一次全国可移动文物普查的试点评估验收工作。

在文物事业取得显著成就的同时，朝阳区博物馆事业也取得了较快的发展。朝阳区共有博物馆 58 家，数量居北京市区县之首。按常住人口 354 万计算，约 6 万人就拥有一座博物馆，已经超过 10 万人的国际标准。2011 年，朝阳区在北京市率先出台《朝阳区大力发展博物馆事业的工作意见》和《朝阳区鼓励促进民办博物馆发展实施办法（试行）》，大力扶持辖区内博物馆建设，充分发挥了博物馆在文化传承、社会教育等方面的作用。

作为首都城市功能拓展区，朝阳区承载着“国际交往的重要窗口、中国与世界经济联系的重要节点、对外服务业发达地区、现代体育文化中心和高新技术产业基地”的功能定位。近年来，朝阳区紧紧围绕落实“人文北京、科技北京、绿色北京”发展战略和建设中国特色世界城市的目标，以科学发展为主题，以加快转变经济发展方式为主线，深入推动“转变发展方式示范区、建设世界城市试验区、推进城乡一体化先行区、促进社会和谐模范区”建设，全面提升核心竞争力、承载环境、文化文明新优势，在更高层次上推动经济社会又好又快发展。“十二五”期间，朝阳区将继续加大对文物保护、博物馆建设的投入力度，努力创新文物保护机制，充分发挥博物馆公共文化服务功能，不断满足人民群众日益增长的精神文化需求。

文物是历史和文化的结晶，体现区域的传承、内涵、精神、特色。只有保护好、利用好文物古迹，留下区域赖以发展的根基与延续发展的文脉，塑造区域发展的特色风貌与鲜明亮点，才能以自觉的行为迈出更加坚定的步伐走向未来！

北京市朝阳区文化委员会

二〇一三年九月

凡　例

一、本志为记述北京市朝阳区文物事业发展的志书。记录内容以行政区划内的文物遗存为主，兼及相关的人物史事和文物博物馆工作。

二、本志记录时间上限自事物发端，下限至2013年底。

三、本志记录地域以2013年北京市朝阳区的行政区划为准。地名及机构名称一般情况下用最后的名称，如涉及不同历史时期的地名和机构名称则用当时的名称。

四、本志依次为概述、全国重点文物保护单位、古代墓葬、古代遗址、古代建筑、石刻、近现代遗迹、馆藏精粹、博物馆、文物市场、文物管理、朝阳区文物工作大事记及附录。

五、文物遗存中，已公布为文物保护单位的古迹，按政府公布的名称立目；未公布为文物保护单位的古迹，首选重要著作（如重要考古报告等）著录的名称立目，次以现行习用名称立目。馆藏文物珍品，按编卡名称立目。管理机构、博物馆和文物市场等，均以其在相应管理单位正式登记的名称立目。

六、石刻作为特殊遗存，一般归入石刻类单独立目，在所属祠堂、庙观等古迹条目中一般不作详细记述。其他遗存的相似情况，依此类推。

七、时间、计量表述用阿拉伯数字，中国干支及帝号纪年用汉字。时间用公元纪年，计量单位用法定计量单位。

八、凡在表述中出现“现”、“今”等字样的信息，均指本志下限的临近时间。

目　录

第一章 概述

朝阳区位于北京城区东部，辖域面积470.8平方公里，现设24个街道、19个乡（地区办事处）。四周与北京市的8个区相邻，东与通州相接，南与大兴相邻，西与丰台、东城、西城、海淀接壤，北与昌平、顺义交界。辖域地貌平坦，地势从西北向东南缓缓倾斜，平均海拔34米；河湖水系众多，主要河流包括温榆河、清河、凉水河、通惠河、亮马河、萧太后河、坝河以及北小河。

朝阳区辖域历史悠久，据北部立水桥出土的石斧、石镰、石纺轮、陶器以及房基考证，在新石器时期，朝阳区境内已有人类活动。夏、商、周时属“禹贡九州”之冀州。西周初，武王封帝尧之后于蓟（今广安门一带），建蓟国，时属蓟国。后燕灭蓟，时属燕国。春秋战国，燕国都蓟，时为燕都蓟城之东北部。秦时，分属广阳郡、渔阳郡。两汉至南北朝时，分属广阳国之蓟县，渔阳郡之路县（东汉改为潞县）、安乐县。隋唐、五代时，分属幽州蓟县、潞县、安乐县、幽都县等。辽会同元年（938）后，分属南京道幽都府蓟北县（蓟县改）、幽都县和潞县等。辽开泰元年（1012）后分属析津府（幽都府改）析津县（蓟北县改）、宛平县（幽都县改）和潞县等。北宋宣和四年至七年（1122～1125）间，分属燕山府路燕山府之析津县、宛平县、潞县、漷阴县等。金初，分属燕京路析津府之析津县、宛平县、通县、潞县等。贞元元年至贞元二年（1153～1154），分属中都路永安府（后称大兴府）之析津县、宛平县和通州潞县、漷阴县。

元世祖至元元年（1264），分属

中都路大兴府之大兴县、宛平县和通州潞县、漷阴县等。至元九年（1272），分属大都路（中都路改）大兴府之大兴县、宛平县和通州潞县、漷阴县等。至元十三年（1276），分属大都路大兴府之大兴县、宛平县和通州潞县以及漷州（漷阴县升州）等。明洪武年间（1368～1381）分属山东行省（后称北平行省）北平府之大兴县、宛平县和通州潞县、漷州等。明永乐元年至十九年（1403～1421）分属北平行部顺天府（北平府改）及京师顺天府之大兴县、宛平县和通州、漷县（漷州改）。清初如明旧。顺治十六年（1659）废漷县后，区境西半部、北部仍为城属，归步军统领衙门管理，其余区域分属直隶省顺天府之大兴县、通州等。

民国前期（1912～1927），主要由北洋政府执政，仍都北京。民国初，废顺天府而改置京兆地方。其间，分属京兆和京兆所属之大兴县、通县（废州称县）等。1928年，国都南迁，国民政府废京兆改设北平特别市后，分属北平特别市之东郊区、北郊区和南郊区及河北省大兴县、通县等。1930年，北平特别市降为北平市后，分属北平市之东郊区、北郊区、南郊区及河北省之大兴县、通县等。1937年“卢沟桥事变”后，北平沦陷。日伪占领时期，主要分属伪北平市和伪河北省津海道之大兴县及伪冀东道之通县；后分属伪北平市和伪燕京道之大兴县、通县等。1945年日本投降后，原北平市东西南北4个郊区析划为8个郊区，则分属北平市郊一区、郊二区、郊三区、郊七区、郊八区及河北省大兴县、通县等。

1949年1月31日，北平和平解放。1949年2月20日华北人民政府迁入北平后，分属北平市第十三区、第十四区、第十五区、第十九区、第二十区和河北省顺义县、通县。是年6月，北平市调整区划，东郊第十四区并入第十三区，南郊第十五区和第二十三区并为第十四区，北郊第十九区和第二十区并为第十七区，则分属第十三区、第十四区、第十七区和河北省顺义县、通县。1949年9月27日，北平更名为北京。1950年8月，北京近郊7个区顺序改为第十区至第十六区后，则分属第十区、第十一区、第十四区和河北省顺义县、通县。1952年9月，撤销北郊第十四区，第十区更名东郊区，第十一区更名南苑区，则分属北京市东郊区、南苑区和河北省顺义县、通县。1955年8月，朝阳门关厢、东便门关厢区划调整，辖域分属北京市东郊区、东单区、南苑区和河北省顺义县、通县。1958年5月，东郊区更名为朝阳区。同时撤销南苑区，原属南苑区的小红门、十八里店、老君堂3乡和原属通县的公主坟、咸宁侯、常营、楼梓庄4乡及康村、羊坊村划归朝阳区。7月，原属东单区的朝阳门关厢、东便门关厢划归朝阳区。9月，原属通县的豆各庄乡划入朝阳区。1959年，顺义县境的首都机场地区划入朝阳区管辖。至此，辖域全部隶属朝阳区。

悠久的历史以及得天独厚的地理条件，为朝阳留下了丰富的文物遗存。目前，全区境内已发现不可移动文物100余处。其中全国重点文物保护单位6处，北京市文物保护单位3处，朝阳区文物保护单位8处。综观朝阳文物，主要具有以下几个特点：

第一，古代建筑级别较高。全国重点文物保护单位包括：始建于元延祐六年（1319）的东岳庙，是道教正一派在华北地区的最大庙宇；京城著名的五坛之一、始建于明嘉靖九年（1530）的日坛，是明清两代皇帝每年“春分”时节祭祀大明（太阳）神的场所；始建于清乾隆四十七年（1782）的清净化城塔，塔内安葬有六世班禅的衣冠经咒；始建于明正统十一年（1446）的永通桥，是“拱卫京师三大桥梁”之一，并因1860年清军在此抗击英法联军、1900年义和团大战八国联军而闻名中外。北京市文物保护单位包括：始建于明代的北顶娘娘庙，是北京中轴线北延长线上的标志性建筑；始建于明嘉靖二十四年（1545）的十方诸佛宝塔，是明代延寿寺的遗存建筑；始建于清初的顺承郡王府，是清朝开国“八大铁帽子王”之一——勒克德浑的府邸。朝阳区文物保护单位包括始建于清道光二十五年（1845）的海阳义园、始建于清光绪年间的张翼祠堂、始建于明正德年间的常营清真寺以及始建于清光绪年间（一说康熙初年）的南下坡清真寺。

第二，古代墓葬分布广泛。在北京市各区县中，朝阳区的古代墓葬数量位居前列。据不完全统计，朝阳区境内以岗、窑、坟命名的自然村就有100余个，新中国成立以来仅施工建设出土的附有随葬品、具有文物价值的墓葬就有500余处，有据可考的历代名人墓、清代王爷坟、公主坟就有100余处。其中，地上建筑遗存至今的有肃慎亲王敬敏墓、显谨亲王衍璜墓以及那桐墓；三岔河、西柳巷、三间房被公布为北京市地下文物埋藏区；高碑店汉墓、三台山汉墓、生物研究所住宅小区唐代墓葬、元张弘纲墓、明施鉴家族墓、安外小关清墓、荣禄墓等有重要的考古发现；卫武家族墓、兆惠墓、图海家族墓、和硕显亲王富寿墓、海望家族墓等30余处清代墓葬现仅遗存品级较高的碑刻。

第三，出土文物具有重要价值。三台山汉墓出土的一批器物，是典型的东汉庄园经济的缩影，生动地反映了东汉时期幽蓟地区的经济发展与社会生活状况。赵胜夫妇合葬墓出土的墓志志文，纠正了《明史》、《明实录》等史书中的诸多舛误。施鉴家族墓出土的墓志志文，出现多个当时的地名及行政区属，为明代历史地理研究提供了新资料。安外小关清墓的墓室和墓道为院落房屋形式，形制特殊，并且保存完整，在北京地区尚属首次发现。荣禄墓出土的金葫芦重达139.6克，上双勾刻字“丙申重阳皇太后赐臣荣禄”，是慈禧太后对荣禄六十岁寿辰的赏赐。此外，团结湖地区出土的牛头骨化石、东坝出土的汉代鼓腹灰陶罐、小红门出土的五代独木船、南磨房出土的明嘉靖青花海龙寿字大盖罐、大屯出土的白玉深浮雕麒麟纹玉带、来广营出土的康熙五彩洗子、双桥出土的康熙青花大罐等，都具有重要的历史、艺术价值。

第四，近现代建筑极具代表性。全国重点文物保护单位四九一电台旧址，就包括典型的北欧乡村别墅式建筑；平房天主堂采用了中西合璧的建筑风格，将中式屋顶与罗马式拱券门窗相结合；798厂的帆状厂房，为典型的德国包豪斯建筑风格，目前仅在中、德、美等国家有极少量存留；北京市第二棉纺织厂的锯齿形厂房建筑，采用了前苏联的设计风格；全国农业展览馆顶部采用了中国传统建筑风格，为三重檐、绿色琉璃瓦八角形亭阁。2007年，北京工人体育场、北京炼焦化学厂、798近现代建筑群等被列入第一批北京优秀近现代建筑保护名录。798厂、北京市第二棉纺织厂在新时期转型为文化创意产业聚集区，已成为当代朝阳的新地标。

建区以后，朝阳的文物工作，在机构建设、普法宣传、文物修缮、文物普查、博物馆建设等方面都取得了突出成绩。首先是建立健全了文物保护管理机构。1958 年至 1982 年，朝阳区的文物工作由北京市文物调查研究组（后划归北京市文物工作队）负责，先后由区文化科、区文化办公室、区文化局兼管。1982 年，朝阳区成立文物管理所，专职负责全区的文物工作。2004 年，朝阳区文物管理所撤销。同年，朝阳区文化委员会设立文物管理科，为主管全区文物工作的行政管理部门。2009 年，朝阳区文物管理所恢复，隶属于朝阳区文化委员会。

朝阳区十分重视文物普法宣传工作。1984 年 3 月，朝阳区政府召开第一次文物工作会议，宣讲《中华人民共和国文物保护法》和《北京市文物保护管理办法》，通报现存文物状况，要求各单位依法对古建筑、古文物进行保护，并公布第一批朝阳区文物暂保单位 62 处。1986 年 5 月，公布朝阳区文物保护单位 8 处，以及第二批朝阳区文物暂保单位 52 处。区文物主管部门还利用业务培训、展板宣传、专题活动等多种形式，加大文物普法宣传力度，提高公众的文物保护参与意识。

近年来，朝阳区政府投入大量资金，先后对东岳庙、北顶娘娘庙、元大都城墙遗址（朝阳段）、龙王庙等文物进行了修缮。其中，自 1995 年产权移交以来，朝阳区先后对东岳庙中路、西路以及东路文物进行了修缮保护；朝阳区前瞻性规划、修缮、保护奥运公共区内北顶娘娘庙、龙王庙等 4 处文物，为“人文奥运”作出突出贡献。同时，拓宽文物保护投资渠道，广泛动员社会力量参与文物保护，先后修缮了那桐墓、弥陀古寺、护国天仙圣母庙、来广营关帝庙等 20 余处文物。

1958 年至 2011 年，朝阳区共进行了四次文物普查，全面掌握了辖域内文物的数量、分布、特征、保存现状等基本情况。特别是 2008 年开始的第三次全国文物普查，朝阳区高度重视，成立普查工作领导小组，举办培训活动，广泛动员，落实责任，高质量完成普查任务，2010 年 9 月通过国家文物局实地验收。2011 年，国家文物局又将朝阳区确定为第一次全国可移动文物普查试点单位，为全国开展可移动文物普查工作积累经验、探索路径。2013 年 4 月朝阳区顺利通过验收。

近年来，博物馆事业也在朝阳区内蓬勃发展。区内现有各级各类博物馆 58 家，数量居北京市各区县之首。其中，1997 年成立的北京民俗博物馆，是朝阳区唯一一座区属公办博物馆，也是北京市唯一一座民俗类专题博物馆。经过十余年的发展，现已成为北京民俗文化的研究中心、展示中心、活动中心。此外，区内民办博物馆发展尤为突出，现有 28 家，集中了北京中国紫檀博物馆、观复博物馆等知名民办博物馆。2011 年，朝阳区制订出台《朝阳区大力发展博物馆事业的工作意见》和《朝阳区鼓励促进民办博物馆发展实施办法（试行）》，大力支持区内民办博物馆建设，充分发挥民办博物馆的社会功能。“十二五”期间，规划在区内建设一座中型综合类博物馆——朝阳区博物馆，集中展示朝阳区历史文化、民风民俗、城市发展情况，同时为国际文化交流提供服务。

第二章　全国重点文物保护单位

【北京东岳庙】

位于北京市朝阳区朝阳门外大街141号。始建于元延祐六年（1319），为皇家敕赐之官庙，主祀泰山神东岳大帝。后经明清两朝不断扩建，成为道教正一派在华北地区的最大庙宇。

元延祐六年（1319），张留孙（1248～1322）在齐化门（今朝阳门）外购置土地，筹建东岳庙，但未及完工即去世。其弟子吴全节（1269～1346）继承师志，于至治二年（1322）春建大门及大殿，次年建东西七十二司廊庑及四子殿，英宗赐名“东岳仁圣宫”，作为东岳大帝的行宫。泰定二年（1325）鲁国大长公主捐资修建后殿，作为大帝和帝后的寝宫，天历元年（1328）落成，文宗赐名“昭德殿”。元末战乱，庙遭兵火受损。

明正统十二年（1447）英宗敕扩建前后二殿，于两庑设七十二司和帝妃行宫。前殿赐名“岱岳”，奉祀东岳泰山之神，后殿赐名“育德”，作为神的寝宫，改庙名为“东岳庙”。嘉靖三十九年（1560），乾清宫太监出资整修，将大殿、寝宫、东西配殿、廊庑各殿及神像、祭器整饬一新。庙门前建影壁一座，续建庙前东西房十九间，交与东岳庙道士收管。万历三年（1575）神宗奉圣母慈圣皇太后之旨发官帑修葺。次年，建造钟楼和鼓楼。万历二十五年（1597）再次重修，并建东、西太子殿和后罩楼。万历三十五年（1607），宫中太监又捐资修建庙前琉璃牌坊。至此，东岳庙正院殿宇工程基本完工。

清康熙三十七年（1698），东岳庙失火。次年，康熙帝动用广善库金准备重修。三十九年（1700）三月开工，四十一年（1702）六月完工。乾隆二十六年（1761）再次整修，工期一年。这两次重修，康熙、乾隆皇帝特意御笔撰写碑文，满汉对照，刻石立碑，加盖亭阁，以示隆重。道光年间，东岳庙第十七代道士马宜麟出资修建东廊的春秋殿，将东廊与中院打通。道光十六年（1836），重修西廊之斗母殿、火祖殿，新建海神殿、仓神殿。还在东岳庙内创办了义学，收容家境贫寒的子弟入学，同时修葺庙宇，扩建廊院。另一次大规模的修缮是在同治二年（1863）。工部营缮司关于东岳庙修缮需用工料的呈折记载，此次修缮殿宇包括大殿、殿内神像、后寝宫、斗姥楼、地藏王殿、文昌宫、上清宫、炳灵宫、两阎罗殿、七十六司、东西马棚、瞻岱门、东西太尉殿、钟鼓二楼、官厅、道院、八字墙、照壁、神台甬路，合银二万七千三百两。清末八国联军侵入北京时，东岳庙为日军占据，损毁严重。

民国年间，社会凋敝，时局动荡，东岳庙主要依靠承办法事、出租房屋、社会捐赠等方式维持生计。香火衰败，许多道士相继离开。据记载，1947 年庙里已经不再举办任何宗教活动。

新中国成立后，东岳庙被机关、学校占用。1957 年10 月28 日，东岳庙被北京市人民委员会公布为北京市第一批古建文物保护单位。1995 年12 月，北京市文物局收复东岳庙中路正院，并移交朝阳区文化文物局管理。根据北京市“九五”规划，筹建北京民俗博物馆。1996 年 3 月，东岳庙修缮工程正式启动。1996 年11 月 20 日，东岳庙被国务院公布为全国重点文物保护单位。1997 年 8 月，北京民俗博物馆正式成立。1997 年 9 月，东岳庙修缮工程竣工，并于1999 年春节正式向社会开放。2001 年 8 月，东岳庙西路正式收回。2007 年 4 月，东岳庙东路正式收回。自1996 年一期修缮至 2013 年底四期修缮结束，北京市政府与朝阳区政府共投入修缮资金 8303 万元。2008 年，东岳庙中路神像区被辟为宗教活动场所，正一派道士进驻，举行宗教法事活动。

东岳庙坐北朝南，现占地约 4.74 万平方米，古建共 376 间，以中路为轴线，辅以东西跨院组成，虽经明清两代重建、扩建，但中轴线上建筑的格局和庑殿斗拱及替木等仍保持着元代建筑的形制与特点。中路为主要建筑所在，规模宏大，格局严谨完整，由南至北依次为琉璃牌楼、山门（已拆除）、棂星门、瞻岱门、岱宗宝殿、育德殿和后罩楼，两侧配以附属建筑，主次分明，前后呼应，左右对称。

◆琉璃牌楼

琉璃牌楼，为三间四柱七楼式（单层夹楼式，一正楼，两次楼，两夹楼，两边楼），高约13米，宽20.2米。下部为城台状，砖石砌筑，券洞用青砖发券，进深4米；中门高4米，宽3.9米；左右两侧门高3.1米，宽3.25米；四角边柱为青石柱，中柱为砖砌，下有高1.53米的夹杆石。牌楼为歇山顶，上覆黄绿彩琉璃瓦。正楼和次楼的正脊两端施螭吻，楼顶正中饰火焰宝珠；正楼、次楼的大小额枋间分饰11块花板；正楼南北两面各嵌一石匾，宽2.8米，高0.9米；次楼匾饰卷草琉璃图案。北面石匾撰“永延帝祚”，南面刻“秩祀岱宗”，相传是明朝严嵩的笔墨。南面石匾，上款为“万历丁未孟秋吉日”，下属“内官监总理太监马谦、陈永寿、卢升立。”

山门，是东岳庙原本的正门，歇山顶，筒瓦绿剪边屋面，三间券门，正门嵌石匾一方，书“敕建东岳庙”，1988年因拓宽朝外大街而被拆除。门内左右为钟楼、鼓楼，平面呈方形，二层，重檐歇山顶，筒瓦绿剪边屋面，檐下施斗拱，上层作障日板券窗装修，下层作筒瓦绿剪边冰盘封护檐，四面均为砖砌，正立面辟拱券门一座。两檐间悬有明代陡匾，西侧钟楼额题“鲸音”，东侧鼓楼额题“鼍音”。

◆棂星门

棂星门，为东岳庙的第二道门。在山门拆除后，即作为东岳庙的正门。庑殿顶，筒瓦绿剪边屋面，正门一间，设双扇实踏大门，前后檐各置戗柱两根。原挂于山门上的康熙帝御书“东岳庙”横匾也移至此处。

瞻岱门，为庙内第一重殿堂，又称瞻岱殿，面阔五间，庑殿顶，筒瓦绿剪边屋面，明间、次间三间为穿堂，左右两梢间内前有道教护法神哼哈二将塑像，后有十太保塑像，因哼哈二将被称为神龙、虎将，故瞻岱门又称龙虎门。殿内梁架及架构均具有典型的明代建筑特征。瞻岱门内西侧有槐树一株，据说已有800多年历史，人称“寿槐”。瞻岱门左右及向北的两侧有环廊回庑，共72间，代表东岳大帝掌管下的地狱七十二司。建筑为连檐通脊，悬山挑大脊，灰筒瓦绿琉璃剪边屋面，前后檐下斗拱均呈明显的元代形制特点。每间门楣上均悬挂所敬神司横匾，两侧柱上贴有楹联，殿内塑像造型生动，形神兼备。原地狱七十二法司每司供神像一尊，后又增建四司，故共有76尊神像，但早已不存。现在的泥塑为1995年重建时据东岳庙最后一位道士傅洞奎回忆，由“泥人张”的传人重塑。

进瞻岱门是一条长60米、高近1米的御道，直通岱宗宝殿，称为“福路”。福路两侧各设碑亭一座，黄琉

◆岱岳殿

璃瓦屋面，东侧为康熙四十三年（1704）康熙帝御题《东岳庙碑文》碑，西侧为乾隆二十六年（1761）乾隆帝御题《东岳庙重修落成碑记》碑，皆为满汉合璧。东侧碑楼前置铜特，西侧碑楼前置玉马，相传是文昌帝君的坐骑，皆为现代仿制，铜特原物存于白云观。

岱宗宝殿，坐落于长25米、宽19米的台基之上，是东岳庙的主殿，面阔五间，庑殿顶，灰筒瓦绿琉璃剪边屋面。檐下单翘三昂斗拱，正面坐龙天花，和玺彩画。正面檐下悬挂华带匾“岱岳殿”，四周雕饰蟠龙，包有金叶。殿前后出抱厦，前为歇山卷棚顶，面阔三间；后为悬山卷棚顶，面阔一间。大殿前建有月台，摆放铜香炉，月台前东西两侧有焚帛炉。殿内供奉东岳大帝及其侍臣，现神像为1995年“泥人张”传人重塑。大殿两侧有东西朵殿各三间，歇山顶，其中东朵殿供奉三茅真君塑像；西朵殿供奉统领三山正神炳灵公塑像（东岳大帝第三子）。东配殿为阜财殿，西配殿为广嗣殿，皆面阔三间，歇山顶，灰筒瓦绿琉璃剪边屋面，檐下转角处为鸳鸯交首斗拱，仍保持元代的建筑特点，额枋绘墨线大点金旋子彩画。岱宗宝殿西侧走廊地面有方石一块，人称“小金豆子”，传说从此石上跨过，来年可发财。

岱宗宝殿之后为寝宫，两座殿宇之间以一穿堂相连接，整体格局如“工”字，廊檐下施一斗二升交麻叶斗拱，额枋绘墨线大点金旋子彩画，为典型的元代建筑形制。寝宫名育德殿，面阔五间，庑殿顶，灰筒瓦绿琉璃剪边屋面，檐下施单翘重昂五踩斗拱，殿前出抱厦，面阔三间，歇山卷棚顶，内饰龙凤天花。殿内悬挂清代道士娄近垣所书的“玄妙赞化”匾，原本还供奉东岳大帝和淑明坤德帝后的神像，现改为三官九府像陈列厅（三官像为大慈延福宫旧物）。寝宫东西配殿各三间，歇山顶，称为四子殿，殿内供奉东岳大帝之四子，即长子佑灵侯、次子惠灵侯、四子静鉴法师、五子宣灵侯。

中路正院后部是后罩楼，二层，连檐通脊，筒瓦绿剪边屋面，前出廊，三面环抱共七十四楹，额枋绘旋子彩画。原为玉皇阁、碧霞元君殿、斗姆殿、大仙爷殿、关帝殿、灶君殿、文昌帝君殿、喜神殿、灵官殿、真武殿等，现已改为北京民俗博物馆展厅。西边楼下有三间御座房，清末专供皇帝来庙祭典或往东陵时休憩使用。

东跨院原有伏魔大帝殿、江东殿、春秋殿、仓神殿等，其大部分为花园。新中国成立后，东跨院建筑作为学校校舍使用，直至2007年4月学校迁出。2008年10月启动东路修缮工程，2010年9月完工，修缮总占地面积3900平方米。2011年，根据历史上东院举办义学的传统，依托北京东岳庙（北京民俗博物馆）建立了东岳书院，倾力打造传统文化的传承基地。东岳书院通过融合社会各方资源，开展以中国传统文化为主要内容的学术研究、培训、交流、展示等活动，发挥国学纽带作用，推动两岸三地、国际文化交流。

◆东岳书院

西跨院原由供奉各路神祇及行业祖师的殿宇组成，包括东岳宝殿（祠堂）、玉皇殿、三皇殿、药王殿、显化殿、马王殿、妙峰山娘娘殿、鲁班殿、三官殿、瘟神殿、阎罗殿以及判官殿等，其殿宇规模都不大，多为民间人士或团体出资修建而成。新中国成立后，西跨院建筑被改为居民住宅。2002年启动西路修缮工程，2006年一期工程完工，共修复殿宇21座，面积1600平方米。

另外，东岳庙还具有三大特色。第一是神像多，在东岳庙内共有神像3000多尊。其人物形态各异，生动逼真，尤其是地狱七十二法司更是雕像中的精品，故有“东岳庙神像甲天下”之说。

第二是碑刻多，历史上，东岳庙的碑刻最多时达140余通，数目之多首冠京城。“文革”期间，庙内碑刻遭到严重破坏，大部分被推倒砸碎，纹饰也被凿去，碑身上还用黑墨画上了革命标语。推倒后的石碑或用作地基，或深埋地下，中路神道两侧也填上了近一米深的渣土。1995年底，朝阳区文化文物局接管东岳庙时，树立在院内的石碑仅存18通。1997年底，石碑修复工程开始，历时一年，基本按原址进行了归位，中路正院共有石碑89通，全为元、明、清三代的遗物，多为修建东岳庙碑记和民间善会石碑，内容丰富，具有较高的艺术和史料价值。其中最著名的是赵孟頫的行书《张天师神道碑》（俗称《道教碑》），风格古朴遒劲，为元代书法艺术的珍品。2002年，东岳庙西路修缮工程正式启动，清理过程中又有不少石碑出土。

◆碑林

第三是楹联多，在东岳庙的大多数殿堂前都挂有白底黑字、小篆字体的楹联，内容多为对各殿神司职能的诠释和对人们的劝诫，发人深省。目前，正院各殿堂前的楹联均已恢复，文字由当代知名书法家书写。

【元大都城墙遗址（朝阳段）】

元大都城墙遗址位于北京市朝阳区、海淀区境内，居健安东路、健安西路北侧，东西走向，全长6730米。朝阳段长度为4173米，东起土角楼西侧北京服装学院以东673米处，西至京藏高速路。因其为元大都北城墙，且全部用土夯筑而成，故又俗称“北土城”。

元大都古代属于幽燕之地，唐代称为幽州。辽太宗会同元年（938）升幽州为南京，置南京道，开泰元年（1012）改为燕京、析津府，其城址在今北京外城的广安门内外。金天德三年（1151）扩建辽南京城，号曰中都、大兴府，贞元元年（1153）从会宁迁都燕京，改称中都。元太祖得燕以后，初称燕京路，总管大兴府，世祖至元元年（1264）改称中都，四年（1267）在中都城东北营建新城，并迁都于此。至元九年（1272）二月，新建的皇城宫室落成，遂改中都为大都。

大都城始建于元世祖至元四年（1267），建成于至元十三年（1276）。元大都平面呈南北长、东西宽的长方形，大都城周长为28600米，东城墙长7590米，西城墙长7600米，北城墙长6730米，南城墙长6680米，面积约50余平方公里，设11座城门。东面的三座城门自北向南依次为光熙门（今和平里东，俗称“广西门”）、崇仁门（今东直门）、齐化门（今朝阳门）；南面的三座城门为自东向西依次为文明门（今东单南）、丽正门（今天安门南）、顺承门（今西单南）；西面的三座城门自南向北依次为平则门（今阜成门）、和义门（今西直门）、肃清门（今学院南路西端，俗称“小西门”）；北面两座城门自西向东为健德门（今德胜门外小关）、安贞门（今安定门外小关）。

肃清门和健德门的瓮城土墙，还部分地残存于地面之上。从肃清门和光熙门基址的钻探情况表明：城门的地基夯筑的很坚固，城门建筑是被火所焚毁的；大量的木炭屑和烧土的堆积层证明，城门建筑可能仍为唐宋以来的“过梁式”木构门洞。城的四角都建有巨大的角楼。城外部等距离地建有加强防御的“马面”（凸出于城墙外部的墩台，宋代称为“马面”，明清则称为墩台），其外再绕以又宽又深的护城河。城墙全部用夯土筑成，基部宽达24米。为了加固城墙，在夯土中使用了“永定柱”（竖柱）和“絍木”（横木）。城墙的收分很大，根据已发掘的城墙的收分推算，它的基宽、高和顶宽的比例为3:2:1。

◆ 土城城墙主体

◆ 土城城墙外侧

◆ 土城城墙豁口

明洪武元年（1368）明军攻克元大都后，随即将北城墙向南收缩约五里，遂废元大都北土城。朝阳区现存北土城遗迹已经历700余年风雨侵蚀及人为破坏，至今尚存有大小豁口九处。土城遗迹高低不等，东段最高6～7米，西段最低2.7米；基宽不一，约20～26米。1957年被公布北京市第一批古建文物保护单位。为保护元大都城墙遗址，1974年9月25日，朝阳区成立土城绿化队，1988年3月10日由北京市人民政府正式批准建园，并命名为“元大都城垣遗址公园”。1989年9月朝阳区政府

◆文物保护标识

于健安东路西端北侧竖立《元大都城垣遗址》碑一通。2003年启动北土城“北京市人文奥运环境治理工程”，列入市政府折子工程，对北土城全线进行了修缮、拆违、环境治理，并拓为北京市应急避难场所。2006年，元大都城墙遗址被国务院公布为全国重点文物保护单位。

【清净化城塔院】

位于北京市朝阳区黄寺大街11号，始建于清乾隆四十七年（1782）。

清顺治九年（1652），顺治帝为五世达赖修建西黄寺，作为驻锡之所。乾隆四十五年（1780）六世班禅来京贺高宗七十寿辰，不幸因病圆寂。为了纪念六世班禅，乾隆帝于乾隆四十七年（1782）在西黄寺西侧敕建清净化城塔院。

“清净化城”一词来源于佛教《法华经·化城喻品》中的故事。“清净”指美的境界；“化城”就是指一时化作的虚幻的城市。它的寓意为：一切众生在去往成佛宝所的路上，会遇到很多艰难险阻，导师为了使疲惫的人得到休整，使灰心退缩的人得到鼓舞，在途中变幻出一座城郭，使他们在城中恢复体力和信心，继续向目的地进发，直至修成正果。乾隆帝根据这个故事，将六世班禅衣冠塔赐名为“清净化城塔”。

清净化城塔院坐北朝南，现存三进院落，占地面积为20826平方米。

◆天王殿

由南至北依次为山门殿、东西配楼、钟鼓楼、天王殿、东西配房、垂花门、东西配殿、大殿、东西碑亭、塔前牌坊、清净化城塔、塔后牌坊、慧香阁。天王殿面阔三间，绿琉璃瓦黄剪边歇山调大脊顶，旋子彩画，五彩斗拱，前檐明间为红漆棋盘大门，次间为障日板壶门式窗，后檐为菱花格隔扇门窗，砖石台基。殿前左右建有钟楼、鼓楼各一座。正对天王殿后檐是一座三间垂花门，绿琉璃瓦黄剪边悬山顶，五踩斗拱出三幅云，三门均为红漆棋盘大门，梅花形门簪四个，门框前后有抱鼓。大殿面阔五间，黄绿琉璃筒瓦歇山顶，五踩斗拱，旋子彩画，前檐明次间为五抹菱花格隔扇门，稍间为三抹菱花格隔扇窗。殿前有月台，台前出垂带踏跺十一级，中间有雕龙丹陛。殿内井口大花，井心绘曼陀罗花，花心书为藏文。大殿原系重檐，带三间后庑座，于 1900 年被八国联军烧毁，现为 1927 年重修时所建。大殿左右各有配殿三间，绿琉璃筒瓦黄剪边大式硬山顶，前出廊，旋子彩画，明间前出垂带踏跺。大殿后面有一条高台甬道通向清净化城塔。

◆清净化城塔

清净化城塔为金刚宝座与覆钵式，采用汉白玉砌筑而成，仿印度佛陀迦耶式塔建造，主塔高 16 米，台基高约 3 米。塔基为一层八角形须弥座，上下枋饰以卷草、彩云、双凤、莲瓣等纹饰，束腰部位八面各雕佛传故事画，共八幅，景物人物均刻画生动细致。转角处各雕一尊力士像，跣足赤背，筋肉暴张，似用力承托塔。其上为须弥座，满雕流云和小坐佛，其上为承托覆钵式塔身。塔身正面辟一佛龛，龛内浮雕三世佛，龛旁分雕菩萨立像八尊。塔身以上为折角须弥座，承托由铜鎏金莲座、相轮和宝瓶组成的塔刹，两侧为云纹垂带。

在主塔四隅，各有高约7米的密檐式经幢一座，东南幢刻有乾隆四十九年（1784）曹文植书《楞严打哈达喇呢咒》；东北幢刻乾隆四十九年（1784）彭元瑞书《般若波罗蜜经》；西南幢刻乾隆四十九年（1784）彭元瑞书《千手千眼无碍大悲心大哈达喇呢神章妙句》，西北幢刻乾隆四十九年（1784）曹文植书《佛说药师如来本原经》。

◆塔前牌坊

◆塔后牌坊

塔前左右分列石狁一对，昂首伸舌，身侧附短翼，蹲于须弥座上。五塔前后各有一座三间四柱三楼汉白玉石牌坊，庑殿顶，檐下施斗拱，额枋浮雕龙凤和藏文佛咒，两边楼柱上高浮雕缠枝八宝（即轮、罗、伞、盖、花、瓶、鱼和盘长），正楼柱上阴刻乾隆御书楹联；塔前牌坊阳面书“香界吉云开佛日辉宣恒普照，法轮圆镜转智珠朗印妙同参”，横披书“慧因最上”；阴面书“象教演浮提常住因缘万归一，鹫光印乾竺大乘示现幻皆真”，横披书“妙谛真空”。塔后牌坊阳面书“水月朕禅心金粟影临清净地”，“露珠明法镜妙鬘云现吉祥光”，横披书“华严海会”；阴面书“圆满证前身无量人天是观喜，光明呈宝地总持龙象护庄严”，横披书“圆觉光音”。石柱和抱框为整石雕成，以丁头拱雀替承托，柱角用浮雕莲瓣串珠夹柱石，中腰锢以铁箍。

塔前东西各有碑亭一座，重檐歇山顶，黄琉璃筒瓦屋面，上檐斗拱三踩，下檐五踩，旋子彩画，四面柱间隔以朱漆木栏，台基四面出垂带踏跺五级。亭内各立石碑一通。东碑螭首龟趺，为乾隆四十七年（1782）御撰《清净化城塔记》碑，碑阳满汉文，碑阴蒙藏文。西碑方首石座，为乾隆四十五年（1780）御笔《写寿班禅圣僧并赞》碑，碑文为汉、藏、满、蒙文，下刻《祈寿长椿图》。

清净化城塔距今已有230多年的历史，目前仍保存完好，是汉、藏、印佛教建筑艺术的完美结合，是我国清代佛塔建筑艺术上的杰作，也是藏传佛教界维护祖国统一、维护民族团结的历史见证。

清净化城塔后为一座二层藏式罩楼，名慧香阁，又称后罩楼。民国时期，国民党军队存放的军火发生爆炸，致使慧香阁被毁。1952年北京市人民政府在原址上修建了25间仿古式平房。2007年9月至2008年8月，在原址基础上复建了慧香阁。复建后的慧香阁，高11.88米，面宽19间，绿琉璃瓦黄剪边歇山顶，五踩斗拱，旋子彩画，三交六碗隔扇槛窗，两层共计房屋五十间。

民国时期，西黄寺主体建筑因年久失修，殿宇坍塌。清净化城塔院是西黄寺保留至今的唯一一处历史遗址。1979年被公布为北京市文物保护单位。1987年9月1日，中国藏语系高级佛学院在清净化城塔院内正式成立。2001年，清净化城塔院被国务院公布为全国重点文物保护单位。2002年6月至2003年12月，对山门殿、钟鼓楼、东西配楼等进行了复建。2006年7月至2008年6月，对天王殿、垂花门、大殿、东西配殿、东西碑亭、塔台等进行了修缮，对东西禅房及慧香阁进行了复建。

【日坛】

位于北京市朝阳区日坛北路6号日坛公园内，是明、清两代春分祭祀太阳神的场所。始建于明嘉靖九年（1530），又名朝日坛。

清代曾屡次修缮，乾隆年间将原来拜台上铺砌的红琉璃瓦改成方砖，并将具服殿从南面改建于坛西北角。坛西墙、北墙各有一座天门（即坛门），均面阔三间。坛内主要建筑有拜台、具服殿、神库、神厨、钟楼、祭器库等。

◆西天门

拜台是全坛最主要的建筑，坐东朝西，四周有圆形壝墙，墙西面正中为汉白玉六柱三门棂星门一座，东、南、北各有汉白玉两柱一门棂星门一座。墙内正中为方形的拜台，边长五丈（16.67米），高五尺九寸（1.97米），四出陛，各有白石台阶九级。台面用方砖细墁。壝墙西门外原有一座燎炉和一座瘗坎，分别用于祭祀典礼焚烧燔柴和瘗埋牺牲毛血，现已无存。

◆拜台及棂星门

拜台北门外东北侧为神库和宰牲亭。神库、神厨各三间，是存放日神神版和祭祀时置办祭品的建筑，院内有井亭一座。宰牲亭是宰杀牺牲的地方。北有祭器库、乐器库、棕荐库各三间，连檐通脊，坐北朝南，是存放祭祀器物、演奏乐器和棕荐的地方。西门外北侧有钟楼一座。

◆具服殿正殿

坛西北为具服殿，绿琉璃瓦屋面，是明清两代皇帝祭祀时更换服装和休憩之所。正殿三间，南向。东西配殿各三间，四周围以宫墙，宫门南向。明朝时为奉祀衙署所在，具服殿原建在坛西棂星门外南侧。清乾隆帝认为：日坛具服殿旧址建于坛南，临祭时必经过神路始至殿所，似与诚敬之仪未协。乾隆七年（1742）将具服殿移建至坛西北角。

明清时期，每逢甲、丙、戊、庚、壬年，皇帝就要在春分日寅时亲临日坛朝日，其他年份由文臣代行。举行祭祀礼仪时一概用赤色的祝板、玉器、礼器和布帛等，皇帝也是红袍加身。

明代在日坛建有奉祀衙署，负责守护。清初至道光年间，亦长期设有护坛官员十多人负责护理。清代规定，各坛庙如有损坏，官员须即时上报，如延迟不报，以致盗失砖石木柱等物，需将官员提参议处。由于管理制度严格，在清道光之前，日坛的所有建筑及花木均未受到人为的破坏。最后一次皇帝祭日是清道光二十三年（1843）。自此之后，皇帝祭日之礼逐渐废弃，护坛官员随之撤销。后来又因失火，三间棕荐库被烧毁两间，钟楼也被烧掉一层，故到清末，日坛内外已是一片荒凉。民国时期，文物大部分损毁失窃。

新中国成立以后，北京市人民政府决定将日坛辟为公园。1955 年开始规划设计，将原日坛土地 6 公顷扩大到 21. 15 公顷。1956 年至 1968 年，日坛公园先后由园林四工区、市园林局第三保养站、区革委会公交组、朝阳区绿化队、朝阳区计划组、朝阳区房建局园林科管理。日坛公园管理处于 1962 年 9 月正式成立，现隶属于朝阳区园林绿化局。1984 年，日坛被北京市人民政府公布为北京市文物保护单位。1984 年，日坛公园修复了祭日拜台及坛壝，1988 年又对具服殿、神厨、神库、钟楼等进行了修缮。2006 年，日坛被国务院公布为全国重点文物保护单位。2010 年 9 月 9 日，经市、区政府决定对祭日古建筑进行大规模修缮。北京市政府与朝阳区政府共投资 1500 万元，工程范围包括具服殿、宰牲亭、拜台、棂星门、北天门、西天门等。

【大运河（通惠河朝阳段）——永通桥、平津闸】

大运河始建于公元前 486 年，包括京杭大运河、隋唐大运河和浙东运河三部分，地跨北京、天津、河北、山东、河南、安徽、江苏和浙江 8 个省、直辖市。大运河沿线包含桥、闸、坝、仓、寺观、塔等多种文物。2013 年，大运河被国务院公布为全国重点文物保护单位。

大运河北京段，地处北京市昌平区、海淀区、西城区、东城区、朝阳区、通州区。朝阳区部分包括通惠河朝阳段沿线。通惠河始建于元至元二十九年（1292），至元三十年（1293）竣工，由都水监郭守敬主持修建，后经明清两代的整修、改建，是元明清时期京杭大运河北端的重要漕运河道。清末，由于海运开始及铁路建成，通惠河漕运渐废，至清光绪二十六年（1900）停止。

新中国成立后，通惠河成为北京市中心区重要的排水及工农业输水河道。因河道年久失修，淤泥严重，造成排水能力低下，1993 年 2 月北京市开始进行通惠河整治工程。原通惠河庆丰闸构件及石刻后被北京市水务局移至通州区大运河水梦园内保存。2009 年春，朝阳区启动通惠河滨水文化景观带建设，利用通惠河水系形成景观长廊，发展文化休闲、生态环境展示等产业。同年 9 月，在庆丰闸旧址南侧建成庆丰公园。庆丰公园位于通惠河南岸，西起灵通观桥，东至庆丰桥，全长 1700 米，占地面积 26.7 公顷，是通惠河朝阳段沿线的重要景观带。

永通桥

位于北京市朝阳区管庄乡八里桥村东南，因在通州城西八里，故俗称“八里桥”，始建于明正统十一年（1446），经明代以来的屡次修葺，与卢沟桥、朝宗桥并称为北京地区现存三大古代石桥。1984 年被北京市人民政府公布为北京市文物保护单位。

◆永通桥

该桥南北走向，横跨通惠河，为石砌三孔拱券形，桥面长约 50 米，宽约 16 米，砌石多为花岗岩，下实以黄土。桥两侧分别有 32 块护栏板，每侧望柱 33 根，柱头雕有姿态各异的石狮。桥东西两侧的河岸上雕饰匍匐的镇水兽。

1938 年修京通柏油路时，将桥两端垫土，降低了石桥的坡度。新中国成立后，在桥面铺设沥青。2007 年，在桥两端安装限高杆，以防大型载重车对桥体的毁坏。2011 年被北京市文物局纳入抢险修缮项目，于 6 月开工，10 月底完工，并在桥两侧栏板加装铁质护栏以防污损。

该桥地处交通要冲，曾是东至山海关，南至天津陆路交通的咽喉，该地曾发生过近代史上著名的“八里桥北京保卫战”。咸丰十年（1860），英法侵略军攻陷天津、通州后，清军为保卫北京在此阻击侵略军，进行浴血奋战，虽然以失败告终，但是体现了中华民族宁死不屈，顽强抵抗外来侵略的英雄气概。因此，八里桥不但是中国古代桥梁建筑的杰作，而且是进行爱国主义教育的珍贵物证。

平津闸

位于北京市朝阳区高碑店乡高碑店村西北，始建于元代。

闸口呈对头燕翅型，巨大的长方条石有序叠压，石与石之间挖槽用银锭型铁固定。闸口长13.9米，两边对称堤坝54.44米。南侧保存完好，占地780平方米。北侧因湖水侵蚀残存堤坝约30米，占地约400余平方米。

通惠河自西向东流，为运输大运河转运的粮食，在落差大的河段修建上下双闸甚至三闸，交替起降，用以调剂水量，以节制水流，解决逆流而上运输的难题。通惠河闸坝之名，据《元史·河渠志》载：“广源闸二，在护国仁王寺西；西城闸二，上闸在和义门外西北一里，下闸在和义水门西三步；海子闸三，在都城内；文明闸二，上闸在丽正门外水门东南，下闸在文明门西南一里；魏村闸二，上闸在文明门东南一里，下闸西至上闸一里；籍东闸二，在都城东南王家庄；郊亭闸二，在都城东南二十五里银王庄；通州闸二，上闸在通州西门外，下闸在通州南门外；河门闸二，在高丽庄；杨尹闸二，在都城东南三十里；朝宗闸二，上闸在万亿库南百步，下闸去上闸百步。”成宗元贞元年（1295），“其西城闸改名会川，海子闸改名澄清，文明闸仍用旧名，魏村闸改名惠和，籍东闸改名庆丰，郊亭闸改名平津，通州闸改名通流，河门闸改名广利，杨尹闸改名溥济”。从至大四年（1311）至泰定四年（1337），又陆续将原木建诸闸改造为砖石闸。

◆平津闸

平津闸为通惠河上的第三闸，原名郊亭闸，元延祐年间改建石闸，更名平津闸（分上、中、下三闸）。明宣德、正统年间都曾重修此闸，以利漕运。元、明、清三代都曾在该闸设官吏管辖，有定额编夫船户。2009年第三次全国文物普查，在勘察通惠河水利设施时，发现高碑店村通惠河边俗称“老闸口”的地方，经核实为平津闸上闸，保存较为完整，具有较高的历史价值。

【四九一电台旧址】

位于北京市朝阳区双桥街9号院，始建于1918年，1923年竣工。

四九一电台旧址现存北欧乡村别墅式建筑五座、发射机房一座、马厩一座以及二层起脊砖结构楼房一座。五座北欧乡村别墅式建筑，均为二层砖木结构，坡屋顶，分别是：广发阁，建筑面积430平方米，原为电台官员住舍；望海楼，建筑面积230平方米，原为驻地官兵俱乐部；越洋楼，建筑面积167平方米，原为民国海军通讯基地官舍；长安楼，建筑面积759平方米，原为官兵和技术人员住舍；弄波楼，建筑面积409平方米，原为工程技术人员住舍。发射机房，现称播送楼，坐东朝西，建筑面积2767平方米，砖混结构，坡屋顶。西立面为机房山面，山面为三层楼，上置塔楼。

◆发射机房旧址

◆电台官员住舍旧址

四九一电台的前身是北洋军阀段祺瑞政府向日本借款兴建的北洋政府海军无线电发射台。1918年2月21日，民国海军部与日本三井洋行签订无线电台借款合同，建设供海军通信使用的长波大功率电台，当时称为双桥电台。1937年8月28日，由日本内阁会议决定将双桥电台改为短波广播发射台，将本土使用的东京电器公司产50KW中波机拆卸后，运送安装。1939 年，日本又赶制出 100KW 机代替 50KW 机。该台成为了日本侵略中国的广播宣传基地。此后，国民党政府发动内战，无暇顾及广播事业，直至 1948 年，双桥中短波发射基地一直处于房屋破败，技术人员逃离，发射设备废弃的状态。

1948 年 12 月 15 日深夜，中国人民解放军进驻双桥电台，承担起保卫电台的工作。翌日，冀东军区“长城部”也叫“城工部”（实际上就是中共北平市委）接管双桥电台。1949 年 3 月 8 日，双桥电台先后修复了 10KW 短波发射机、100KW 中波机，分别以 10260KHZ、680KHZ 的频率全方向播出，开始了人民广播事业的崭新历程。此时的北平新华广播电台已拥有的双桥、天户、麻花三个发射台，实际总发射功率达 25. 2KW。9 月 27 日，北平新华广播电台改称北京新华广播电台，双桥电台为中心发射台。1949 年 10 月 1 日，开国领袖毛泽东主席在天安门城楼上庄严宣告：“中华人民共和国中央人民政府成立了”，正是通过双桥电台的广播传输发射设备传向世界。1950 年前后称为“中央广播事业局四九三台”，1955 年 6 月 6 日改称“中央广播事业局九四二台”，1965 年 1 月 1 日改称“中央广播事业局四九一台”。现为国家广播电影电视总局四九一台。

2001 年，四九一电台旧址被北京市人民政府公布为北京市文物保护单位。2013 年被国务院公布为全国重点文物保护单位。

第三章　古代墓葬

【高碑店汉墓】

位于北京市朝阳区高碑店乡高碑店村南岗。1948 年被中国人民解放军某部发现，1951 年 4 月 11 日，由文化部社管局与北京历史博物馆、北京大学文科研究所共同发掘。先从南岗西部发现的圹砖处向南北开掘（即一号墓），发现主室及前、后室。同时在一号墓东侧又发现一处墓葬（即二号墓），有前室、后室和两侧室。出土有铜镜、汉五铢、新货泉、犁铧、琉璃耳瑱、陶器、冥器等文物。依据出土文物的时代特征，可断定这两座墓葬是新莽或东汉的遗迹。

【三岔河汉墓群】

位于北京市朝阳区东坝乡三岔河村西北部。由于此地是坝河、亮马河、北小河交汇之地，形成河岔，故此得名三岔河。自 20 世纪 60 年代以来，曾多次出土汉代砖室墓及随葬陶器。1986 年 5 月农田基本建设时，出土十余件东汉陶器皿，其中有弦纹灰陶壶、灰陶仓、灰陶博山炉、灰陶鼎、灰陶豆等完整器物及大量灰陶片。据初步估计该地约 200 ~ 300 亩范围内的台地上存有汉墓群。据市文物局 1989 年详细探测勘察，证实地下有多处汉代墓葬遗址，其中可能有大型墓葬，埋藏区占地约 12 万平方米。1995 年被北京市人民政府公布为朝阳区三岔河地下文物埋藏区。

【三台山汉墓】

位于北京市朝阳区小红门乡三台山村。墓地表面原有三个大土冢，平面呈三角形。当地人称南边的为“大台子”，北边的为“二台子”，西边的为“三台子”，统称此处为三台山。1982年、1998年先后对二台子、大台子进行了发掘，共发现东汉砖室墓三座。

1982年1月，在北京市储运公司三台山仓库基建工程中发现古墓，北京市文物工作队及时对墓葬进行了发掘。这次发现的两座墓葬均位于二台子的下面。发掘前地面还残留椭圆形土冢，东西长，南北短，高约5米。土冢推平后，发现东西排列的两座墓葬，M1位东，M2位西，两墓间距约2.4米。两墓形制基本相似，均是由墓道、前室、主室、后室、东西侧室组成的砖砌多室墓。因早期被盗，破坏严重，墓顶结构不详，从残迹判断，墓顶结构可能有两种形制，一种为四面攒尖顶，另一种为船蓬状券顶。

两墓的前室平面皆呈方形，而其后面的主室较大。M1主室东西3.15米、南北3.1米，M2主室东西4.55米、南北2.78米。两墓主室后的双后室，平面皆呈长方形。在主室东壁和西壁分别开设两个东侧室和一个西侧室。M2比M1在主室南壁多开设一个南侧室。各室与主室之间皆由甬道相连接。墓室内铺长0.31米、宽0.145米、厚0.055米的灰绳纹砖。在主室和双后室，再于绳纹砖上另铺一层菱形花纹砖。

墓室内尸骨散乱，葬具腐朽。随葬品主要出土于两墓的主室及M2的西侧室。主要有绿釉陶器、灰陶器、铜器等。绿釉陶器有：博山炉、陶壶、陶灶、陶井、陶楼、陶猪圈、陶侍俑、陶踏碓俑、陶狗等。其中绿釉陶楼2件：一件方形陶楼通高1.25米，四层；另一长方形陶楼通高1.25米多，六层，并在楼顶部设有两座悬山式小型气楼。灰陶器有：陶扁壶、奁、盆、盘、耳杯、魁、灯、磨、陶屋、陶猪、鸡、鸭俑等。铜器有：连弧纹铜镜、铜削刀、以及400余枚五铢钱。另外还出土有残漆盒和骨梳等。

三台山两座多室砖墓的形制，是东汉中、后期比较流行的一种墓葬形制。东汉时期大庄园经济迅速发展，大家族墓地兴起，为适应几代人合葬的需要，墓室逐渐增多，由穹窿顶单室墓逐渐演变为规模巨大、结构复杂的多室墓。两墓出土随葬器物也明显地带有东汉时期特点，也是北京地区东汉墓中常见之物。墓内出土的陶灶、陶魁、陶扁壶、陶猪圈、陶舂米俑与北京怀柔城北的东汉墓，平谷西柏店、唐庄子东汉墓中出土的器物形制相同。

由于这些年的取土和这次清理了二台子，三台山地面的三个台子中，两个台子已无，现仅存有大台子。清理墓葬时发现，三个台子土质纯净、紧密，当为汉代人工堆成的土冢。从清理的多室墓推断，此处应是东汉时期的一处家族墓地。由于墓葬未出土带有文字或纪年的器物，墓主情况不详。

◆三台山汉墓（1998年发掘）

1998年4月，北京市文物研究所对大台子进行了发掘，发现东汉家族墓一座，出土五铢钱、陶猪、陶狗、陶楼、石俑等。该墓为砖砌多室墓，南北向，早期被盗。

【生物研究所住宅小区唐代墓葬】

位于北京市朝阳区三间房乡生物研究所住宅小区。2003年春，北京首汽房地产开发公司营建生物研究所住宅小区工程，占地6万余平方米，并报请文物部门进行勘探工作。同年9、10月，北京市文物研究所进行了抢救性发掘，发现四座唐代墓葬，出土陶器有陶盘、陶罐等；瓷器有碗（实用器）、托盏、水盂（冥器）。因早期破坏严重，且未出土有文字纪年的遗物，墓葬形制、墓主情况难以考证。

从四座唐墓及近年北京海淀、昌平、宣武、通州、大兴等地零散出土唐代墓葬资料看，北京地区唐墓不像洛阳、西安中原地区及山西等地区唐墓多见陶瓷俑类。另外，这批墓葬为研究北京地区唐代墓葬习俗、墓葬形制、地域特征补充了实物依据。

【元张弘纲墓】

位于北京市朝阳区小红门乡。1972年5月发现。

该墓为长方形砖室券顶合葬墓，坐北向南，由墓道、墓门、甬道、墓室四部分组成。墓门至墓室北壁长

3.8米、墓室宽4.6米、残高1米。墓砖灰色，长0.295米、宽0.145米、厚0.04米。

此墓曾被盗掘，随葬器物均被扰乱，原位置不详。出土器物二十余件，陶器最多，其次是瓷器和铜器。另有墓志一盒，青石镌刻，近方形，长0.9米、宽0.9米、厚0.12米。盝顶式盖，正中楷书刻“大元故昭勇大将军万户张公墓志铭盖”。志文楷书，字迹清晰，共44字。

依张弘纲墓志推断，此墓为张弘纲及夫人合葬墓。张弘纲及原配夫人左氏施行火葬，而继室杨氏施行土葬。

墓主张弘纲，东安州常伯人，是元初辅佐忽必烈的重臣。生于太宗九年（1237）四月，卒于大德五年（1301）十二月，年六十五岁。《元史》、《新元史》、《元史类编》中的张禧传均附张弘纲传。记载虽简略，但所记史实大部与墓志相合。大德九年“葬大都南二十里中疃先茔之兆。”即今朝阳区小红门乡一带，元代属中疃村。

墓志书丹者，赵孟頫，大德九年（1305）时任泰州尹，是元代著名书法家。墓志字体严密峻整、峭劲秀丽，是一件不可多得的书法艺术珍品。

【元耿完者秃墓】

位于北京市朝阳区豆各庄乡豆各庄村。1990年5月，发现于北京第二监狱施工现场。

该墓为石函墓，石函近似方形，由一整块岩石凿成，长0.83米，宽0.8米，深0.48米；壁厚0.13～0.17米，石函上覆盖一块石板，板厚7厘米。石函内散放墓主人骨灰及一组陶质冥器，冥器共13件。其中罐6件，小盆1件，提梁罐2件，鋬釜、杯、灯各1件，陶瓶1件。

墓志位于石函南壁外侧，长方形，长0.64米、宽0.41米、厚0.08米。石质为页岩。志文楷书。志云“大元故亚中大夫宣政院判官耿完者秃五十八岁，唐兀氏天历二年（1329）四月十九日卒，葬大都通路县青安乡窦家庄祖茔”。据此可知，墓主耿完者秃，应为蒙古人，唐兀氏应为其妻或妾。据《元史》载，“宣政院，秩从一品，掌释教僧徒及吐蕃之境而隶治之。……至元二十五年（1288），因唐制吐蕃来朝见于宣政殿之故，夏名宣政院，元贞元年增院判一员……天历二年（1329）罢功德使归宣政院，定置……院判之员，正五品……”。《元史·职官志》中未有判官一职，唯有院判，因此，判官可能为院判之别称。亚中大夫，为元代文职四十二期官之一，秩从之品，归判为少中大夫，延祐年间改亚中大夫。天历二年为公元1329年。由此可推，耿完者秃生于至元八年（1271）。

大都路初置于至元九年（1272），是由中都路升格而成……领院二，县六，州十。通州，唐为潞县，金改通州，取漕运通济之义，元隶大都路，领潞县、三河两县。窦家庄即今豆各庄的已知最早的称谓。

耿完者秃墓，无论从墓葬形制还是随葬物品看，都较简单，北京地区曾发现类似或相同类型的元墓，尤其是随葬的陶冥器种类、形制，基本相同。

【酒仙桥元代砖室墓】

位于北京市朝阳区东直门外酒仙桥。1971年发现。

该墓为南北向，单室墓，直径1.18米，残高0.82米。墓壁和券顶均用小长方砖垒砌。墓室底部有骨灰，由于早期被盗，仅遗留长方形板瓦式买地券一块。板瓦买地券长0.36米，宽0.18～0.2米，楷书朱文，为元延祐元年（1314）所制。

【鬼王庵元代石椁墓】

位于北京市朝阳区六里屯鬼王庵村。1965年发现。

该墓为南北向，发现时已遭严重破坏。椁室东西长4米，南北宽2.7米，高1米。由五室组成，内置木棺。在椁盖板南端发现“至正五年（1345）三月初七日”的铭刻。

【呼家楼元代石棺墓】

位于北京市朝阳区呼家楼。1971年发现。

石棺由一块粗沙岩凿成，平面呈长方形，长1.38米，宽0.88米，高0.58米，壁厚0.13米。棺盖为盝顶形，长1.4米，宽0.93米，厚0.22米。骨灰直接放置于棺内中部。随葬器物分别放在棺内南北两端，以陶质小冥器为主，有小罐、盆、提梁罐、鏊釜等。青白釉瓷器中有玉壶春瓶1件、匜1件、酒杯1件、碗2件。此外，还发现金头簪、手镯等饰品及金大定、元至大通宝数枚。

【酒仙桥元代砖石墓】

位于北京市朝阳区酒仙桥。1971

年发现。

墓葬方向为南北向。平面呈“亚”字形，由主室和东、西耳室组成。东西长2.7米、南北宽1.7米。中间为主室，四壁用小长方砖平铺错缝砌成，高1.05米。顶部覆盖一块长方形石板。主室的东西两侧各砌一耳室，长0.95米、宽0.46米，其底部比主室的底部高出0.28米。耳室的墓壁用长方形砖平铺错缝砌筑六层，向上叠涩收顶。主室内放置一具石棺，石棺用整块青石凿成，内有骨灰，棺盖为盝顶形。随葬器物均发现于耳室中，由于破坏严重，仅保存有白釉黑花扁壶2件及大定通宝数枚。

【明施鉴家族墓】

位于北京市朝阳区王四营乡北京华能热电厂。2005年9月28日，北京华能热电厂在铺设脱硫循环水管道时发现两座古代墓葬，分别编号为M1和M2。出土玉带、金饰、银币以及墓志等遗物。

M1破坏严重，据残迹判断其形制为长方形竖穴土坑墓。在西棺的底部清理出铜钱14枚，并于西棺南侧墓底上方约2.8米处发现墓志1盒。志盖、墓志均为方形青石，带字面相对扣合，外施铁箍2道。志盖正面阴刻篆书“明故荣禄大夫钦差协同南京守备兼管右军都御府事怀柔伯施公墓志铭”。墓志正面镌刻有志文1000余字。由墓志可知，M1墓主一为施鉴（西棺），一为其孙女（东棺所葬，年幼尚未取名）。

施鉴，字彦明。生于正统戊午年（1438），成化二年（1466）袭“怀柔伯”爵位。弘治四年（1491），奉敕协同南京守备兼掌右军都督府事。弘治八年（1495）正月，因“中风疾，医弗奏效”，卒于南京私第，享年五十六岁。南京礼部右侍郎董越撰文。《孝宗实录》有其生平事迹。

M2位于M1东北7米处，为长方形竖穴土坑墓，保存情况稍好。长3米，残宽2.2米。墓口距地表1.5米、墓底距地表3.7米。M2为夫妻合葬墓，女棺在西，男棺在东，皆为楠木棺，无椁。棺外填以五花土。女棺墓出土银簪（残）、银币等。墓志被破坏，裂为碎块，志盖完整。志盖正面以篆书阴刻“明故怀柔伯夫人李氏合葬志”。墓志正面镌刻志文残存400余字。男棺长1.8米、宽0.6～0.7米、残高0.4米，呈长方匣状，四角各有伞帽形带环铁钉一枚，棺盖缺失。出土玉带、鎏金铜带扣（残）、金饰（残）、银币、银簪、墓志等。志盖、墓志均为正方形，边长0.66米，汉白玉质，带字面相对扣合，施铁箍2道。志盖正面阴刻篆书“明故特进荣禄大夫柱国怀柔伯公墓志铭”。墓志镌刻楷书志文800余字。

由墓志可知，M2是施聚及其夫人李氏的合葬墓，M1墓主施鉴是其孙。施聚生于洪武己巳年（1389）。永乐七年（1409）袭其父金吾右卫指挥使一职，历任都指挥使、右军都督检事直至左都督，“皆以军功进”。英宗复辟后，被封为“怀柔伯”，赐铁券。卒于天顺六年（1462），终年七十四岁，死后加封“怀柔侯”，谥“威靖”。《明史》有其传，《英宗实录》亦有其生平事迹。施聚夫人李妙明，生卒之年同施聚，“差小月余耳”。在施聚死后不久，“以夫子歿感疾”而终。

2007年，北京市文物研究所再次对该墓地进行了考古发掘，共清理墓葬21座，以清代墓葬为主，金代、明代墓葬数量较少，另有少量搬迁墓。除4座搬迁墓外，其余大部分墓葬均随葬有铜钱或墓志等纪年材料，年代较为清楚。此次发掘的重要收获是出土的三座明代墓葬（M17、M18、M12）。M17出土的墓志表明，东棺墓主为怀柔伯施荣夫人萧氏，由此推断M17西棺墓主为第二代怀柔伯施荣。

北京地区出土过不少明代太监墓、妃子墓以及外戚墓，高级武官墓的发现尚属罕见。施鉴家族墓的发现，为研究明代北京地区高级武职的葬制提供了不可多得的实物资料。三块墓志合计2000余字，涉及施氏家族谱系、明代民族政策、“世券”制度等，可以补正相关文献的不足。另外，墓志所载地名及行政区属，为明代历史地理研究提供了新资料。

【明赵胜夫妇合葬墓】

位于北京市朝阳区奥运村绿化隔离带内，南邻北五环路，北邻清河东路，东邻林翠路。2007年4月，对该墓葬进行了考古发掘，出土器物有金器、银器、瓷器、玉器、铜器、铜钱和墓志等。该墓为多室砖石混砌墓，由前室、中室、后室三部分组成，石板封顶，分别葬赵胜及其原配、二夫人，早期被盗。

墓志，正方形，汉白玉质。志盖阴刻篆书“大明故荣禄大夫太保兼

◆赵胜夫妇合葬墓

太子太傅赠昌宁侯志壮敏赵公之□”25 字。志文楷书，共 1562 字。

据墓志记载，墓主赵胜官居正一品，有公、侯等爵位，于明宪宗成化二十三年（1487）死后葬于此地。

据《明史》和墓志记载，赵胜，字克功，河北迁西县大黑汀村人，父名再兴。伯父赵赤因靖难有功封永平卫百户，赵赤战死无后，再兴袭升千户，死于指挥使任上，赵胜袭职。正统末年，赵胜因抵御鞑靼有功进都指挥佥事。天顺初年，因“夺门”功超迁都督佥事。又因击曹钦进同知，后从白圭却孛来。成化改元，山西告警，拜将军。次年复出延绥御寇。成化四年（1468）充总兵官，镇辽东。久之，进左都督，加太子太保。十九年（1483）封昌宁伯。后加太保兼太子太傅。最后因营万贵妃茔堕崖死。赠侯，谥“壮敏”。

赵胜墓为近年来北京地区发掘的明代前期规格较高的墓葬之一，为研究明代的葬制、官制、军事和经济等提供了新资料，对研究赵胜的生平及赵氏家族世系具有重要作用。

【明王邦吉墓】

位于北京市朝阳区三间房乡北京生物制品研究所院内。1990 年 4 月发现。

该墓为木棺墓，棺木朽烂坍塌，出土几枚明代铜钱和 1 面铜镜，1 盒墓志。

墓志，青石质，正方形，边长 0.785 米，厚 0.18 米。志盖与志铭的边框均有 0.05 米宽的游龙和花草纹饰带。志盖题：“皇明诰封骠骑将军提督大教场军务南京守备都督府佥事应亭王公墓志铭”，篆文，玉箸体，陈良弼篆书。志铭首题“皇明诰封骠骑将军提督大教场总理直隶水陆备倭军务南京右军都督府佥书都督佥事应亭王公墓志铭”，楷书，顾秉谦撰文，凌汉应书文。共 1303 字。

志文撰者，顾秉谦，明末昆山人。万历二十三年（1595）进士。曾授嘉议大夫，累官礼部右侍郎，天启元年（1621），升授礼部尚书兼翰林院侍读学士，协理詹事府事。次年，魏忠贤掌权，他趋炎附势，升任内阁首辅，是一个遭人唾骂的宰相。

志盖篆者，陈良弼，秦宁侯陈珪之后，陈良弼于嘉靖四十一年（1562）袭侯位，生辰不详，提督乾清宫、皇极门等工程，卒于天启年间。

此志是目前有关三间房最早的记载之一，对于研究明代官制、人物及北京历史地理具有参考价值。

墓主王邦吉，字自修，别号应亭，通州宝坻人，生于嘉靖三十七年（1558），享年五十七岁。其妻元配张氏，继配邢氏，侧室冯氏。王邦吉的先辈最初是随燕王朱棣靖难起兵而发迹，万历前期，王邦吉“登进士”，不久升迁“（京卫）指挥佥事”。后通过沿袭父职，进入金吾卫，万历二十四年（1596）坤宁宫、乾清宫大火，“公身先士卒，以图扑灭，不避焦头乱额之惨”。万历四十二年（1614），王邦吉任南京右军都督府都督佥事，不久病卒。

【明德清公主夫妇合葬墓】

位于北京市朝阳区十八里店乡十里河村，北京市文物研究所于2008年6月对该墓葬进行了清理，发掘面积750平方米。

该墓为南北向，长约22.5米，墓室宽约8米，深2.3米，整体近“甲”字形。下部以青砖砌，上部用三合土封填。由于墓葬曾经被盗，墓主人的骨架及随葬品已无存。仅在填土内发现了半扇汉白玉墓门及驸马、公主的二盒墓志。墓门高2.2米、宽1米、厚0.1米，饰以朱砂，铺首衔环。下部有石墩一座。

公主墓志，正方形，边长0.92米、厚0.18米。志盖题“明德清大长公主墓志”。据墓志正文记载，墓主人为明宪宗的第三女德清公主，生于成化十四年（1478），弘治九年（1496）下嫁驸马，薨于嘉靖二十八年（1549），“葬顺天府大兴县魏村社十里河”。

驸马墓志，正方形，边长0.7米、厚0.12米。志盖题“明故驸马都尉柏冈林公之墓”。据墓志正文记载，驸马林岳，字镇卿，别号柏冈，浙江宁海人，曾任礼部尚书，卒于正德十三年（1518），享年三十八岁。“为人温雅，不欲以富贵骄人”。后尚“德清大长公主，授驸马都尉，赐诰命及玉带蟒衣”。卒后原葬于“城东水碓村祖茔”。《国朝献征录》

收录有该墓志铭。

德清公主及驸马合葬墓的发现，特别是墓志的出土，能印证、补证《明史》、《明实录》、《宛署杂记》等文献中的一些记载。对于明代皇室的葬所、规制、葬仪具有重要的研究价值。

【明镇国将军张贵墓】

位于北京市朝阳区奥运村街道中国科技馆新馆 B01 地块。2006 年 5 月，北京市文物研究所对该墓葬进行了考古发掘。

该墓为一座长方形竖穴土圹墓，南北向，长 3.66 米、宽 1.5 ~ 2 米、深 1.9 米。内填花土，单棺墓，棺木已朽。出土酱釉牛腿形瓷瓶 1 件、铜钱 20 枚、铜腰带 1 件及墓志 1 盒。

志文馆阁体，撰并书丹者，田子玉，号卧云，东海人，钦天监占士。志盖玉箸体，篆额者，张佑，凤阳人，奉天靖难推诚宣力武臣、特进光禄大夫、柱国、隆平侯。

墓主张贵，字景昌，南京淮安府山阳县人，卒于明宪宗成化元年（1465）十月十一日。世袭武职，因军功由副千户、武略将军，历年进阶指挥佥事、明威将军、幼官营坐营官、府军前卫、舍人营坐营官、指挥同知、怀远将军、指挥使、昭勇将军，最终进阶为都指挥同知、镇国将军。

【明张贵母宋氏墓】

位于北京市朝阳区奥运村街道中国科技馆新馆 B01 地块。2006 年 5 月，北京市文物研究所对该墓葬进行了考古发掘。

该墓为一座长方形竖穴土圹墓，南北向，长 2.8 米、东西宽 1.38 ~ 1.56 米、深 1.91 米。内填花土，单棺墓，棺木已朽。出土“永乐通宝” 1 枚、灵位 1 件及墓志 1 盒。

灵位，陶质，灰褐色，通高 28 厘米。由牌座和牌身两部分组成，牌身正面中间书有“故考封昭男将军张公神主”，右侧书有“生于昊元乙巳九月初二日”（1365），左侧书有“卒于洪武壬午四月十二日”（1402）。背面为“景泰七年岁次丙子七月初九日丙子安葬立”（1456）。

墓志志文撰者，王骥，字尚德，束鹿人，为明宣德、正统、景泰三朝兵部尚书，赐进士、兵部尚书、大理寺卿、封推诚宣力武臣、特进荣禄大夫、柱国、靖远伯。志文书丹者，周庠，云台人，征仕郎、中书舍人。志盖玉箸体，篆额者，何櫰，钱塘人，礼部司务。

墓主张贵母宋氏，讳福广，泗州人，封号为“淑人”，卒于明景泰七年（1456）六月二十六日。

【安外小关清墓】

位于北京市朝阳区安定门外小关。1996 年 3 月发掘。

墓向朝南，墓底距地表 3.5 米，长约 3.5 米，宽约 2.5 米，高 2.4 米。外观仿明清院落建筑形式，由房屋和院墙构成墓室和墓道。房屋采用小式硬山做法，面阔三间。正面墓室券门上影作檐柱梁枋等仿木结构，梁架上有檐椽、滴水、瓦当、瓦垅、屋脊等。两侧山墙上开有小窗洞。券门前布设台基及一级踏跺。门洞两侧各置一尊石狮。券门内侧安装两扇雕有门钹的汉白玉石门，门上部插有门销。墓室内部平面呈长方形，顶部起拱券，抹以石灰。东西壁上各有一壁龛，龛内置放一组五谷青花罐。墓室后部为一长方形棺床，堆放骨灰，发现金簪 2 件、金耳环 1 对，应为一女性葬者。墓室前部正中设供台，上有锡质五供。供台两侧各有一方坑，其中西侧坑内放置一青花瓜棱罐。另在墓室东南角有一酱釉骨灰罐，内置骨灰及金质冥钱 7 枚，经鉴定死者为男性。

◆安外小关清墓

据出土遗物判定这是一座清代早期夫妇合葬墓。该墓用砖将墓室和墓道做成院落房屋形式，形制特殊，并且保存完整，在北京地区尚属首次发现。

【清显谨亲王衍璜墓】

位于北京市朝阳区潘家园东里。1986 年被朝阳区人民政府公布为朝阳区文物保护单位。

该墓坐北朝南，原有华表、碑楼、东西朝房、宫门、享殿、地宫及宫墙，现仅存享殿、东西朝房及部分宫墙。享殿为大式歇山绿琉璃瓦顶，单翘重昂七踩斗拱，面阔五间，前后出廊，饰以彩画，享殿前出月台，月台前有丹陛，两侧为七步台阶。东西朝房为大式硬山灰布筒瓦屋面，面阔三间，前后出廊，饰以雅五墨旋子彩画。

此地曾开办义学，新中国成立后

由空军某部占用。2009 年由市文物局拨专款对东西朝房进行了抢险修缮。2013 年对享殿进行了修缮。

◆显谨亲王衍璜墓享殿

衍璜（1691～1771），是第四代肃亲王，第三代肃亲王显密亲王丹臻第六子，于康熙四十一年（1702）袭显亲王爵，乾隆三十六年（1771）卒，享年八十一岁，谥号“谨”。显谨亲王衍璜历侍康熙、雍正、乾隆三朝，恰逢清王朝盛世。故此，其墓建筑规模、等级都高于历代肃王墓。

【清松王坟】

位于北京市朝阳区东风乡辛庄村中部。

松王坟是清代名臣松筠的家族墓地，占地面积约 30 亩，现仅存原墓区数十棵古松柏。墓地还葬有松筠嫡传后代、京剧四大须生之一言菊朋。

◆松王坟

◆熙昌墓碑出土现场

近年，辛庄村进行拆迁。2013 年 5 月，在辛庄村出土清嘉庆二十四年（1819）吏部侍郎熙昌墓碑。经区文物主管部门核查，熙昌为松筠之子，并建议东风乡结合本地区历史文化特色对墓碑进行重立保护。

松筠（1752～1835），字湘浦，玛拉特氏，蒙古正蓝旗人，经历乾隆、嘉庆、道光三朝。理藩院笔帖式出身，历任内阁学士、库伦办事大臣、内务府大臣、军机大臣、吉林将军、工部尚书、驻藏大臣、户部尚书、陕甘总督、伊犁将军、两江总督、两广总督、协办大学士、吏部尚书、东阁大学士、武英殿大学士等职。卒于道光十五年（1835），谥号“文清”。

【清肃慎亲王敬敏墓】

位于北京市朝阳区王四营乡道口村西北（现柏阳景园小区西侧），是北京现存肃亲王墓地地上建筑保存较为完整的一处。1986 年被朝阳区人民政府公布为朝阳区文物保护单位。

该墓坐北朝南，现存碑楼、朝房、宫门、享殿、宫墙。碑楼绿琉璃歇山顶，内置御祭碑一通，龟趺螭首，四面设石拱券门，券门石上雕有行龙、莲花、苍松、竹梅等纹饰。碑楼东西两侧各三间朝房，向北沿神道是三间宫门，宫门后是三间享殿，前出月台，享殿后的宝顶已毁，地宫墓寝被盗，四周宫墙残缺。碑楼东约 30 米处原有三间停尸房，于 2002 年被拆，地上建筑于 2009 年重新修缮，2010 年在享殿两侧原址处修建东西配殿各三间。2013 年断路修建围墙，并铺设地面。

◆肃慎亲王敬敏墓享殿

肃慎亲王敬敏（1773～1852），第七代肃王，肃恭亲王永锡长子，乾隆六十年（1795）封不入八分辅国公，道光元年（1821）十一月袭亲王，经历乾隆、嘉庆、道光、咸丰四朝，曾任正蓝旗蒙古都统、镶蓝旗蒙古都统、正蓝旗满洲都统、正白旗觉罗学总管、内大臣、宗人府左宗正、宗令等职。卒于咸丰二年（1852）九月二十七日，年八十岁，谥号“慎”。咸丰四年（1854），咸丰帝御笔为其撰写碑文，立碑于墓地，建造碑楼，记载其病后“勿药省事以遂其养生”，且称颂敬敏“持身严恪，秉德温恭……受恩弥渥，谨度弥虔……统劲旅之虎符，编八旗而敭，历领神军于鹤御，励七校以精能，宗人资表率”，为表哀恸之情，特命醇亲王奕譞带领十名侍卫祭奠茶酒，赐陀罗经被，赏银三千两治丧。

【清荣禄家族墓】

位于北京市朝阳区高碑店乡西花园村。

荣禄家族墓地及地上建筑现已无存。1976 年 1 月发现，当时占地 30 余亩，环以围墙，南墙中间开门，门前有石拱桥。门内有龟趺石碑 2 通。荣禄墓位于石碑北侧，两侧为其儿子、儿媳墓。荣禄墓，南北向，长方形，水泥墓室。墓内葬荣禄及其妻妾三人，四棺共一椁。椁平面呈长方形，椁顶前低后高。椁内平行等距，并排放置 4 具木棺，均长 2 米、宽 0.95 米、高 1.65 米。棺与椁间用黄土填实。在木椁板四周和椁顶浇筑成厚 0.4 ~0.64 米的水泥墓室。墓室四周，还有一道厚 0.31 米的钢骨水泥墙。南水泥墙与钢骨墙之间填实黄土，顶上用钢骨水泥封顶，与两墙相接。墓室上面用三合土夯筑起高约 7 米的圆形宝顶。地上建筑原有享殿，坐北朝南，面阔三间，进深两间，硬山箍头脊筒瓦屋面，旋子彩画，覆盆柱础。

◆荣禄墓门房

荣禄及其妻妾棺中出土大批随葬品，包括金叶、镯、葫芦、簪、戒指、花、耳环和金锭、银戒指、镯、指甲套、扁簪及银元宝等金银器；有翠、玉烟壶、玉坠、佩饰、扳指、碧玺坠、翎管、雕龙带勾、戒指及玛瑙人物佩等玉器，还有朝珠、西洋怀表。其中金葫芦重达 139.6 克，双勾刻字“丙申重阳皇太后赐臣荣禄”。荣禄生于道光十六年（1836），受赐时正值花甲。因此，这件金葫芦当为慈禧太后对荣禄的六十岁寿辰的赏赐。荣禄在《清史稿》有传，称“荣禄久直内廷，得太后信仗。眷顾之隆，一时无比。事无巨细，常待一言决焉。”可见，荣禄深得慈禧太后宠信，墓中随葬品之金玉珍宝可能与宫中赏赐有关。

1995 年，京通快速路建设工程中在高碑店发现荣禄之子墓，出土金箔 10 张、白玉镂空花鸟纹佩 1 件、玛瑙巧雕山水人物纹烟壶 1 件、仿哥

◆荣禄墓享殿

釉松鼠纹鼻烟壶1件、银元宝8枚、翠佛手坠1件等。

荣禄，字仲华，瓜尔佳氏，满洲正白旗人。同治十年（1871）二月任工部右侍郎，同治十二年（1873）迁任户部左侍郎，光绪四年（1878）五月任工部尚书，是年十二月免职。光绪二十一年（1895）六月出任兵部尚书，次年以兵部尚书兼任协办大学士，光绪二十四年（1898）四月授文渊阁大学士管户部，五月授直隶总督，八月召入管兵部节制北洋各军兼充办理通商事务北洋大臣。八国联军入侵北京时，命为留京办事大臣，后又奉诏诣西安。光绪二十七年（1901）六月改管户部加太子太保，转文华殿大学士，卒于光绪二十九年（1903）三月。谥号“文忠”。

【清那桐墓】

位于北京市朝阳区三间房乡双桥路西里6号。1986年被朝阳区人民政府公布为朝阳区文物保护单位。

该墓现仅存一处倒开门带跨院三进四合院建筑，大门北向偏西，借用西配房北山墙为影壁，大门两侧为倒座班房，进门左转行数步向南为正院垂花门，垂花门内左右为回廊，过东西配房至五间过厅，穿过过厅至正房，左右建有东西配房，正房后为花园，正院西侧为西跨院。广亮门内放青石上马石一对，门前一对砂岩石狮，一方四周雕满花纹的石供桌板。门口两棵相思树、二进院四株百年玉兰、三进院四株二百年海棠。

◆那桐墓地上建筑

那桐墓原占地约近百亩，西至杨家沟，东至广电宿舍西墙，北至原双桥火车站南站，南至现南侧市政柏油路边。地上建筑面积约2000平方米。新中国成立后由八机部拨给广电公司建农场，“文革”后为内燃机总厂使用，曾作为党校、“五七干校”、招待所、通县学校、内燃机总厂疗养院。2005 年由乐成国际房地产开发有限公司进行了整体修缮。

那桐（1856～1925），字琴轩，叶赫那拉氏，满洲镶黄旗人，与荣庆、端方合称晚清“旗下三才子”，清末朝廷重臣，历任内阁大学士、户部尚书、外务部尚书、编纂官制大臣、督办税务大臣、总理各国事务衙门大臣、军机大臣、皇族内阁协理大臣、弼德院顾问大臣等职。

光绪十一年（1885）举人。光绪二十五年（1899）任鸿胪寺卿。光绪二十六年（1900）任总理各国事务衙门大臣，兼理藩院左侍郎。时人称“那中堂”、“那相国”。八国联军攻陷北京后，任留京办事大臣，协助奕劻、李鸿章与联军议和。《辛丑条约》签订后，作为专使赴日本道歉。光绪二十八年（1902）署理外务部左侍郎。次年调外务部会办大臣。光绪三十一年（1905）六月，授协办大学士。十二月擢体仁阁大学士。光绪三十二年（1906）四月，兼署民政部尚书，六月改东阁大学士。宣统元年（1909）正月入值军机处。十一月转文渊阁大学士。宣统三年（1911）四月，奕劻成立皇族内阁，任内阁协理大臣。同年袁世凯内阁成立时，任弼德院顾问大臣。清帝退位后，在天津英租界红墙道（今新华路）购得地皮一块，建一栋德式楼房，率眷迁入，然春、夏之季仍回北京居住。辛亥革命后引退，于民国十四年（1925）病逝，享年六十九岁。现有《那桐日记》传世。

那桐任尚书时，兼管学部和外务部，批准清华园校园选址，并在主校门题写“清华园”、“清华学堂”。

【北顶娘娘庙东侧清代墓葬】

位于北京市朝阳区奥运村街道奥林匹克中心区北顶娘娘庙东侧，2007 年 11 月北京市文物研究所进行了抢救性发掘，共发掘墓葬 16 座，均为竖穴土圹小型墓，墓葬种类较为全面分为单棺墓、双棺墓、三棺墓、瓮棺墓和搬迁墓。

出土玉饰、金饰、银饰、铜饰、骨器、瓷器、陶器等，规格等级较低，应为平民墓。根据墓葬形制和随葬品判断，年代应为清代中期。M12 的墓主人随葬有骨牌，这在北京地区的明清墓中十分少见。这批墓葬的发掘，对研究该地区古代丧葬习俗、社会发展状况提供了珍贵的实物资料。

第四章 古代遗址

【呼家楼战国金属铸币窖藏】

位于北京市朝阳区呼家楼原北京机械学校操场。1957 年 3 月，学校在修建篮球场时，发现战国金属铸币窖藏一座。同年 11 月，北京市文物工作队进行考古发掘，土穴上部发现有汉代的砖室墓和土坑墓，下部的文化遗物为战国的陶片和建筑用的筒瓦、板瓦等。经考证此处为战国窖藏，发掘面积约 800 平方米。

共出土战国铸币 3876 枚，分为刀币、布币两种。其中刀币 2884 枚，包括“匽”字刀币 2767 枚和邯郸小直刀币 117 枚。“匽”字刀币数量最大，占此窖藏铸币总数的 71%，这些“匽”字刀币分两种型式，即圆折“匽”字刀和方折“匽”字刀。刀面上均铸有“匽”字，背面亦多铸有文字或符号，次例较多的为“左”、“右”等字。邯郸刀的形式皆为直背圆首，刀面上铸有“甘丹”二字，字的写法不尽一致，背面无字，有符号者亦甚少。三晋布币 992 枚，皆为小型平首布，分方足与尖足二式，方足布的铜质优于尖足布。所有布币的布面上都铸有文字，多为战国时代地名，初步统计，方足布上的地名有 31 处，尖足布上的地名有 14 处。这些地名，皆属战国时代韩、赵、魏地区。

【北京化工学院汉代货币窖藏】

位于北京市朝阳区北三环东路原北京化工学院，1960 年在修建有机化学楼挖地基时出土。出土时距地表约

1.5米，货币贮藏在高60厘米、直径50厘米的灰色陶瓮中，出土时陶瓮已破碎，全部货币约二三百斤。由校方基建部门收存，后又将其中大部分用于基建用铜换用铜料，所余少量拨交化验室做化验材料使用。化验室的工作人员，觉得此种铜钱应为文物，函请文物部门鉴定并交给国家，才使这批货币保存下来。1978年7月北京化工学院化验室转交给北京市文物工作部门一批汉代货币，重约30斤。

货币保存状况很好，锈蚀不重，钱文清晰，经清洗分类，包括：西汉四铢半两钱，约占总数0.5%，西汉武帝五铢钱，约占总数5%，东汉早期五铢钱，约占总数10%，东汉晚期五铢钱，约占总数30%，东汉磨郭五铢钱，约占总数8%，东汉剪轮五铢钱，约占总数45%，东汉私铸五铢钱，约占总数0.1%，残损破碎约占总数1.4%。

【高碑店龙王庙遗址】

位于北京市朝阳区高碑店乡高碑店村。2008年11～12月，为配合朝阳区高碑店漕运码头公园建设，北京市文物研究所对工程占地区域进行了考古勘探，发现龙王庙遗址。遗址遭破坏比较严重，仅东部残存部分基础，在东部土质较硬的黑色冲积土上，清理出五个三合土基础。

据《1928年北平特别市政府寺庙登记》记载，龙王庙坐落于东郊三分署高碑店村下坡子十五号，明嘉靖四十年（1561）、乾隆年间（1736～1795）、民国三年（1914）都曾重修，属公建。本庙门道瓦房一间，前院龙王殿一间，东西厢瓦房各三间，东西北瓦房各二间，后院后大殿三间，东西灰房各二间，北瓦房二间，南倒座灰房二间，共二十三间。庙内有泥像六尊，铁磬两口，铁香炉一个，纸五供二堂，另有石碑两座，槐树两株。

龙王庙原占地面积为2127.87平方米。2011年底，龙王庙原址修建工程竣工，修缮后的龙王庙为一进院落，包括影壁、山门、正殿及东西配殿，并将原《重修龙王庙碑记》碑在院中重立。

【延寿寺遗址】

位于北京市朝阳区王四营乡古塔公园内，始建于明嘉靖十七年（1538），由翠峰禅师创建。

现仅存十方诸佛宝塔一座，立碑6通，以及残损石碑、柱础等。在宝塔北偏西处，立有明故翠峰禅师碑，碑高180厘米，座高60厘米，青石质。据碑文记载："翠峰禅师吴姓，法名德山，号翠峰，别号荆壁老人，关陕西夏人。自幼长慕禅门，明弘治十一年（1498）30岁时弃尘缘出家礼灵，拜海公和尚为师。海公故后遵师教，云游名寺，历访高僧，修行于河南伏牛山。遐年路经神都北京，于崇文门外建吉祥寺，阐扬正法。闻教而景从者以千数。虽一些高明之士也往叩之而恭服其说。后辍讲返伏牛山大建坛场，广演法教。嘉靖二十八年（1549）禅师圆寂，由其弟子圆月和尚继任住持。禅师葬于塔北数丈处。"

翠峰禅师主持延寿寺时，四方善士、各处戒僧云集，有众多布施者，但是，禅师不集布施、不集余粮、不修寺宇，把布施所得都买成衣服、粮食供奉善士、僧众等，有人劝他积余防后，禅师便说："集财招盗，我山野之僧何必为之。"众人叹服。因此，延寿寺愈加破损。

嘉靖三十五年（1556），尚衣监太监薛铭重修十方诸佛宝塔。嘉靖三十七年（1558），延寿寺内殿堂、厨房、僧房等处瓦箔脱落，椽檩损坏，已难以居处。司礼监太监李公（号中轩）得知后，出资修筑殿堂、厨库、僧房等处，环以围墙。

明隆庆年间，慈圣皇太后舍银一千五百两，宫眷人等陆续施银一千两，命近侍官王喜主持重修。自隆庆五年（1571）四月初三日至万历元年（1573）八月初十日，"内建山门一座，天王殿一座，钟鼓楼二座，藏经殿五间，内新印藏经，全水陆殿五间，新造水陆全方丈房三间，禅房十间，接待僧房三间，凡供设器物靡一不具，芝房桂殿尽善尽美，宝阁琼台美轮美奂"。

明万历六年（1578），印空禅师（即第二代住持圆月）隐逝，寺内无主，印空之徒慈舟上人，慨然应允施主的请求，于万历十一年（1583）离开伏牛山，来到延寿寺，修建大雄天王伽蓝祖师殿、钟鼓楼、重门、周垣、斋庖之房、栖容之庐等。该次重修完工于万历十四年（1586）八月。其间，得到慈圣皇太后捐助，重修地藏阁、左右配殿及四周山房。

清光绪二十六年（1900）八国联军入侵北京时，寺院遭焚毁，破坏殆尽。

【"金台夕照"遗址】

位于北京市朝阳区东三环中路7

号财富中心西南部。2004 年 2 月 14 日至 4 月底，北京市文物研究所为配合基建工程对遗址进行了考古发掘，发掘面积 2401.4 平方米。此次发掘清理出夯土台基 1 处，出土石碑 1 通。

◆“金台夕照”遗址发掘现场

夯土台基平面近似梯形，南北长约 67 米，东西宽约 37 米。夯土厚 0.9～1.68 米，共分 7～11 层。夯土台基东北部有一灰坑，打破夯土。平面近长方形，南北长 3.9 米，宽 2.1～2.25 米，深 0.5～1.2 米。坑内出土石碑 1 通，长方形，总长 3.3 米，碑身长 2.35 米，宽 1.15 米，厚 0.5 米；碑座长 1.3 米，宽 0.7 米，高 0.95 米。碑阳刻“金台夕照”四个大字，字上方加盖乾隆帝玉玺四字阳文“乾隆宸翰”。碑阴刻乾隆皇帝题诗 1 首，下刻篆文玺印两方。

“金台夕照”中的“金台”，应当源于史载战国中晚期燕昭王用以招贤纳士的“黄金台”，简称为“金台”。金代自海陵王（1149～1160）迁都今北京为中都后，金人上层汉化的程度与步伐进一步加深加快。至金章宗明昌年间，仿效北宋宋迪作《潇湘八景》平远山水图画，将金中都燕京周围风景也优择其中 8 处，命名为“燕京八景”，又名“燕山八景”。这八景，据《日下旧闻考》引明人著《寄园寄所记录》记载，其原名是：“居庸叠翠”、“玉泉垂虹”、“太液秋风”、“琼岛春阴”、“蓟门飞雪”、“西山积雪”、“卢沟晓月”、“金台夕照”。清乾隆年间成书的《日下旧闻考》卷八《形胜》篇所增清乾隆帝撰文的《燕山八景图诗序》讲，“其后金人慕其好贤之名，亦建此台，今在旧城内”。因此，这座黄金台的地点应“在旧城内”，即清代的北京旧城之内。显然，金章宗明昌年间“燕京八景”中“金台夕照”的黄金台，并不是这次发掘的黄金台。从这次出土的清乾隆帝御题《金台夕照》诗碑看，这次发掘的夯土台基，应当就是清乾隆帝在《燕山八景图诗序》中所说“后之游者……以寄其遐思”的、始建于元明时期的“金台夕照”遗址。从《日下旧闻考》卷八《形胜》的记载看，乾隆帝曾就“金台夕照”一景先后作诗二首。这次发掘的碑阴上的题诗，正是其中的第二首，作于辛未年，即乾隆十六年（1751）。从建筑形制和夯土来看，此次发掘出的“金台”应该在清代初期又重新修过。

【清净化城塔院大殿遗址】

位于北京市朝阳区黄寺大街11号，2005年6月，为配合清净化城塔院大殿改扩建工程，北京市文物研究所对该大殿遗址范围进行了考古发掘。

发掘面积295平方米，揭露出大殿四周台基、后庑座等。根据发掘情况，原大殿坐北朝南，东西通面阔五间，宽28.3米，南北进深15.87米。后庑座面阔三间，宽16.96米，南北进深8.25米，和大殿相连（由大殿后金柱中心向北台基边）。

通过发掘，探明了清净化城塔院大殿的位置，发现8个磉墩，基本反映了大殿的柱网结构。大殿北面的庑座，也基本明确了其面阔和进深。对台基、墙基及三合土基础的清理，摸清了台基、磉礅的砌法以及三合土的做法。清净化城塔院大殿遗址，为研究清代皇家寺庙的一般布局和结构以及通行的工程做法提供了实例。

第五章　古代建筑

第一节　寺庙　宫观　教堂

【北顶娘娘庙】

位于北京市朝阳区奥运村街道奥林匹克中心区国家游泳馆南侧，是北京历史上著名的“五顶”之一，亦是北京城中轴线北延长线上的标志性建筑。2001 年被北京市人民政府公布为北京市文物保护单位。

北顶娘娘庙始建于明宣德年间，清乾隆年间奉敕重修，光绪年间再次重修。据史料记载，此庙早在明宣德年间为一土地庙。传说明嘉靖皇帝的母亲，到北郊踏青，在此庙小憩进香许下心愿，转年即诞下嘉靖。待嘉靖登基，为还母愿敕建重修此庙。

该庙坐北朝南，原占地 22 亩，

◆北顶娘娘庙

依中轴线由南向北原有山门、天王殿、娘娘殿、东岳殿、玉皇殿等，共四进院落。内有宣德年造大钟一口，万历年造香炉一座。庙内供奉主神“碧霞元君”，又称泰山娘娘，是泰山之尊东岳大帝的女儿。左右为送子娘娘、眼光娘娘、催生娘娘、天花娘娘等。每年农历四月二十八日为开庙日，期间庙前戏台上演各地剧种，庙周围自发形成集市，主要交易农具、粮种、农副产品等，游者多乡人。民国时期，北顶娘娘庙逐渐衰败，只遗存山门、天王殿、娘娘殿和鼓楼等建筑。新中国成立后，山门和天王殿用作合作社，娘娘殿被大屯乡铸造厂占用。1976年娘娘殿因地震坍塌，被翻盖为北顶小学。1986年合作社因经营亏损，无力进行修缮保护，将山门和天王殿交归朝阳区文化文物局。朝阳区文化文物局于1998年对山门、天王殿进行抢险修缮。21世纪初，仅存有山门、鼓楼、天王殿。2003年因奥运场馆建设征地，周边村落搬迁拆除，该庙整体规模得以恢复保护，并于2006年被列入北京市“人文奥运”修缮项目。经专家论证对部分主体古建进行复建，并对已损毁古建进行了遗址保护。

修缮后的北顶娘娘庙，现存二进院落。山门三间，歇山顶，筒瓦屋面，檐下绘旋子彩画，明间辟火焰门，券门上嵌“敕建北顶娘娘庙”石额，两侧次间开三交六碗菱花券窗，券脸石上雕刻有精美图案，前出垂带踏跺三级。山门两侧接“一封书”式八字影壁，歇山顶，筒瓦屋面，影壁心作中央及四岔角雕花装饰。过山门为第一进院，院内有钟楼、鼓楼，歇山顶，筒瓦屋面，一层内向辟火焰门，前出垂带踏跺五级，上层东西向辟券窗。天王殿三间，歇山顶，筒瓦屋面，正立面明间五抹槅扇门四扇，次间槛窗各四扇，前出垂带踏跺五级；背立面明间五抹槅扇门四扇，殿宇两侧接隔墙以分割内外。娘娘殿面阔五间，前出歇山卷棚顶抱厦三间，绿琉璃瓦黄剪边屋面。东西配殿各三间，硬山顶，筒瓦屋面。娘娘殿之后还有两进院落，但建筑已无存，仅留地基。此外，庙内尚存清嘉庆元年（1796）永安老会碑、清光绪二十九年（1903）庆亲王奕劻撰《重修北顶娘娘庙碑记》碑等；古桧柏3株，树龄最大的有500余年；古槐5株，树龄约300年。现作为北京民俗博物馆分馆向社会开放。

【常营清真寺】

位于北京市朝阳区常营乡民族家园东路西南侧，始建于明正德年间，清嘉庆年间重修。1986年被朝阳区人民政府公布为朝阳区文物保护单位。

该寺坐西朝东，占地面积8400多平方米，为三进院落。山门殿为三门三进式，左右为值房。一进院为井亭，二进院礼拜大殿进深八间，面阔五间，卷棚式三卷勾连搭建筑形制，前轩为大式硬山筒瓦挑大脊，后厦歇山箍头脊，上建攒尖六角亭，黄绿琉璃瓦屋面。大殿为“亚”字形格局，可容纳数百名穆斯林做礼拜。北侧为男殿，南侧为女殿。三进院为后罩房，用于寺管会办公。

◆常营清真寺

寺内现藏有手抄本《古兰经》30本、《伟嘎叶》2部、《尔嘎叶代》1部、《嘎最》4本等珍贵伊斯兰教经书，另有清末民初寺内特制铜制水壶等珍贵文物。

据清嘉庆年间立《通州长营庄重修清真寺碑记》记载：“长营庄古有清真寺一座。考其曩昔，乃大明正德年间创建，数经重修，迄今世远，年湮受风雨吹损，残旧难堪，有本庄乡老等触目惊心，不忍坐视倾圮，且不吝资财，置买砖、瓦、木、石等项，以备匠艺需用，众乡老见此胜举，心悦诚服，亦协助工资。自嘉庆二年（1797）春三月起工至三年冬十月告竣。修整殿宇辉煌，廊腰轮奂，绮与休哉，何其盛也。”后附山东济宁州禁三掌教世袭序，“嘉庆元年（1796）重修清真寺，三年完工……嘉庆九年（1804）置地壹顷四十亩，计地二段，坐落寺北六十亩，南八十亩，乃系寺内大学、小学、阿訇费用。”

常营清真寺礼拜大殿北墙墙角处，有一通刻于民国二十六年（1937）十月的汉白玉《先母遗言》碑，首题“志女沐浴所之纪念”，是纪念常营清真寺女堂的珍贵材料。碑文“牺牲西院家舍，乃将前之女校改建女子沐浴所。但东侧两间保留，为麟等归里住在之所”，文中提到的奉天醒时报社社长张兆麟，为民国时期“回族五大报人”之一。落尾款孙媳张杨宪英书。

1986年，对清真寺重新油饰。1998年、2002年相继进行了两次改扩建工程。2008年3月，对清真寺礼拜大殿顶瓦进行更换，并对大殿内进行重新油漆彩绘。

【南下坡清真寺】

位于北京市朝阳区朝外二条129

号，始建于清光绪年间（一说康熙初年）。1986 年被朝阳区人民政府公布为朝阳区文物保护单位。

现存山门、礼拜大殿、南北配殿，并附有南北配房。寺内保存有庆亲王奕劻于光绪二十八年（1902）亲笔手书的匾额一块，上写“纲为二五”，至今仍完好无损。还存有革命烈士马骏墓碑一块（马骏夫人杨秀蓉题）。

◆南下坡清真寺

南下坡清真寺礼拜大殿分卷棚、前殿、中殿、后殿四部分，各有起脊的屋顶。卷棚三间，矗立在全殿最前方，是典型的中国传统建筑“勾连搭”式。所谓“勾连搭”，是将两个或两个以上的坡顶平接，其间形成排水天沟，将雨水排向天沟两端。这种形式自明代以后便普遍使用于内地回族清真寺较大的礼拜殿。大殿平面呈十字形，后殿再起亭，使整座大殿建筑成一整体而又富于变化，有主次轻重之分。

1986 年进行了修缮并重新彩绘。2010 年对南北配殿、山门进行了修复。

【龙王庙】

位于北京市朝阳区奥运村街道奥林匹克森林公园内，始建于明弘治十四年（1501），再建于正德十六年（1521），清雍正六年（1728）和乾隆二十七年（1762）曾两度重修。

龙王庙原名龙泉庵。据 2008 年初修缮龙王庙时出土的明正德十六年（1521）《重建龙王堂记》残碑记载，明宪宗成化皇帝遇灾惊惧之时遣官“备祀物祈祷龙王祠”，“千金修之”，“坛公复捐己资而再造”，“柴公舍地一丛，在殿后善造方丈五间”。

据传，龙王庙山门为龙嘴门，左右侧门为龙眼门；在庙的东西两侧各有古井一口，象征龙的眼睛，在一进殿内原供有龙王、龙母神像，后殿供奉四海龙王即黄、红、青、白四海龙神像；门前有地下泉水喷出，最高可达两米，此景今已无存。修缮前仅存山门、前殿、东配殿，前殿内部彩画

◆龙王庙

经专家鉴定为明末清初作品，且作法独特，在北京地区少有发现。

2006年修缮后的龙王庙为三进院落，占地面积3050平方米，古建面积2149平方米。2008年奥运会、残奥会期间作为奥运村村长院，接待参加奥运会的国家元首、各国运动员及其他贵宾。

【普门寺】

位于北京市朝阳区高碑店乡小郊亭村，始建于明万历十六年（1588）。

根据《1928年北平特别市政府寺庙登记》记载：“普门寺坐落东郊小郊亭村一号，僧寺，属私建，不动产房基地约十亩余，房屋二十二间，附属房基地五十五亩，管理及使用状况为房屋供佛及自住，附属土地出租，自收租粮。庙内法物有佛偶像四尊，神偶像三尊，礼器三件，法器三件，另有大小松槐榆等二十余棵。”

该寺是以观音为主神的佛教寺院，坐东朝西，与一般寺庙坐向不同。现存山门殿及南、北配殿。山门殿面阔三间，进深三间，前开什锦窗，筒瓦屋面。南、北配殿各三间，前后出廊，筒瓦屋面。

该寺新中国成立后曾用于小郊亭村小学、大队部、牲口棚、机务队。早年正殿坍塌，其他建筑残破，由于地处民居之中，修缮难度较大，朝阳区文化委员会已制定整体修缮计划，待小郊亭村拆迁后实施全面修缮保护。

【九天普化宫】

北京市朝阳区朝外大街227号，始建于明万历年间。

据记载，九天普化宫主祀九天应元雷声普化天尊，属私建。山门匾书“敕建九天宫”，宫内有北海天王殿、雷祖殿等大小殿宇50多间，供奉雷公、电母、真武等神像72尊。殿中供奉九天应元雷声普化天尊，为明代铜铸，体量高大，法相庄严。

九天雷声普化天尊，即雷祖，是道教雷神信仰体系的最高神统。关于雷祖究竟是谁，说法不一。据《无上九

◆九天普化宫

霄玉清大梵紫微玄都雷霆玉经》称，雷祖是浮黎元始天尊第九子玉清真王的化身。也有说轩辕黄帝升仙以后成为雷精，主雷雨之神，封号雷祖。明代小说《封神演义》则称闻仲为九天应元雷声普化天尊，率领雷部二十四位催云助雨护法天君。由于民间的推崇，雷祖信仰也被纳入官方祭祀系统，每到农历六月二十四日雷祖圣诞，朝廷都要派遣官员进行祭祀，《明史·礼志》记载，“是日遣官诣显灵宫致祭”。庙里的道士则要念《玉枢宝经》，做道场，举办盛大的祭祀活动。

九天普化宫第一任住持林永诚，生平不详。明清两朝，九天宫香火盛极一时。民国以降，九天宫香火逐渐衰败，为添补庙里的开支，住持白景春将大部分房屋出租。到 20 世纪 40 年代，九天宫年久失修，破烂不堪，道士白贤珍一人监管九天宫、东直门内药王庙和火神庙，许多无家可归的贫民滞留在此。1952 年，九天宫被东郊区人民政府用作粮食仓库，归属民政局。同年 7 月，移交房管局。上世纪七八十年代被北京市交电公司用作仓库，至此仅剩正殿。

2002 年，在朝阳区委、区政府的协调下，市交电公司腾退九天普化宫，由北京市文物局拨款进行修缮。现仅存正殿，面阔五间，七架梁，大式硬山筒瓦过山脊，为七步台阶。朝阳区文化委员会恢复了殿前牌匾，制作了说明牌，将施工出土的两通石碑重立。两通石碑，一通是清顺治四年（1647）《敕修九天普化宫记》碑，另一通是清顺治五年（1648）《御制玉枢宝经》碑。

《敕修九天普化宫记》碑阳、碑阴分别额书“敕建九天普化宫”和“九天圣会”，由此推断该碑由民间香会组织——九天圣会捐立。可惜碑身风化严重，刻字漫漶不清，碑文无法辨认。

《御制玉枢宝经》碑，双面刻字。碑文由三部分组成，起首为顺治帝御书序，大意是介绍雷声普化天尊的职守，诵读玉枢宝经的益处，以及刊刻经文的目的。第二部分是诵经时的科仪要求：“凡诵经者切须斋戒，严整衣冠，澄心定气，叩舄演音，然后朗诵，慎勿轻慢，交谈接洽，务在端肃念念，无违随愿，祷祝自然感应”。随后是开坛前念的神咒。最后是完整的《九天应元雷声普化天尊玉枢宝经》，记述的是雷祖向雷师皓翁讲道的经过，着重宣讲道教“至道”和“气数”两个概念。从内容判断，该碑应属于刻经碑。

【双关帝庙】

位于北京市朝阳区东坝乡板桥村，始建于明万历年间。

该庙坐西朝东，现仅存正殿，面阔三间，进深两间，前出廊，五架梁，苏式彩画。内供新铸关帝铜站像一尊。院内有一株古槐。

◆双关帝庙

据《1928年北平特别市政府寺庙登记》记载：“坐落东郊区署一分署板桥一号的双关帝庙，建于明万历年，同治年合村重修，属公建。本庙面积约一亩，西大殿三间，北殿三间，南殿三间，北房二间。管理及使用状况为合村管理。庙内法物有泥像二十七尊，铁钟一口，铁刀一个，木供桌五个，另有道光二十六年石碑一座，槐树两棵。”

该庙原为村委会使用，后因年久失修，大殿南侧山墙走闪开裂，2002年私人出资进行了修缮。

【弥陀古寺】

位于北京市朝阳区奥运村街道天居园小区内，始建于明宣德年间，后经历代重修保存至今。

◆弥陀古寺

民国时期因战乱兵火，寺庙逐年塌毁，当地庶民捐款捐物，修缮了前层佛殿三间，东禅堂三间，北耳房两间，山门两座。根据《1928年北平特别市政府寺庙登记》记载："弥陀古寺坐落北郊二分署第七段羊房村三十一号，建于明，属合村私建。本庙面积，前明东西宽九丈五尺，后明九丈，东明南北长九丈，西明南北长八丈，庙前至影壁后滴水，南北明东西宽俱三丈二尺，东西明南北长俱九丈二尺，佛殿八间，房八间；附属土地二十四亩。管理及使用状况为合村人管理，佛殿供佛余房私立小学校用一半，合村青苗会社办事一半。庙内法物有释迦牟尼佛，观世音菩萨，送子观音，二郎爷，关圣大帝，药王，韦驮爷。"

该寺曾用作学校，后为个体印刷厂使用，1991 年 5 月由村大队接收。2003 年周边村落因 2008 年奥运会占地整体搬迁，仅存此寺，后被列入"人文奥运"文物保护项目，结合建设调整规划设计，使之成为奥运媒体村的"人文奥运"景观。

该寺坐北朝南，现存山门一间，小式硬山箍头脊筒瓦；南殿三间，大式硬山箍头脊筒瓦，东、西山墙绘有壁画；北殿三间，大式硬山箍头脊筒瓦；东配殿三间，合瓦；西配殿塌毁无存。院内有三级绿牌古槐一棵，胸径约 2 米。

【单店真武庙】

位于北京市朝阳区东坝乡单店村，始建于明代。

该庙原供奉玄天上帝，即玄武帝，北宋时因避讳，改"玄"为"真"，故亦称真武大帝。传说真武大帝是天宫二十八宿中的北方神，又是水神、海神兼冥王（死神），后被道教所崇祀，与青龙、白虎、朱雀合称四方之神。

该庙坐北朝南，现存正殿，面阔三间，进深三间，大式硬山筒瓦箍头脊。正殿金龙合玺彩画，两侧山墙及山尖绘有壁画，后山墙及屋顶后坡因年久失修坍塌，前脸门窗较完整。东耳房两间，小式硬山合瓦箍头脊。

该庙原为单店村村委会办公使用，因房屋年久失修，自村委会迁出后一直闲置。2012 年，朝阳区文化委员会对该庙进行了抢险修缮。

【雷家桥关帝庙】

位于北京市朝阳区孙河乡雷家桥村，始建于明代，清同治十二年（1873）重修，又称雷家桥家庙。

该庙坐北朝南，据记载，原有正

殿，面阔三间，进深三间，七架梁带前后廊，硬山筒瓦箍头脊，带东西耳房各两间；东西配殿各三间，进深两间，硬山板瓦灰梗屋面，五架梁；山门及东西倒座房各三间，还有古柏两棵。

该庙原为村委会使用，村委会迁出后改为村中磨坊。由于年久失修，房屋自然损毁严重，正殿地面残损严重，槛墙砖酥碱严重，门窗大部分缺失，椽子、望板糟朽，屋面瓦残损严重，后檐屋面坍塌，大木构架歪闪。东西耳房已全部倒塌，只存地基。东配殿倒塌，只存两侧山墙；西配殿倒塌一间，存两间，梁架走闪。西倒座房倒塌两间，仅存一间，墙体梁架走闪。2010 年，朝阳区文化委员会对该庙进行了抢险修缮。

【护国天仙圣母庙】

位于北京市朝阳区来广营乡北湖渠村南，南邻北小河，始建于明代，清光绪年间重修。

该庙坐北朝南，供奉天仙圣母碧霞元君，修缮前仅存正殿，面阔三间，进深三间，硬山筒瓦屋面，东、西山墙残存有两幅碧霞元君壁画，

◆护国天仙圣母庙

东、西耳房各三间。

2005 年对正殿进行了修缮，修缮中对壁画进行了专业保护，并恢复山门、东配殿。2009 年修复西配殿。

【南磨房关王庙】

位于北京市朝阳区南磨房乡世纪东方嘉园小区绿地内，始建于明代，经历代修缮保存至今。

◆南磨房关王庙三国故事壁画

该庙现存一进院落，坐北朝南，山门为硬山筒瓦屋面。正殿面阔三间，进深三间，东西山墙上遗存有三国故事壁画："桃园三结义"、"温酒斩华雄"、"三英战吕布"等，前出廊后出厦，硬山挑大脊筒瓦屋面，梁架饰旋子雅五墨小点金彩画。

据《1928年北平特别市政府寺庙登记》记载："关王庙坐落南郊广渠门外楼梓庄村一号，建于明，康熙年重修，村中公建。不动产土地二亩一分四，房屋十七间，土房三间，小庙一间。管理及使用状况为供佛、警察驻所。庙内法物有铜像两尊，泥像十八尊，铁钟两口，铁磬五口，木、铁香炉烛扦十八件，香沙像一尊，泥马一匹，铜狮象犼三个，供桌四张，另有井一眼，槐树四棵，榆树两棵。"

2006年对正殿进行抢险修缮后，修建围墙和山门，正殿前新立《关圣帝君觉世宝训》碑及《南磨房关王庙重修记》碑。大殿内供关公彩塑神像，两侧为关平与周仓塑像。每年传统节日期间，都在该庙举办民俗活动。

【朝阳公园老君庙】

位于北京市朝阳区朝阳公园南路1号朝阳公园内，始建于明末清初，是一座供奉窑神的道家庙宇。

◆朝阳公园老君庙

该庙现仅存一座正殿，面阔三间，带东西耳房各两间，正殿墙体腰线以下为大停砖砌筑，印有"通和窑澄浆停城"窑记字样，字迹清晰可辨。

该庙原为煤气用具厂仓库，2005年扩建朝阳公园，在拆迁煤气用具厂工程中被发现。据考当年此地是烧制城砖、陶器的窑场。当时因烧砖取土挖出的很多窑坑，积水后形成了现在的朝阳公园湖。该庙宇是当地工匠祭奠窑神老君，祈求保佑烧出成品的场所。2008年奥运会沙滩排球赛场施工中，对该庙进行了修缮保护。

【双龙寺】

位于北京市朝阳区十八里店乡西直河村西（西直河小学内），始建于清康熙三年（1664）。

现仅存西配殿，面阔三间，进深两间，硬山式建筑，南北山墙残存壁画。

据《1928 年北平特别市政府寺庙登记》及《1936 年北平市政府第一次寺庙总登记》记载："双龙寺坐落南郊三分署西直河村路西一号，建于清康熙三年，合村公建。本庙面积三亩三分五厘，房屋共十三间，影壁一座。庙内法物有木神像五尊，泥佛像二十八尊，关圣帝君等，如来我佛，十八罗汉等共五十一尊，铁香炉两个，铁烛扦两个，铁香桶一个，铁磬两个，铁钟一口。另有井一眼，柳树十五棵。"由此可见，民国时期的双龙寺以佛教为主，关圣帝君等道教神祇也进入佛寺，佛道合一，满足民众不同的信仰需求。

1949 年以后，该寺由西直河小学使用至今。因年久失修，学校于 20 世纪七八十年代对大部分殿宇进行了改建，主殿、东配殿、山门均失。2013 年，朝阳区文化委员会对该寺进行了修缮。

【兴隆寺】

位于北京市朝阳区望京 220 千伏变电站东侧，始建于清康熙五十年（1711）。

◆兴隆寺

据《1928 年北平特别市政府寺庙登记》记载："兴隆寺坐落东郊区署第四分署南湖渠八号，建于清康熙五十年，面积南北长十九丈，东西宽十丈五尺，瓦房十六间，庙内法物有释迦佛一尊，站童两尊，弥勒、药王、虫王、五道神、龙王、财神、土地、韦驮等像，木五供一份，铁磬一口，小铁钟一口，殿鼓一面，磁香炉四个，土香炉十六个，另有小松树五棵，槐树两棵，小树两棵。"

现存山门殿一间，正殿三间，东、西配殿各三间。2009 年北京市电力公司建设望京 220 千伏变电站时，对该寺进行了修缮。

【八里庄清真寺】

位于北京市朝阳区六里屯街道八里庄 158 号，始建于清康熙年间。

该寺坐西朝东，南向开山门，礼拜大殿面阔三间，一卷两殿式，后殿起六角攒尖亭；北配殿面阔三间，进深两间，东西耳房各两间；北后殿面阔三间，进深两间；东殿面阔三间，进深两间。北配殿、东殿为近年重修。礼拜大殿东南侧存有“钱君仲斌捐产纪念碑”一通。1997 年进行了整体修缮。

◆八里庄清真寺

【关庄关帝庙】

位于北京市朝阳区大屯街道北湖渠路 15 号院内，始建于清光绪元年（1875）。

现存正殿，面阔三间，进深三间，硬山筒瓦屋面，东西耳房各两间，进深一间。

该庙原为关庄村村委会使用，先后作为合作社、大队部办公室使用，因年久失修，围墙、山门、东西配殿自然倒塌，于 20 世纪 90 年代中期腾

◆关庄关帝庙

退闲置。2006 年因奥运会占地，对关庄村进行整体拆迁。北京市环卫集团征用此地，建设奥运环卫清洁配套设施。2007 年朝阳区政府出资对该庙进行了修缮。修缮后的大屯关庄关帝庙，由北京环卫集团四清分公司管理使用。

【东湖关帝庙】

现位于北京市朝阳区东湖街道北小河公园内，原位于来广营乡东湖渠村，始建于清乾隆年间。

据《1928 年北平特别市政府寺庙登记》所载：“东湖渠关帝庙坐落东郊四分署东湖渠三十一号，建于乾隆年间，合村公建。本庙面积四亩五分，大殿六间，大小群房八间；附属土地十三亩五分，附属房屋二间。管理及使用状况为私立小学用房三间，余合村公用。庙内法物有座像铜佛三

尊，马童一个，娘娘殿泥胎像十五尊，站像铜佛一尊，泥塑土地两尊，泥塑马匹两个，泥塑像十一尊，铁钟一口，铁磬五个，瓦香炉十五个，石鼎一座，磁香炉两个，铁鼎一个，缸瓦蜡台一对，铜磬一个，缸瓦香炉一个，另有大小柳、槐、松、杨等树约九十余棵，水井一眼。"

◆东湖关帝庙

2004 年底，北京城建集团东湖房地产开发公司，在开发拆迁东湖渠村时出资对该庙进行了修缮，根据文物部门要求按原庙宇规制修建了山门、大殿、东配殿和院墙，并据规划西移至北小河公园内。现由北小河公园管理处管理使用。

【万子营清真寺】

位于北京市朝阳区黑庄户乡万子营村，始建于清乾隆年间。

该寺坐西朝东，山门硬山筒瓦；礼拜大殿面阔三间，进深四间，一卷两殿式，后起六角攒尖亭，硬山挑大脊筒瓦屋面；北配房面阔三间，进深一间，东西耳房各两间，小式合瓦屋面。院中东南角有古井一眼。近年集资对清真寺进行了整体修缮。

◆万子营清真寺

【管庄清真寺】

位于北京市朝阳区管庄乡管庄村西部，始建于清代。

◆管庄清真寺

现存礼拜大殿，面阔五间，为一卷两殿式，大式硬山箍头脊，绿琉璃瓦屋面，前廊带雀替，后殿起六角攒尖亭，亭下方镶砌一块石刻横匾，上书“清真古寺”四字。北配殿面阔三间，进深两间，硬山绿琉璃瓦屋面。

1986 年对大殿进行了修缮并修建水房和穿廊。2005 年对清真寺进行了整体修缮。

【西会清真寺】

位于北京市朝阳区管庄乡西会村，始建于清道光年间。

◆西会清真寺

该寺坐西朝东，礼拜大殿面阔三间，为一卷两殿式，后殿起六角攒尖亭。殿内匾额上“清真无二”四字为清道光年间体仁阁大学士曹振镛所书，殿前有柏树两株。南、北配殿各三间。

1987 年对清真寺进行了整体修缮。

【白衣庵】

位于北京市朝阳区东坝乡东坝镇白衣庵街东侧，始建于清代。

现存一进殿，面阔三间，进深一间，箍头脊筒瓦屋面。

据《1928 年北平特别市政府寺庙登记》记载：“白衣庵坐落东郊一分署白衣庵下坡十一号，清嘉庆五年重修，属私建。本庙面积约二亩，房屋二十六间。管理及使用状况为除殿宇僧舍外学堂税局占用。庙内法物有泥天王像两尊，泥韦驮像一尊，泥白衣像四尊，铜如来佛一尊，铁香炉一个，铁钟一口，木供桌五张，另有小石碑一座，树六棵。”

该庙原为村委会使用，因年久失修，于二十世纪九十年代末弃用，一直闲置至今。

【杨闸清真寺】

位于北京市朝阳区管庄乡杨闸村，始建于清代。

该寺坐西朝东，南向开门，礼拜大殿面阔三间，进深四间，九举前后出廊，带五举卷棚，一卷一殿式，硬山箍头脊，后廊抱厦顶出四角攒尖亭。

1986 年对该寺进行了修缮。现占地面积为 1995 平方米。

◆杨闸清真寺

【观音院】

位于北京市朝阳区崔各庄乡北皋村，始建于清代。

现存正殿，面阔三间，进深一间，进深小于原庙基址，五架梁，硬山筒瓦；东、西耳房各两间。

该院原为村委会使用，后改为村中磨房。原建筑材料于 20 世纪 70 年代被挪作他用，现建筑为原村东关帝庙迁建至此，在原有基础上复建而成。20 世纪 90 年代，因年久失修、房屋残破而闲置。正殿东西耳房、东配殿、院墙于 2007 年雨季自然坍塌，由个人出资对现存房屋、院墙进行了修缮。

【东坝娘娘庙】

位于北京市朝阳区东坝乡东坝镇娘娘庙街南口东侧东坝中心小学内，始建于明正统年间。

该庙原为三进院落，仅存正殿，面阔五间，进深三间，除屋顶瓦面换成洋瓦外，主体梁架结构未做改动，廊上有彩画、砖雕等。学校操场平台两侧有一对石狮基座，长 1.5 米，宽 1 米，高 1.55 米，原位于庙前，“文革”期间石狮被推倒埋于地下。基座东西两侧仍有原娘娘庙门前旗杆的夹杆石一对，周长 2.7 米，高 1.7 米。原庙前有影壁，影壁前是戏台，现为学校操场的领操台，台长 8.5 米，宽 6 米。校园内还散落有原娘娘庙的汉白玉长方形香炉座，长 1.4 米，宽 1.05 米，高 0.35 米。

历史上每年农历五月初一至初七举办庙会，庙会期间，场面十分壮观，从东坝的主街到娘娘庙街，商贾云集、百货杂陈，从南到北，两侧的棚帐摊位鳞次栉比，地方风味小吃、时令和应节货物应有尽有。该庙现为东坝中心小学使用。

【东辛店娘娘庙】

位于北京市朝阳区崔各庄乡东辛店村中部，始建于清代。

该庙坐西朝东，正殿面阔三间，

进深二间，硬山筒瓦，南侧有耳房二间，旋子彩画，青石台阶，垂带踏跺，殿内方砖细墁。南北配殿各三间，进深二间，硬山筒瓦，旋子彩画，青石台基，青石板踏跺，殿内方砖细墁。

该庙原为崔各庄乡东辛店小学使用，后期改为印刷厂使用。20 世纪 90 年代印刷厂迁出，改为汽修厂。由于年久失修，濒临倒塌。2005 年朝阳区文化委员会对该庙进行了抢险修缮。

【来广营娘娘庙】

位于北京市朝阳区来广营乡来广营西路金茂府小区内，始建于清代。

该庙坐西朝东，正殿面阔三间，进深三间，硬山挑大脊筒瓦屋面。东、西配殿各三间，进深一间，硬山筒瓦屋面。

来广营村已整体搬迁，现仅存该庙，北京方兴融创房地产开发有限公司结合本地区历史文化特色将对该庙进行全面修缮。

【清河营娘娘庙】

位于北京市朝阳区来广营乡润泽庄园小区西北，始建于清代。

◆清河营娘娘庙

2008 年清河营村拆迁时仅存一进院落，坐北朝南，后根据项目规划，经文物部门批准，润泽庄园房地产开发有限公司投资，将该庙向北平移至北清河南岸进行修缮保护。修缮后的清河营娘娘庙为三进院落，一进院，山门殿一座、天王殿一座、钟楼一座、鼓楼一座；二进院，娘娘殿一座、东配殿一座、西配殿一座；三进院，菩萨殿一座、东配殿一座、西配殿一座，保留原清河营娘娘庙规制。

修缮过程中，在耳房落架时发现带有“五七”、“反帝”、“反修”、“清窑”字样的压模红砖，并发现《大兴县正堂禁约事碑》，证明清河营村在清朝之前已经形成。该碑碑座双面浮雕“二龙戏珠”，碑阳上额浮雕“五福捧寿”纹，额题“万古流芳”；

碑阴浮雕“灵芝瑞草”纹，额题“永垂万年”。刻碑人为昌平生员王臣敬，落款时间为“乾隆五十八年（1793）”，碑文记载该村土地多沙碱，难种五谷，村民们合议栽种杨柳，以备收成不济时充当钱粮。为保护杨柳不被砍伐，村民们立碑以作警示。

【三间房关帝庙】

位于北京市朝阳区三间房乡三间房东村南侧，始建于清代。

现仅存大殿面阔三间，进深三间，硬山挑大脊筒瓦屋面，东西山尖存有壁画。该庙一直被朝阳区农村合作社使用，早期为商店，后改为库房。

2009 年该村拆迁，该庙将结合本地区规划建设进行修缮保护。

【来广营关帝庙】

位于北京市朝阳区来广营乡北纬40 度小区西侧，始建于清代。

来广营村已于 2006 年搬迁，只存该庙为本村的地标性建筑，据《1928 年北平特别市政府寺庙登记》记载：“来广营关帝庙坐落北郊一分署蓝旗营房一二八号，属官建。本庙面积一亩二分，房屋十二间。管理及使用状况为系本旗官庙，执事人保元、同惠、奇荣轮流值宿。庙内法物有土偶关圣大帝、火神、马王、武虎、药王、娘娘九位，菩萨，铁磬四个，木鱼一个，石铁香炉共两个，磁锡泥皮五供共五十六件，玻璃挂灯一对，大小牛角灯八个，另有石碑一对，旗杆一对，槐榆松楸树大小共九棵。”

◆来广营关帝庙

该庙原为本村村委会使用，曾用作粮店，后因年久失修闲置。2007 年由中赫房地产开发有限公司投资修缮。现存一进院落，院门为筒瓦过垄脊门楼，正殿面阔三间，进深三间，大式硬山过垄脊筒瓦屋面，前后出廊，有东西耳房各两间。殿内供奉关帝神像一尊，两侧山墙、后山墙新绘制关公事迹壁画。东西配殿各三间，进深二间，硬山过垄脊筒瓦屋面。院内立有重修碑。

【太清观】

位于北京市朝阳区大屯街道黄草湾郊野公园内，始建于明代，乾隆年间重修，光绪十三年（1887）再次重修。

◆太清观

据《1928年北平特别市政府寺庙登记》和《1936年北平市政府第一次寺庙总登记》记载："太清观坐落北郊二分署界内大屯村九十一号，属合村公建。本庙面积四亩五分五厘，瓦房二十七间，土房五间，山门一座，旁门东西二座。庙内法物有玉皇，真武，站童四位，龟蛇两位，四大师站像，药王，三清，三官，鲁班，站童四位，娘娘三尊，站童两位，关圣一尊，站童两位，均泥像，木供桌一张，泥皮香炉五个，烛扦五对，花瓶两对，铁香炉四个，烛扦两对，铁磬五口，大铁钟一口，铁香池一架，另有石碑四座，黄柏树一颗，三春柳树两棵，杏树四颗，丁香树两棵，榆树十一棵，庙外石狮子一对，槐树五棵，庙内槐树四棵，伐倒红柏树一棵。"太清观供奉的主神是太上老君，也称道德天尊。

该观原为大屯中心小学使用，仅存前殿三间，后殿三间及东西耳房各两间，两座大殿均是硬山筒瓦过垄脊。2006年因建设用地需要迁建到黄草湾公园内。

【英家坟关帝庙】

位于北京市朝阳区八里庄街道英家坟东方培新学校内，始建于清代。

◆英家坟关帝庙

英家坟关帝庙史料无载，原庙大小四至范围无考。此庙解放之初即作为小学使用，由于年久失修，大部分古建都在六七十年代被改建。先后作为学校礼堂、校舍、仓库使用，被居民楼和教学楼包围。

该庙现仅存正殿一座，面阔五间，进深三间。硬山过垄脊合瓦屋面，后檐老檐出，前后出廊。整座建筑保留清末民初风格，室内为现代装修。2013年，朝阳区文化委员会对该庙进行了修缮。

【马房寺关帝庙】

位于北京市朝阳区王四营乡马房寺村西北，始建于清代。

该庙坐西朝东，仅存正殿，面阔三间，进深二间，硬山一卷一殿式筒瓦屋面，五架梁带前廊式，苏式彩绘。因年久失修，现状残破，南山墙已倒塌，前檐墙倒塌，殿内壁画损毁严重。

据《1928年北平特别市政府寺庙登记》记载："马房寺关帝庙坐落东郊三分署马房寺村甲二十四号，光绪二十五年（1899）重修，属合村公建。地基东西长十丈零五尺，东面宽五丈五，西面宽六丈一，墙基东西六丈，南北四丈五尺，房屋九间。管理及使用状况为派本村一人方仁友看守烧香，本村有公议事项在此庙集合。庙内法物有泥关帝圣像连童十一位，泥药王一位，泥药圣一位，铁钟两口，铁磬一口，铁蜡扦两对，铁香炉三个，铁香筒一对，另有柳树两株，榆树十一株。"

2010年因环境恶劣将该庙迁至古塔公园内，迁建后的马房寺村关帝庙坐北朝南，为二进院落，将成为古塔公园内一处历史文化景观。

【碧霞宫娘娘庙】

位于北京市朝阳区管庄乡小寺村，始建于清代中期，光绪年间重修。

该庙原为三进院落，庙产几十亩，山门殿前原有戏台一座。正殿面阔三间，供奉主神碧霞元君，两旁有送子娘娘、眼光娘娘等。正殿墙上绘有讲述天仙娘娘升天故事的《升仙传》壁画。东配殿塑有灵宫，西配殿为禅堂。

现仅存一进院落，正殿和西配殿各一座。正殿面阔三间，进深三间，为大式硬山箍头脊筒瓦屋面。西配殿面阔三间，进深一间，硬山合瓦屋面。

该庙先后被村委会、木器加工厂使用，后因残破闲置。

【平房天主堂】

位于北京市朝阳区平房乡平房街正街87号，始建于1932年。

平房天主堂呈长方形巴西利卡式，占地4000多平方米，曾先后用作灯泡厂、敬老院，1991年复堂，北京教区神学院迁入。1996年进行了维修与扩建，加建钟楼。

教堂立面装饰具有典型的罗马式风格。室内装饰中西结合，中厅为拱券结构，圣坛空间形式独特，上方覆盖着圆形穹顶。建筑材料下部用混凝土，顶部为青砖。教堂建筑形体高大，窗呈拱券式，两面起脊中式房顶。

◆平房天主堂

第二节　古塔

【十方诸佛宝塔】

位于北京市朝阳区王四营乡古塔公园内，始建于明嘉靖二十四年（1545）。1990年被北京市人民政府公布为北京市文物保护单位。

塔高约30米，八角九级密檐式砖塔，塔座高约2米，拱形门洞，上方题额“十方诸佛宝塔”。修建人为当时延寿寺住持翠峰禅师（1468～1549），时名“十方诸佛普同宝塔”，塔“檐层九，中通八围”，功用为“内安请佛罗汉像，内下有藏真之穴圹，以盛不朽之坚固，或藏衣钵之爪发齿牙，迁化有德者，咸有所依附焉”。翠峰禅师圆寂后卜葬于塔北数丈处。

◆十方诸佛宝塔

万历初延寿寺重修时，当时的皇太后“发心施舍银一千五百两，暨宫眷人等陆续施银一千两，俱命近侍官王喜董其事，重修宝刹重整余容”，“山门一座，天王殿一座，钟鼓楼二座，藏经殿五间，内新印藏经。全水陆殿五间，新造水陆。全方丈房三间，禅房十间，接待僧房三间。凡供设器物靡一不具。芝房柱殿尽善尽美；宝阁琼台美轮美奂”。延寿寺毁于清末侵华的八国联军。

1989 年，朝阳区政府拨款对十方诸佛宝塔进行了修缮。2007 年，北京市政府拨款安装了避雷装置。现十方诸佛宝塔北侧立有嘉靖二十九年（1550），赐进士第兵科都给事中俞鸾撰的《明故翠峰禅师碑文》碑；大明嘉靖三十五年（1556）尚衣监太监薛铭等立石的《重修古刹延寿寺十方诸佛宝塔碑铭》碑；万历元年（1573）八月二十日立，赐进士第光禄大夫柱国少师兼太子太师吏部尚书侍经筵食正一品俸杨博撰的《重修延寿寺碑记》碑。南侧立有《德种金田》碑和《名题宝地》碑。十方诸佛宝塔南端延寿寺一进院遗址内还立有《重修古刹延寿寺记》碑。

第三节　祠堂　会馆　府邸　故居

【顺承郡王府】

原位于北京市西城区赵登禹路，始建于清代。1984 年被北京市人民政府公布为北京市文物保护单位。1994 年迁建至朝阳区朝阳公园南路 19 号。

《乾隆京城全图》绘制的该府为正方形，东起今太平桥大街，西至锦什坊街，南起今华嘉胡同、留题迹胡同稍北，北抵麻线胡同。面积虽不是很大，但布局严整，自外垣以内分三路，中路是主要建筑，依次是府门、二门、翼楼、银安殿、寝殿、后罩楼等；西路和东路，各分别由不同的大小院落组成。和其他王府形制一样，也是前殿后寝，有正门（府门）、正殿和两侧翼楼、后殿、后寝（原后楼现已无存），东西两路为生活居住区。

顺承郡王府的第一任主人为勒克德浑，系礼亲王代善之孙，顺治五年（1648）晋封顺承郡王，成为清朝开国“八大铁帽子王”之一。勒克德浑死后，其第四子袭爵。至 1911 年清朝灭亡，顺承郡王世爵共传 10 世 15 王，依

◆顺承郡王府

次是：勒克德浑、勒尔锦、勒尔贝、廷奇、充保、穆布巴、诺罗布、锡保、熙良、泰斐英阿、恒昌、伦柱、春山、庆恩、讷勒赫，其中三人被夺爵。民国六年（1917）讷勒赫去世，其子文葵仍被已逝帝位的溥仪封为顺承郡王，但家境远不如前，1921 年将府邸卖给了占据北京的张作霖，成为大帅府。1949 年后，为中国人民政治协商会议常设机构的办公地点。1994 年，全国政协修建新楼，将顺承郡王府迁建至朝阳区朝阳公园东侧。迁建后的郡王府，在门前朝阳公园南路路北新建三间四柱牌楼一座。主体建筑分为中、东、西三路，中路、东路建筑保持原有规制，西路建筑有所变动。

【海阳义园】

位于北京市朝阳区呼家楼南里 2 号，始建于清道光二十五年（1845）。1986 年被朝阳区人民政府公布为朝阳区文物保护单位。原登记名称为山东会馆。现管理使用单位为北京市朝阳区房屋管理局第五管理所。

据有关资料统计，清代山东人在北京市设立了 13 所会馆，其中县级会馆有 3 个，海阳义园便是其中之一。其主要功能是专为在京的山东海阳籍人士提供养病、停柩、埋葬等善事服务的场所。该义园由山东海阳籍旅京人士王乐羲、李天阶募创，“专为邑人之客都者养病停柩之所”，至解放初期，“办理义举一百余年”。

◆海阳义园

现存一处四合院带东跨院建筑，占地 1200 余平方米，坐北朝南，正门为垂花影壁门，正房为前出廊北房三开间带东西耳房各两间。院中东南角东配房南山墙南侧立光绪二十九年

(1903)《重修海阳义园碑记》碑一通，载有义园四至，还刻有捐资的裕兴号、永兴号、永顺号、义泰号、合义草铺等商号及邓侃、包恒道、辛鸣琴、王振、于保仁、王岳增等人名八百多个。碑文记载：

京师朝阳门外大桥东三里许，旧有山东海邑义园，专为邑人之客都者养病停柩之所。道光二十五年（1845），王君乐羲、俊亭，李君天阶、长春募创也。园中一切布置及夫岁修归榇之规条悉臻完备，远近耳其事者，莫不称善举焉。庚子（1900）秋洋兵入都，门窗槅壁被毁无余，加以壬寅（1902）夏秋之交瘟疫盛行，死亡相继，积有百余柩。尔时修葺、归榇之费浩于往昔，兵燹以后商力不支，究户劝募尤艰于往昔。先正之义举几乎难为继矣。芸圃徐公名芳典者，不辞其难，约同乡诸君子先募有千余金，容冬将百余柩发归故里。今春又募得六百余金以作修补费。

海阳是县级建制，当时称海阳邑，属山东省登莱青道下辖的登州府。今为山东省烟台市属县。据《元和郡县图志》“海阳县条”记载：“海阳县，……本汉揭阳县地，晋于此立海阳县，属义安郡。隋开皇……十一年置潮州，又立海阳县以属焉。”清雍正十二年（1734）置海阳县，因地处黄海之北而得名。《登州府志》亦载：“以其地在海之阳，故名。”

1998 年对海阳义园进行了修缮。

【张翼祠堂】

位于北京市朝阳区豆各庄乡豆各庄村西，始建于清光绪年间。1986 年被朝阳区人民政府公布为朝阳区文物保护单位。

张翼祠堂坐北朝南，为两进四合院式建筑，占地约 1700 平方米。用料考究，建筑工艺上乘。前院正门仿新华门样式，大门一间、东西值房各一间，门前原有砖雕影壁一座，雕有葡萄架、松鼠、百子图等，据说其造价相当于整个院落的成本，由此可知影壁的精美程度，但在“文革”中被毁。一进院、二进院格局相同，均为正殿五间及东西配殿各三间，磨砖对缝，硬山筒瓦，前后出廊。

张翼祠堂以砖雕精致而著称，在影壁、大门、墀头、博缝头、屋脊、廊心墙、吞脊、柱顶石外墙透空、院

◆张翼祠堂

墙等部位，雕有花鸟、瑞兽、灵草、人物、山水以及佛、道吉祥图案等，雕刻的手法多样，技艺高超。1999年对张翼祠堂进行了修缮。

张翼，字燕谋，亦字彦谟，生于咸丰二年（1852），卒于民国四年（1915），享年63岁。其家境贫寒，壮年跟随太常寺卿方华卿先生学习，由武起家，曾为清工部右侍郎、开平矿务局督办、总办路矿大臣，曾主持慈禧太后陵墓修建，祠堂正是于此时修建。

【乐家花园】

位于北京市朝阳区双井街道通惠河南岸庆丰公园西园内，是“同仁堂”乐氏家族的一处郊外花园。该地原有元代都水监张经历的花园，时名双清亭，后亦称张家花园。另有同仁堂乐家花园建在此地，故称双花园。

乐家花园为坐东朝西两进院落，

◆乐家花园

自西向东依次是双开如意大门一间，为五檩起脊硬山合瓦，门上槛有六角形门簪4枚，苏式彩画，南北两山内侧绘有对称几何、万字、如意纹图案，干摆墙面，三级踏跺；正房五间前后出廊，后带过堂门式卷棚抱刹，硬山合瓦过山脊，清水墙面，七檩重檐，上为菱形双套纹，下为加杆条玻璃屉门窗，前廊花罩下置美人榄，南北山墙各开两券顶随墙玻璃窗，双开玻璃窗扇，为典型的民国时期风格。前廊金柱下槛墙为方砖细墁墙心，室内地面为尺四方砖细墁，五级踏跺。四周院墙为软心抹白花墙，上开什锦花窗。

2009年国庆城市环境整治中，在双井地区通惠河南岸，该处古建筑被发现，当地街道办事处报请文物部门进行现场鉴别，经过对传统建筑的勘验与走访，得知是原北京老字号

“同仁堂”乐家的花园所在地，现面临拆除。该建筑的建筑规制与一般古建有所不同，一般传统建筑的主体建筑，从建筑方位上讲基本都是坐北朝南；也有部分特殊时期和民族宗教建筑是坐西朝东；而北方地区坐东朝西的传统建筑非常少见，而此处传统建筑就是坐东朝西。这种建筑方位和形式，具有一定的研究价值。区文物主管部门建议对该处建筑进行保留，将其列入第三次全国文物普查新发现项目，并对现存建筑进行修缮。2010 年对乐家花园进行了修缮。

第六章 石刻

【洪熙圣旨碑】

立于明宣德元年（1426）二月十三日，现位于北京市朝阳区常营乡连心园小区内。

该碑通高2.5米，宽1.1米，厚0.2米。碑首呈方形，篆书“奉天敕命”，额为阳刻浮雕，额题“皇帝圣旨”。碑身上部为圣旨，颁于洪熙元年（1425）三月二十二日，明仁宗因“推恩以报之，道其显亲之心，□劝天下之为孝者也”，追赠户部河南清吏司主事郭诚亡父郭恭为承直郎户部河南清吏司主事，其母王氏为安人。下部为郭恭墓碑文，记述“郭氏世家顺天府之通州”，郭恭及其祖郭遵道、其父郭顺乡的生平。

书丹并篆额者，程南云，字清轩，号远斋，江西临川人，赐进士出身、征仕郎、中书舍人、监察御史，工诗文，精篆隶，为时所尚。奉命书

◆洪熙圣旨碑

长陵碑。

洪熙圣旨碑在2009年3月被发现后移至连心园小区内。

【线应奇墓碑】

立于清顺治十年（1653）二月二十七日，原位于北京市朝阳区高碑店乡东店村东部灌渠南岸，现存于朝阳区高碑店乡高碑店村科举匾额博物馆门前。

该碑通高3.31米、宽1.03米、厚0.37米。螭首龟趺，右上方残缺。碑阳额篆“御制”，碑身首题“皇清诰授资政大夫骠骑将军线公讳应奇之墓”，四周雕行龙、祥云、火焰珠。线应奇墓丘早已平毁，该碑在文革期间被推倒埋于地下。

线应奇（1608～1653），亦作线应琦，原为明朝中军。崇德七年（1642）二月，清军围攻松山城，线应奇与明副将夏成德率众来归，隶正白旗汉军。顺治元年（1644），以投诚授三等甲喇章京。豫亲王多铎南征，平定河南、江南时，攻扬州、嘉兴、昆山、常熟等府县，线应奇督放所管红衣炮克其城，以军功加为二等。七年（1650）十月，恩诏加为一等甲喇章京。九年（1652）正月，恩诏加为三等阿思哈尼哈番（三等男），授资政大夫、骠骑将军。卒于顺治十年（1653）二月二十七日，以叔父之子线应藻袭爵。

【和硕显亲王富寿墓碑】

立于清康熙十四年（1675）四月二十一日，原位于北京市朝阳区劲松小区西口路南电机厂内，现位于朝阳区日坛北路6号日坛公园内。

该碑通高6米，宽1.35米，厚0.5米。螭首龟蚨，碑身四周浮雕二龙戏珠图案。碑阳满汉合璧，额篆“敕建”，首题“和硕显亲王谥懿富寿碑文”，康熙帝撰文称颂其功德。碑阴无字。

◆和硕显亲王富寿墓碑

富寿，亦作福绥、福寿，第一代肃亲王豪格第四子，康熙八年（1669）袭爵，改号显亲王，即第二代肃亲王。“性资端敏，克绍先猷”，“品行纯良”，康熙八年（1669）卒，谥号“懿”。十四年（1675）康熙帝勒石立碑，以“昭示奕世，庶表朕笃族之心，永为藩辅懿典”。

富寿墓石亨堂做工精细，四面开门窗，雕刻工艺较高，现为北京石刻艺术博物馆珍藏。

和硕显亲王富寿墓碑

和硕显亲王谥懿富寿碑文/古帝王膺受天命咸赖懿亲夹辅宗社生则大启藩封报功崇德没亦勒之金石永/垂不朽朕丕承先业抚育万邦亦惟诸宗亲共襄图治尔富寿系和硕肃亲王之子/推恩封为和硕显亲王性资端敏克绍先猷方冀遐龄遽尔奄逝在朕亲谊笃执既/萦一本之怀追尔品行纯良益切维城之痛爰稽成宪赐谥曰懿勒之贞珉昭示奕/世庶表朕笃族之心永为藩辅懿典云尔/康熙拾肆年肆月贰拾壹日立

【星纳墓碑】

立于清康熙十四年（1675）四月十五日，现位于北京市朝阳区建国路93号万达广场东北侧。

该碑通高约3米，宽近1米，厚0.5米。螭首龟趺。碑文满汉合璧，额篆“敕建”，首题“原任太子少师工部尚书加二级因年老原任品解任谥敏襄星纳碑文”。

◆星纳墓碑

星纳，亦作星讷，据《清史稿》记载：“星讷，觉尔察氏，满洲正白旗人。初事太祖，授二等侍卫，兼牛录额真。天聪八年（1634），论功，予世职半个前程，授刑部参政。崇德三年（1638），与承政叶克舒伐黑龙江，师有功，其兄辛泰、弟西尔图战殁，当得世职，合为三等甲喇章京。寻坐事降理事官。四年（1639），授巴牙喇甲喇章京，兼议政大臣。寻迁梅勒额真。六年（1641），授工部参政。八年（1643），擢承政。顺治元年（1644），从入关，改尚书，进世职一等。三年（1646），从讨张献忠，师还，加太子少保。六年（1649），从讨姜瓖，攻大同。进世职二等阿思哈尼哈番。八年（1651），英亲王阿济格得罪，星讷故为王属，坐夺官，削世职，籍家产之半。寻复授工部尚书、议政大臣。十年（1653），以老致仕。十四年（1657），星讷自讼军功，复世职一等阿达哈哈番兼拖沙喇哈番。康熙十三年（1674），卒，谥敏襄。"

【常汝贵诰封碑和常明扬神道碑】

位于北京市朝阳区东风乡辛庄村星火西路路西绿地内。东侧为常汝贵诰封碑，立于清康熙十四年（1675）十二月十四日；西侧为常明扬神道碑，立于清乾隆三十八年（1773）八月。

两碑现状保存完好，有铁栏杆围护，坐北朝南，规格尺寸相同，通高 5.9 米，宽 1.15 米，厚 0.45 米，龟趺螭首，碑身双面雕刻 12 条行龙。碑阴无字，额篆漫漶不清。常汝贵诰封碑，碑文满汉合璧。常明扬神道碑，碑文汉文，由顺天府庠生王秉纶撰文书丹，以嫡孙常国枢名义敬立。

◆常汝贵诰封碑和常明扬神道碑

常汝贵家族墓地早已无存，后裔至今还在本村居住。碑东南 20 多米处原有常汝贵家庙一间，硬山筒瓦。

常汝贵，明朝开国名将常遇春后裔，清代历任骁骑校、管佐领、工部侍郎、拖沙喇哈番、拜他喇布勒哈番等职，官至正一品光禄大夫，封爵都骑尉。常明扬为常汝贵之子，曾任安徽布政使。

常汝贵诰封碑

奉/天承运/皇帝制曰国家思创业之隆当崇报功之典人臣建辅

运之绩宜施锡爵之恩此激劝之宏规诚古今之通义尔工部郎中拜他喇布勒哈番参领管佐领事加三级/常汝贵性资端谨才识宏通佐理冬官恪慎无斲于职守宣劳政务夙夜克矢乎寅恭任用有年小心益励崇阶洊陟历试能勤欣兹庆典之逢宜沛恩纶之宠爰/颁新命以示褒嘉兹以覃恩特授尔阶光禄大夫锡之诰命呜呼推恩申命爰弘奖于忠贞树德懋勋尚益勤于笃棐祗服朕命勉尽乃心初任骁骑校二任管佐领事三任工部郎中仍管/佐领事四任授为拖沙喇哈番仍为郎中管佐领事五任授为拜他喇布勒哈番仍为郎中管/佐领事六任加一级七任参领仍为郎中管佐领事八任加一级九任又加一级十任今职制曰作朕股肱良臣自矢夙夜釐尔女士内则尤效勗勷休命用申壸仪维懋尔工部郎中拜他喇布勒哈番参领管佐领加三级常汝贵妻单氏相夫克协宜家著/范尔夫恪勤尽职藉尔黾勉同心内则既娴褒纶宜锡兹以覃恩封尔为一品夫人呜呼眷此勤劳之佐久藉同心嘉尔贞顺之娴载颁异数益修内德以答殊恩/康熙十四年十二月十四日

常明扬神道碑

皇清诰授光禄大夫江南安徽等处承宣布政使司布政使加三级常公神道碑顺天府庠生锦水王秉纶撰文丹书从古邦隆之世必有一代伟人□□休□以奏□功□来世虽百世而下犹□□咏□以志明/□于□谊□□□当其际耳□□光彰彰较著者乎我/朝□□可庆具举士大夫际昌明之会其得乎山川之灵扶舆磅辉之气者盖尔匪伊朝夕矣以故方伯常公讳明扬者由前明大将军常遇春世裔入正白旗汉军籍公父讳汝贵以功授骑都尉□任工部郎中方伯公/幼时即多神异工部公特爱之稍长命就学经籍寓日咸诵既为惊叹以为异日朝廷之栋宇必若人也年弱冠即抱异才应童子试一出冠军逾年登贤书以道于严命筮仕初选陕西巩昌府泰安县泰安地处□三政/务纷纭流冠甫平民多凋敝间命郎携童仆先往下车之日周视疆理体察舆情豪强兼并之私滑吏刁民之弊一一得其隐征有讼狱者片言而折阖邑称颂邑有积匪赵七者以讹诈射利为事公廉得其□□□之持/法百姓称快又樊智者贸易在外积赀颇丰

迟十五年谋归中途遇害凶犯逃匿案久不结历任皆以此被劾公潜易服遍访乡里一日偶于僧寺晤周全者语及此事全殊变色公因殆至署中数语吐实民益视公如神/矣泰安地瘠民贫公捐俸修桥创立义学兴贤举能彰善瘅恶不可殚述任满升监察御史巡视南城诸豪滑闻公之名多为敛迹然京师商贾辐凑旗民杂处往往滋事到任未逾月即有铜商金姓王姓者与查商争□/并连命案不下数十人公察其冤止就首犯治罪余皆释宥民颂其德至今感佩越二年特授山东济南道体察僚属宽严有法事有阻于上者为请之有便于民者为举之一时上下称颂循吏咸谓当世罕觏正思图□/维新旋丁外艰解组归京三年守制哭泣几至丧明盖亦至性不可遏抑然也服阕补陕西平庆驿盐道甫一载丁内艰治丧守礼如前再补陕西汉兴道百姓闻公再至举手加额踊跃欢忭不啻雅子之□慈父母也有/为公咏旧□者曰十年不愧赵清献七邑重逢张益州至今传为美谈尝遣人搆茶山中始知茶商积弊以及官吏侵渔若累多端悉皆详请革除大慰民情三十五年改授直隶口北道口此地邻边塞辽关难治兼之/宸舆驻跸官从多人公事上接下咸得其宜事毕闾阎不扰百姓安堵抚宪尤雅重之随以卓异升湖南按察使司湖南古楚地民多狡焉思逞有提标旗牌绰号夏包者猖乱□城公驰驿赴任昼夜兼进时余祖任湖南方伯/与公雅相善共相谋画首获渠魁余党悉平余祖与公不欲以功自居恙以推首事者上下悦服当是时山泽之利未广江汉之盗尚多目相搆讼终年无间公严覈有方督率属吏不事苛求事皆赡举公长男讳宏祖年/尚弱冠随公任所余祖一见而奇之因以余姑归焉两公既结婚媾之好益相与留意民瘼勤理庶务民赖以安晚年以善为乐常捐赀刻感应篇附以注解使人易晓名宿前辈宋荦及余祖悉为序行之不意旧极父□/后人无知者公孙讳国枢任銮仪卫冠军使素奉感应篇偶谓同僚韩君曰是篇有注解者甚少韩出是本归之岂非□承祖志默默感应有昭然不爽者耶康熙三十有七年公疾笃余姑与姑父昼夜奉汤药不解□□/神□□以身代俗谓股可疗疾余姑潜割股肉杂米粥以进逾五日病竟痊始知孝可格

天为不诬耳四十有一年晋江南安徽布政使司安徽地界河南颍风淮泗民俱强捍健讼命盗不少逋欠尤多公宽□均得其平/由是文威怀德习俗大变也若释冤狱抚流虽清屯田免□税量丁输课惠爱元元正如危者持之颠者扶之困者苏之病者疗之恩之所被不异白□而肉之耳四十有三年以疾告归逾三年病革谆谆语如梦中皆天/下国家事也以医□罔效遂至沉剧未几身骑箕尾矣公长君讳宏祖者哀痛过甚戚里成钦服除由捐赀选授直隶东光县知县此地民多负气畿辅数百里外即有劫盗公抚驭有方道路以宁有张守贵者邑之豪滑/也以私债逼命至六七案公按其实令抵法欢呼之声达诸远近寻以随钦差大臣艾公旱□运粮特邀议叙升授卢沟桥同知地当孔道南北通衢民无恒产外来商贾尤多每每聚讼公任事未逾三月前案悉清□/□□理称神明者不下数千百也旧习□头不畏官吏公严惩一二人悉皆守法时有大盗牛子侠绰号金眼者以盗官物金珠勒限擒捕各官被劾公得捕后刘三元不数月被获如京师南城邓标卢沟张信皆人所畏/□□公恩信素著俱为公出死力锄恶捕盗比里宁谧由是政绩愈新颂声日作矣是时方尚骑射公幼好骑马射箭一时同僚诸公惟公居首上宪深器重之甫经卓异以生母成太恭人之丧束装归里日惟天位哀毁/□庆营葬事毕即庐墓前制除特授江南徽州府知府徽郡为朱子故里公访其贤裔倍加礼敬且营膏火之田修理先贤祠并讲堂经阁使诸生肄业其中暇则课文以定优劣文风日盛乡会获售者公之门弟子为较/多焉郡有前任参革绩溪县令雷公因欠公项不多拟以大辟公察其冤为力请得免其时制宪某骄横人不敢争或谓公胆量何巨公笑而应之曰人言理直气壮不料予亦偶然同尔倘以长吏之命犹不敢争百姓之/事尚堪问耶所属婺源县有仇告命案因戚谊搆害累经宪驳公静室沉思一夕恍有神助提审各犯始知原告即为凶首数言折服不假刑求亦其精诚所感然耳岁丙午郡大旱公陈请赈恤犹恐稽迟捐俸□求苦于/力薄余姑为脱簪珥助理成事是年民得无恙全活者数十万人上宪褒奖百姓感公再生之德因忆方伯公昔年惠政多端徽省士民公

举咸请入名宦祠由七府持详上宪核实报可事在安徽省志则公之上以尽忠/下以全孝其懿行美德可胜道哉公有幼时知交之子贫无所依公并其子携至署中教以礼义日与公子训练武技因得成立后遇迈公命与兵弁较艺竟以枪法胜□卒四十余人因渐拔武阶官至四品其子亦由/武卿会殿试一甲第三名公于弟尤深友爱丁艰归里囊橐萧然公中之产留以奉佟太夫人者公独迎养太妇人而以产让公弟向有佟太夫人旧弟公弟居之因创王府官占例得抵偿公恐其受愚讬安某抵持市/□价胜旧居且更找发价银一千余两俱归公弟越数年公弟以在旗行走有年得官佐领随以派往西省出兵公又竭力经营俾无内顾之忧后著绩西陲升授为参领皆公力也凡此皆其盛德所致非人力所可强□而/至者随以疾告归优游田里岂非天使得终寿考宁不信为吉人之与更可异者碑立于佟太夫人来尝刻字历数十年后有公孙讳国枢者年逾七十清俸不赡勉为盛举亦戛戛乎其难哉乃公孙独谓余曰空碑/遗之子孙以俟后之承先志者此不可必之事也不可必者而得之此意外之机不可失也虽然为之者余两人也使余两人得为其所为者天也天不可知凭之于理而已矣今日者非祖宗功德有以上格苍穹讵能使/百年来潜德幽光应时而发俾后之考信者得援所据而书载之史册以垂不朽其宁有大于此者乎抑孰有奇于此者乎因不禁鼓□大笑而叹为生平之快举云按公讳明扬字宾轩由明经累迁光禄大夫江南/安徽等处承宣布政使司享寿六十有二娶佟氏诰封一品夫人子二宏祖侧室成太恭人出原任江南徽州府知府诰授中宪大夫以子贵加昭武功大夫娶王氏原任光禄大夫湖南承宣布政使司讳道熙长女原任/广西庆远府知府讳瑍胞姊诰封恭人以第三子贵加封二品太夫人天祐侧室席太淑人出原任正白旗汉军参领娶杨氏原任昭威将军讳某孙女现任直隶布政使司讳景素胞姑诰封淑人长房孙四国柱国林国/楹现任銮仪卫冠军使兼公中佐领以覃恩诰授武功大夫娶佟氏诰封二品夫人国梁俱王太夫人出次房孙一春原任广东四会县都司曾孙八人元勋元熙元烈元煦瑢元休大兴□房曾孙二永

福永舒四世/孙一坦常有常廖常生皂保五十六悉刻于石/大清乾隆三十八年秋八月吉旦嫡孙国枢敬立

【法尔纳诰封碑】

现位于北京市朝阳区高碑店乡高碑店村科举匾额博物馆门前。

2007年，该碑出土于六里屯公园大道小区南门路边，墓地及地上建筑已无存。汉白玉质，碑身完整，碑首、碑座俱失。碑身高2.04米，宽1.05米，厚0.34米，碑身四周雕刻花草纹饰。碑文为汉文，刻有顺治十七年（1660）七月初八日、康熙九年（1670）五月初六日两道诰命。

法尔纳，亦作法尔那、发尔那，萨克达氏，正白旗满洲人。《八旗通志》载“姓吉朗吉瓦尔喀氏，世居长白山苏苏村地方。”法尔纳祖父伊白德，世居札库木地方，国初来归。法尔纳初任壮尼大，顺治元年（1644）随豫亲王多铎南征，追敌于潼关，数战皆捷。二年（1645），于江宁同昂巴击败二千敌兵。五月，随贝勒博洛征浙江，于富阳县、杭州、嘉兴等地接连破敌。四年（1647），从征福建，破敌兵万余，攻克分水关。五年（1648），随征南大将军谭泰（碑文作韩代）征江西叛镇金声桓，拔城败敌，屡立战功。七年（1650），授拖沙喇哈番（云骑尉）世职，九月，擢护军参领（碑文作拜牙喇参领，系满语之称）。九年（1652）两遇恩诏，加为拜他喇布勒哈番（骑都尉）又一拖沙喇哈番。十五年（1658），随征明桂王于贵州。十六年（1659）七月，逢郑成功攻陷镇江瓜州，进逼江宁。随副都统噶褚哈于江上夺船两只并击败崖上三万敌兵，会同本地大兵大破盘踞山巅之十万敌兵。叙功，加世职为三等阿达哈哈番。曾任正白旗满洲都统第五参领第七佐领，官终前锋统领。康熙十八年（1679），卒，无嗣，以其兄之子霍尔和代（亦作和尔和岱）袭职。

【额克锡纳墓碑】

位于北京市朝阳区广渠东路6号北京市恒物物流公司院内。

该碑坐北朝南，螭首龟趺，碑身高3.7米，宽1.1米，厚0.42米。龟趺长2.7米，高0.96米，宽1.7米。碑文满汉合璧，额篆“诰封”。

额克锡纳，亦作额克希纳、额克习讷，满洲正白旗人，库雅拉氏，世居兴堪村地方。父克彻尼，国初来归，收复东海渥集诸部之一灰部时，导引清军前往，三次共获人丁三百余户，俱安插于绥芬地方。后因三处村人梗化不服，克彻尼攻服之，叙功，优授骑都尉。天聪八年（1634），以追获阿达海功，授为一等轻车都尉，任正白旗满洲都统第五参领第十二佐领。顺治五年（1648）卒。额克锡纳初任佐领，崇德八年（1643）从贝勒阿巴泰征明，至北京密云县，明兵横截，额克锡纳率每牛录甲士一人击败之。出边时率众击败明廷吴总兵、范军门追兵。至山东攻新城县时，率兵竖云梯，攻克其城，以功授云骑尉。顺治五年（1648），并袭其父一等轻车都尉。三遇恩诏，累进世职至一等男，后缘事降为三等男。康熙九年（1670）十二月，卒。额克锡纳无后，康熙十年（1671）一月底，以其叔父之孙萨尔扎为嗣子袭爵。

额克锡纳墓碑

康熙十年二月二十七日遣礼部员外郎傅成额/皇帝谕祭三等阿思哈哈番加二级故额克希纳之灵曰鞠躬尽瘁臣子之芳踪恤死报勤国家之盛典尔额克希纳性行纯良才能称职方冀遐龄忽焉长逝朕用/悼焉特颁祭葬用展哀悰呜呼宠锡重垆庶享匪躬之报名垂青史聿昭不朽之荣尔如有知尚其歆享/奉/天承运/皇帝制曰国家思创业之隆当崇报功之典人臣建辅运之绩宜施锡爵之恩此激劝之宏规诚古今之通义尔三等阿思哈哈番管牛录加二级额克锡纳性资端/谨才能渊宏懋延世之恩克承先业笃象贤之谊无忝前徽奉职有年小心益励崇阶洊陟历试能勤欣滋庆典之逢宜沛丝纶之宠爰颁新命以示褒嘉兹以覃/恩特授尔阶光禄大夫锡之诰命於戲推恩申命爰弘奖于忠贞树德懋勋尚益勤于笃棐祗服朕命勉尽乃心/制曰作朕股肱良臣所以矢夙夜韲尔士女内则亦以效励勷休命用申壸仪维懋尔三等阿思哈哈番管牛录加二级额克锡纳妻封夫人宜尔根觉罗氏相夫克/谐宜家著范尔夫恪勤尽职藉尔黾勉同心内则既娴褒纶宜锡兹以覃恩封尔为一品夫人於戲眷此勤劳之佐久藉同心嘉尔贞顺之贤载颁异数益修内德/以答

殊恩/康熙十一年四月二十六日妻马氏敬修佳城钦衽立碑后因倒坏又于四十七年闰三月初一日重立

尔父病故以尔父一等阿达哈哈番并尔拖沙喇哈番准……/兵横截放炮尔率每牛录甲士一人对阵败之出边时……拖/沙喇哈番/天下统一仿古圣王之制尊崇/太祖武皇帝功德配祀/上帝礼成念诸旧臣世效劳绩故由一等阿达哈哈番兼一拖沙喇哈番升为三等阿思哈哈番/天下大定仿古圣王之制上/圣母昭圣慈寿皇太后尊号礼成由三等阿思哈哈番升为二等阿思哈哈番/大婚礼成亦仿古制加上/圣母昭圣慈寿皇太后为/昭圣慈寿恭简皇太后尊号礼成由二等阿思哈哈番升为一等阿思哈哈番后得罪辞去一拜他喇布勒哈番为三等阿思哈哈番世袭罔替如前

【赛必汉诰封碑和保德祖父母、父母诰封碑】

现位于北京市朝阳区高碑店乡四惠交通枢纽南侧。东侧为赛必汉诰封碑，立于清康熙二十年（1681）十二月二十四日；西侧为保德祖父母、父母诰封碑，立于清雍正十三年（1735）九月初三。

两碑坐北朝南，规格尺寸相同，通高3.25米，宽0.95米，厚0.35米，螭首龟趺。赛必汉诰封碑，碑首浮雕麒麟祥云，额篆满汉文“诰封”。碑文满汉合璧。保德祖父母、父母诰封碑，额篆“奉天诰命”。碑文满汉合璧。

墓主为满洲正白旗完颜氏家族，一为护军参领赛必汉，一为一等侍卫保德祖父母洪库、赵佳氏和父母傅喀、杨氏。赛必汉与保德系叔侄关系。赛必汉，亦作赛弼汉，曾任护军校、骁骑校，以护军校征剿叛逆察哈尔布尔尼于大卣地方，奋勇击贼有功，授拖沙喇哈番（云骑尉），任护军参领。“素习戎韬，深娴武略”。赛必汉卒后，其子广兴袭职。

赛必汉诰封碑

奉/天承运/皇帝制曰王帐谈兵特重鹰扬之选金符领重聿宣虎旅之威爰沛恩纶式昭懋绩尔护军参领兼/拖沙喇哈番赛必汉素习戎韬深娴武略掌羽林之骑士纪律精严典兰錡之禁军简稽勤恪推/长城之是寄实保障之攸宜庆典新颁徽章用锡兹以覃恩特授尔阶通

议大夫锡之诰命於戲/国恩沽被益彰阀阅之成劳臣职靖共勉副宠绥之至意襄予大烈励尔壮猷/康熙二十年十二月二十四日立

保德祖父母、父母诰封碑

奉/天承运/皇帝制曰德原流光溯源之自始功多延实锡褒宠以攸宜尔洪库乃一等侍卫保德之祖父性资醇茂行谊恪纯启门祚之繁昌廓韬/钤之绪业兹以覃恩赠尔为资政大夫锡之诰命於戲三世声华实人伦之盛事五章服采洵天室之隆恩/制曰天朝行庆必推本于前徽家世贻谋遂承休于再世尔一等侍卫保德之祖母赵佳氏惠风肆好既比德于珩璜余庆绵延自邀恩/于翟茀兹以覃恩赠尔为夫人於戲绶带轻裘挺孙枝之材武高文典册驰大母之显荣/制曰臣子靖共之谊勇战即为敬官朝廷敷锡之恩作忠乃以教孝尔傅喀乃一等侍卫保德之父令德克敦义方有训衍发祥之世绪/蚤大门闾旌式縠之休风用光阀阅惟令子能娴戎略故茂典宜沛纶章兹以覃恩赠尔为资政大夫锡之诰命於戲显扬既遂壮猷一本于贻谋缔搆方新殊锡永绥夫余庆钦予时命振尔家风/制曰臣能宣力爱劳固赖于严亲子克承家令善必由慈母尔一等侍卫保德之母杨氏柔顺为仪贤名著范当弧矢悬门之日瑞应/虎臣追干城报国之年恩沾鸾诰兹以覃恩赠尔为夫人於戲贲翟车而焕采宠命祇承摛彤而扬徽荣施勿替/大清雍正十三年九月初三日原任御前一等侍卫兼营造司郎中赠内务府总管孙男保德遗命孙男保兴敬立

【科尔可大诰封碑】

立于清康熙九年（1670）五月六日，位于北京市朝阳区孙河乡孙河村。2010 年 6 月 14 日发现于孙河乡孙河村轻轨 15 号线工地。

汉白玉质，螭首龟趺，碑身四周雕刻行龙纹。碑文满汉合璧，额篆“诰封”。

科尔可大家族墓占地 10 余亩，坐北朝南。墓地南边原有三通碑，现仅存科尔可大诰封碑。

科尔可大，亦作科尔扩大、科尔阔大、科尔科代。据《八旗满洲氏族通谱》“辉发地方纳喇氏”记载：“科尔可大先祖博尔济，天聪时来归，隶属于镶黄旗第四参领，与正白旗那木都鲁地方居住莽佳、镶白旗吉林乌喇地方居住谟尔浑、镶蓝旗包衣哈达地方居住明安等同族。博尔济之孙特木尔原任佐领。曾孙郑库纳，原任博士。额尔塞原任前锋校。图鲁什由员外郎，定鼎燕京时，追流贼至庆都县败之，又追滕吉思，击败土谢图汗及硕罗汗等兵。往送诏书，殁于敌军。赠云骑尉，其子舒书袭职，两遇恩诏，加至骑都尉兼一云骑尉。后征舟山，叙功授为三等轻车都尉。”另据《清代职官年表》记载：“顺治十七年（1660）六月二十九日，科尔可大出任通政使司通政使。顺治十八年（1661）二月二日迁工部左侍郎。康熙八年（1669）六月二日，任兵部尚书。康熙十年五月四日因病解任。康熙十八年（1679）卒。”

【苏尔兖衣诰封碑】

原位于北京市朝阳区劲松北京汽车制造厂西南，现位于朝阳区高碑店乡高碑店村科举匾额博物馆门前，立于清康熙二十一年（1682）六月。

该碑坐北朝南，通高 3.25 米，宽 0.92 米，厚 0.33 米，螭首龟趺，碑文满汉合璧，额篆“诰命”。

苏尔兖衣，伊尔根觉罗氏，满洲正蓝旗人，以其长子苏虎儿军功，为康熙帝恩赐光禄大夫副都统、头等阿达哈哈番（轻车都尉）加一级佐领。

◆苏尔兖衣诰封碑

【席图库诰封碑和席图库父母诰封碑】

立于清康熙二十七年（1688）十月二十三日，现位于北京市朝阳区高碑店乡华润饭店西南侧、京通快速路北侧便道绿地内。

两碑坐北朝南，规格尺寸相同，通高 3.3 米，宽 1 米，厚 0.3 米，螭首方座。碑座前后雕二龙戏珠，碑侧两边各雕一行龙。席图库父母诰封碑位于西侧，额篆“奉天诰命”；席图库诰封碑位于东侧，额篆“诰封”。

◆席图库诰封碑和席图库父母诰封碑

席图库为织染局员外郎，从五品。

席图库父母诰封碑

奉/天承运/皇帝制曰谊笃靖共入官必资于敬功归诲迪能仕而教之忠爰沛国恩用扬庭训尔康邦图乃织染局员外郎席图/库之父躬修士行代启儒风抱璞自珍克毓珪璋之秀析薪能荷弥章杞梓之良兹以覃恩赠尔为奉政大夫织染/局员外郎锡之诰命於戲贻令问于经籯义方久著佩徽章于策府礼秩加优茂典丕承湛恩永荷/制曰移孝作忠懋简劳臣之绩推恩锡类式扬贤母之名载贲荣纶用宣懿范尔织染局员外郎席图库母曹氏早娴/典则夙著规型敬以从夫宜室聿征其顺德勤于训子备官一本于慈祥兹以覃恩赠尔为宜人於戲荷彩翟之天/章徽音益畅披彤毫之仙藻惠问常流祗服宠光永绥福履/康熙二十七年十月二十三日

席图库诰封碑

奉/天承运/皇帝制曰内府需能特重殷繁之任郎官效绩必资佐理之贤尔织染局员外郎席图库居职惟勤赴工克敏践尚方/而簉羽誉起鵷行位禁省以分猷才銛犀锷兹以覃恩特授尔阶奉政大夫锡之诰命於戲庆典酬庸俾承恩于天/阙徽章荷宠益展采于星曹初任七品笔帖式二任六品主事三任今职/制曰臣心恪慎绩懋著于周行妇职修明树令仪于中阃爰颁庆典俾荷荣褒尔织染局员外郎席图库妻王氏茂族/含芳名门作俪素风自矢克敦图史之型箔节相规无改缟綦之度兹以覃恩封尔为宜人於戲表从夫之大义翟/茀承恩沛建

下之深仁鱼轩被宠祗承休命益劭嘉名/康熙二十七年十月二十三日

【图海家族墓碑】

原位于北京市朝阳区洼里乡白庙村，现位于奥运村街道奥林匹克森林公园内。

现存螭首龟趺碑五通，均为南向，规格尺寸相同，通高5.4米，宽1.15米，厚0.55米。由南向北依次为：图海上三代诰封碑，碑阳为满文，碑阴为汉文；图海诰封碑，碑阳为满文，碑阴为汉文；图海墓碑，立于清康熙二十二年（1683）；图海之子诺敏诰封碑，碑文满汉合璧，立于清康熙二十七年（1688）；无字碑。

◆图海家族墓碑

图海，字麟洲，马佳氏，满洲正黄旗人。“秉资忠悫，砥行端勤”。清顺治十年（1653）四月任内翰林弘文院大学士，十二年（1655）加太子太保，摄刑部尚书事，与大学士巴哈纳校订律例，曾充《太宗实录》监修总裁官。康熙初，任都统，受命为定西将军，围剿郝摇旗、刘体纯、李来亨等起义军余部。康熙九年（1670）十月任中和殿大学士兼礼部尚书。十二年（1673）吴三桂以撤藩之请窥探清廷意向，他反对撤藩。后任抚远大将军招抚陕西提督王辅臣，稳定了西北局面。十四年（1675）三月任副将征察哈尔，五月凯旋返京。十五年（1676）八月封三等公。卒于康熙二十年（1681）十二月，谥号“文襄”。雍正初年，追赠一等忠达公，配享太庙。

图海上三代诰封碑

奉/天承运/皇帝制曰兴朝开创之业端藉元勋良臣辅弼之材实资世德式遵令典用沛洪恩尔胡锡乃太子太傅都统吏部尚书中和殿大学士一等阿思哈尼哈番管佐领加二级图海之曾祖父源/远流长本深支茂盖积德于乃躬故发祥于奕世曾孙有庆惟尔之休兹以覃恩赠尔为光禄大夫太子太傅都统吏部尚书中和殿大学士一等阿思哈尼哈番管佐领加二级锡之诰/命

於戲一德交孚迓天休而洊至数传始大荷帝眷之方来尚其钦承式佑尔后制曰德隆宗社于开国为崇功恩及曾闱于承家为异数庸颁崇命以著殊休尔太子太傅都统吏部尚书中和殿大学士一等阿思哈尼哈番管佐领加二级图海曾祖母觉罗氏庆衍曾/孙徽流四世重帏培德乃启后人溯水木之深长用恩荣之远被兹以覃恩赠尔为一品夫人於戲徽音邈矣佑后嗣而克昌宠贶赫然保昭融于无斁传之永远服此休祯/奉/天承运/皇帝制曰贻厥孙谋忠荩识世传之泽绳其祖武恩荣昭上逮之休忠厚之道攸存激劝之典斯在尔噶哈纳乃太子太傅都统吏部尚书中和殿大学士一等阿思哈尼哈番管佐领加二级/图海之祖父尔有贻谋以启乃孙传至再世克襄王家褒宠之恩宜及大父兹以覃恩赠尔为光禄大夫太子太傅都统吏部尚书中和殿大学士一等阿思哈尼哈番管佐领加二级锡之诰命於戲再世而昌无忘贻德之报崇阶特晋用昭宠锡/之恩奕世垂休九原如在制曰孝子之念王母情无异于慈帏兴朝之奖劳臣恩并隆于祖烈爰沛貤封之命用慰报本之怀尔太子太傅都统吏部尚书中和殿大学士一等阿思哈尼哈番管佐领加二级图海祖/母尔察氏尔有贻恩迨于再世乃孙袭庆绩懋国家喜尔淑仪宜锡褒宠兹以覃恩赠尔为一品夫人於戲章服式贲沛介锡于大母纶綍宠颁保昌隆于百祀永承家庆以妥幽灵/奉/天承运/皇帝制曰父有令德子职务在显扬臣著贤劳国典必先推锡用申新命以表前休尔穆哈达乃太子太傅都统吏部尚书中和殿大学士一等阿思哈尼哈番管佐领加二级图海之父持身/有道迪子成名嘉予懋绩之臣实尔传家之嗣爰褒义训用贲恩荣兹以覃恩赠尔为光禄大夫太子太傅都统吏部尚书中和殿大学士一等阿思哈尼哈番管佐领加二级锡之诰命/於戲率行式縠泽流青史之光教孝作忠荣耀紫纶之色永培厥后益庇昌隆制曰国家最重者惟是忠荩之臣家所由兴者以有劬劳之母特颁恩命用慰子情尔太子太傅都统吏部尚书中和殿大学士一等阿思哈尼哈番管佐领加二级图海母觉尔察氏慈能/育子教可传家念兹靖共之猷实本恩勤之训母德既著渥典宜加兹以覃恩赠尔为

一品夫人於戲颁爵用以荣亲褒忠因之教孝锡隆恩于不匮表嘉誉于来兹钦服宠纶用光泉壤

图海诰封碑

奉/天承运/皇帝制曰国家思创业之隆当崇报功之典人臣建辅运之绩宜施锡爵之恩此激劝之宏规诚古今之通义尔太子太傅都统吏部尚书中和殿大学士一等阿思哈尼哈番管佐领加二级图海性资端谨才识宏通俾掌简晋恪慎/无惭于职守宣劳政务夙夜克矢乎寅恭任用有年小心益励崇阶洊陟历试能勤欣兹庆典之逢宜沛恩纶之宠爰颁新命以示褒嘉兹以覃恩特授尔阶光禄大夫锡之诰命於戲推恩申命爰弘奖于忠贞树德懋勋尚益勤/于笃棐祗服朕命勉尽乃心制曰作朕股肱良臣所以矢夙夜釐尔女士内则亦以效勗勷休命用申壸仪维懋尔尔太子太傅都统吏部尚书中和殿大学士一等阿思哈尼哈番管佐领加二级图海嫡妻宜尔根觉罗氏相/夫克谐宜家著范尔夫恪勤尽职藉尔黾勉同心内则既娴褒纶宜锡兹以覃恩赠尔为一品夫人於戲眷此勤劳之佐久藉同心嘉尔贞顺之贤载颁异数幽灵不昧佩此明纶制曰人臣宣劳于外宁恤其家朝廷代体其/心均从乎贵爰申宠命以奖令仪尔太子太傅都统吏部尚书中和殿大学士一等阿思哈尼哈番管佐领加二级图海继妻钮胡禄氏嗣相尔夫克著令仪踵彼前徽彰兹合德内则无忝并锡褒纶兹以覃恩封尔为一品夫人/於戲显命特颁用表宜家之范小心是式益勤内助之贤永相尔夫用谐予治康熙拾伍年捌月贰拾陆日皇帝制曰朕惟尚德崇功国家之大典输忠荩职臣子之常经古圣帝明王戡乱以武致治以文朕钦承往制甄进贤能特设文武勋阶以彰激劝受兹任者必忠以立/身仁以抚众智以察微防奸御侮机无暇时能此则荣及前人福延后嗣而身家永康矣敬之勿怠图海尔原系虚衔都统大学士任尔机密之地谨慎勤敏又奉世/祖皇帝特遣俞旨著用重地乃屡世效力大臣任于机密之地今念数年以来辅朕荩忠抒悃勤劳素著优升为一等阿达哈哈番康熙玖年拾壹月拾玖日后出征湖广/山贼时看守营寨有贼三千余众夤夜从寨突出冲犯总兵官俞奋起之汛我官兵分头接杀击败之贼兵夜出冲犯总

督李国英之汛尔遣副都统黑叶等援剿击败之贼兵二千余众冲犯提督郑蛟麟之汛尔遣委署护军统领瓦岱等/援剿战退之贼兵二千余众冲犯委署护军统领耿特巴图鲁夸兰大沙进达礼之萨赖总兵官于大海之汛尔遣委署护军统领哈克山等援剿击败围困山寨贼首李来亨被迫身死将寨内官兵招诱尽杀得其山寨招诱贼伪新乐/王一人伪将军一员伪总兵三员伪副将二员伪推官一员贼兵六十余众杀之得伪银印一颗又招降贼伪侯一员伪将军一员伪总兵四员大小伪官四百余员贼兵一千九百有奇家口三千余众得其山寨又发抚文招降贼伪公一/员伪侯一员伪总兵副将参将等大小伪官五百四十有奇贼兵六千九百余众剿灭叛逆察哈尔布尔尼时在大鲁地方察哈尔布尔尼率三千余兵排齐鸟枪军器拒敌尔同多罗信郡王护军统领哈克山副都统吴诞洪世禄公议将/八旗满洲蒙古乌喇盛京二土墨特官兵排齐欲过山谷剿杀挨次前进忽从山沟突出一队二百余敌兵冲来击战时令护军统领哈克山副都统吴诞洪世禄委署前锋统领达克沙哈等将官兵分头拨派亲督指挥击败及迎来续敌/四百余贼一并击败之察哈尔布尔尼三千余兵排齐鸟枪军器大设拒敌击战时尔同王护军统领哈克山副都统吴诞洪世禄公议将八旗满洲蒙古乌喇盛京官兵排列整齐令护军统领哈克山副都统吴诞洪世禄委署前锋统/领达克沙哈等分头拨派亲督指挥击败之察哈尔布尔尼将伊败兵复聚千余人会合伊百余鸟枪兵成队拒敌击战时尔同王护军统领哈克山副都统吴诞洪世禄公议将八旗官兵令护军统领哈克山副都统吴诞洪世/禄委署前锋统领达克沙哈等复行分头拨派亲督指挥击败之察哈尔布尔尼将伊溃散二百余兵复行会合排列鸟枪军器在于岗上哨聚拒敌击战时尔同王护军统领哈克山副都统吴诞洪世禄公议将八旗官兵令护/军统领哈克山副都统吴诞洪世禄委署前锋统领达克沙哈等复又分头拨派前进亲督指挥击杀之大获鸟枪盔甲军器又招抚余剩察哈尔一千三百余户带来嘉尔山一等阿达哈哈番优升为一等阿思哈尼哈番康熙/拾肆年捌月初肆日图海尔器识老成才

猷练达赞襄机务宣力累朝以文武之长才兼忠爱之至性劳绩懋著倚毗良殷前察哈尔布尔尼背恩反叛命图海为副将军统兵征剿运筹决胜克振军威未及一月捷功立奏逆贼/歼灭疆圉敉宁近以平凉等处阻兵日久屡命剿抚罔有成效特简图海为大将军总统大兵节制各路果尔谋略渊深调度得宜军锋所至一战克捷更能体朕好生之心宣布恩威开诚招抚遂使平凉庆阳固原等处文武官/员兵民人等倾心向化悔罪归诚生民免于涂炭地方得以安全数日之间关陇悉皆底定皆由筹画周详布置神速剿抚并用克建肤功图海以心膂大臣膺秉钺重寄实心为国克副倚任朕心深为嘉悦图海壮猷制胜剿抚/兼施屡建大功克副倚任由一等阿思哈尼哈番从优封为三等公世袭罔替

图海墓碑

太子太傅都统三等公议政大臣吏部尚书中和殿大学士佐领赠少保仍兼太子太傅谥文襄图海碑文/朕抚御方夏勤求治理维兹丞弼之臣协心毗赞绥靖邦家实倚赖焉尔图海秉资忠悫砥行端勤密勿周旋历有年所敬以事上/诚以持躬渊鉴沉几克膺大任自为都统时尝平荆楚西山之乱还入纶扉赞襄匪懈乃逆贼吴三桂凭藉宠灵煽动南服一时群/不逞之徒嚣然附合察哈尔孤负国恩造衅构孽尔以将军副信郡王祗承庙算出关征讨肤功立奏东服底平继以泾原骚动西/土震惊命尔为大将军以乘胜之师回戈西向贼方肆其狂蹶思与滇逆并力惟尔以重臣建牙遂得横截秦陇扼亢捣虚逆势穷/蹙始帖耳垂尾复来效命迩年以来尔镇抚三秦威略大著能使群贼胆寒则凡天戈所指建者定之成功者惟尔劳勚为多爵以/上公俾之振旅方将复烦以机务与之讲持盈保泰之理共享隆平至治讵图勤瘁之余溘焉殒逝腹心失倚深用矗伤虽恩恤有/加锡之嘉谥而朕轸悼元老之心则未有已也爰命伐石树之墓道使后有溯勋旧之烈者得以考焉/康熙二十二年五月初二日立

诺敏诰封碑

奉/天承运/皇帝制曰国重干城之选宣力惟人朝颁章服之荣酬庸有典爵首隆于五等命宜锡自九重尔三等公蒙古都统佐领诺敏性资忠勇器识宏通依日/月之光华懋成劳于钟鼎际海山之清宴食旧

德于旂常比晋秩夫崇阶益靖共于在位心存天室常抒捧日之忱贵列上公弥励循墙之节忻逢庆/典式焕新纶兹以覃恩特授尔阶光禄大夫锡之诰命於戲懋乃嘉猷允称腹心之寄膺兹宠奖益彰阀阅之勋祇服训辞对扬休命/初任三等侍卫二任二等侍卫下尼壮大加一级三任头等侍卫下尼壮大宜都厄真加一级四任散秩大臣五任散秩大臣三等公六任散秩大臣/三等公佐领七任三等公佐领护军统领八任三等公佐领刑部尚书九任三等公佐领礼部尚书十任今职/康熙二十七年十月二十三日

【海望家族墓碑】

位于北京市朝阳区奥运村街道奥林匹克森林公园内。

现存螭首龟蚨碑四通，均为南向，规格尺寸相同，通高3.7米，宽1.15米，厚0.45米。由西向东依次为：海公神道碑，立于清康熙三十二年（1693）；海望上三代诰封碑，立于清乾隆十一年（1746），额篆“恩纶宠锡”；海望父母墓碑，立于清乾隆十一年（1746），额篆“世代恩荣”，碑文漫漶不清，为儿子海望敬表、孙子衡位书丹；海望墓碑，立于清乾隆二十年（1755），首题“原任户部尚书海望碑文”。

◆海望家族墓碑

海望，乌雅氏，满洲正黄旗人。“孝友笃诚，慈爱忠懿，居家克俭克勤，与人以信以和。”清雍正九年（1731）十月任户部左侍郎，雍正十一年（1733）与直隶总督李卫巡视浙江海塘工程，请于海宁尖山塔山间建石坝以堵塞水势，并请将仁和、海宁、海塘改建大石塘，以图永久之利。后又赴西北处理大将傅尔丹虐待士卒、侵吞渔利案。雍正十三年（1735）九月迁署户部尚书，十月裁办军机处，命协办总理事务。雍正帝临终，海望与鄂尔泰、张廷玉等九人共受顾命。乾隆二年（1737）以户部尚书协办军机大臣。乾隆十年（1745）十二月以精力渐衰，罢军机职。乾隆十二年（1747）三月迁至礼部尚书，十四年（1749）十二月复改户部尚书。卒于乾隆二十年（1755）九月，谥号“勤恪”。

海望墓碑

原任户部尚书海望碑文/夙夜宣勤臣子靖共之义哀荣展礼国家优恤之恩温纶诞贲于重泉贞石长垂于奕祀尔太子少/保内大臣户部尚书海望持躬慎密奉职寅恭六材筦天府之司才堪经国九赋领地官之秩式足/齐民繁剧承劳精敏或逾于少壮均平佐治典型端藉夫老成闻溘逝以怆怀考彝章而加厚易名/勤恪赐勒丰碑於戲掌邦计者二十年人惟求旧励臣劳于千万载敬尔在公式焕鸿麻永昭恩命/乾隆二十年十一月初四日

海望父母墓碑

皇清诰赠光禄大夫内大臣户部尚书兼内务府总管显考留公诰封一品夫人显妣觉罗氏太夫人墓表/……闻□未尽职惟赖显妣追述……型朝五提命俾用足罕□敬惕恪守先业未敢失坠忆望年二十九时/从入边塞为侍卫雍正元年/世宗宪皇帝殊恩抬置上旗以主事调用任事未及四月即任员外郎四年升郎中八年升授内务府总管兼理户部三库事务九年在军机处行走/特授内大臣兼户部左侍郎十三年九月恭逢/上皇上龙飞□极……理事务旋以/□锡显考光禄大夫显妣一品夫人十月……户部尚书兼内大臣十二月再蒙/笔恩旨封如前乾隆二年四月以/泰陵工竣后袭一云骑尉十二月以/恩加太子少保九月显妣寝疾屡蒙/皇上恩赐医药调理及殁□承/恩命遣大臣奠祭于六年十二月之吉今葬于……龙王堂光……东卒年九十有加呜呼显考忠孝承矢贻谋裕辰显妣仁慈御下苦充抚孤以望之薄德鲜能而得以黾勉供职邀/累朝获载之恩旨……修纪与我/乾隆十一年丙寅月谷旦/太子少保议政大臣内大臣户部尚书兼内务府总管兼理户部三库事务佐领云骑尉又一云骑尉加二级纪录四次男海望敬立工部员外郎加一级孙衡位书丹

海望上三代诰封碑

奉/天承运/皇帝制曰位列崇阶作忠由于移孝业隆严训资父所以事君念兹堂构之贻厥有丝纶之贲尔内大臣户部尚书兼内务府总管海望之父留住躬裕懿修世推淳德泽流弓冶裕家学于庭/帏庆衍

门阊亮天工于邦国兹以覃恩赠尔为光禄大夫内大臣户部尚书兼内务府总管尔内大臣户部尚书兼内务府总管海望之母赵氏名成令善质秉柔嘉七诫早娴流徽声于/妇职三迁足法著慈教于卿材兹以覃恩封尔为一品夫人呜呼一经迪后世传报国之忱七命沾恩益著象贤之美钦承休宠丕佑来昆/皇帝制曰朕厥孙谋令德克传为家范服乃祖训殊恩用锡夫天章尔内大臣户部尚书兼内务府总管海望之祖父原任都察院左副都御史兼内务府总管多弼德能垂后业足开先积行/累仁越再传而□大流光笃庆历三世而弥昌兹以覃恩赠尔为为光禄大夫内大臣户部尚书兼内务府总管尔内大臣户部尚书兼内务府总管海望之祖母赵氏继祖母夫刹氏闻仪/克备流风垂女史之规门作弥昌介福食孙谋之报兹以覃恩赠尔为一品夫人呜呼源远流长实启告家之泽根深叶茂益昭报国之猷宠綍钦承幽光用显/皇帝制曰盛代酬庸之典申锡命于五章良臣报本之荣极推恩于四世尔内大臣户部尚书兼内务府总管海望之曾祖父原任员外郎海色善以开先业能昌后一经垂教发诗书之菁华/奕世贻休表弓裘之矩矱兹以覃恩赠尔为为光禄大夫内大臣户部尚书兼内务府总管尔内大臣户部尚书兼内务府总管海望之曾祖母那氏继曾祖母查鲁忒氏矩法娴明夙协宜/家之化风规表著式昭启后之模兹以覃恩赠尔为一品夫人呜呼秩崇报渥邀宠泽于中朝源远流长树风声于来祀钦承显命用阐幽光/时/乾隆十一年岁次丙寅五月谷旦

海公神道碑

皇清诰封光禄大夫海公偕妻诰封一品夫人那氏神道碑/诰封光禄大夫海公偕妻元配封一品夫人既合葬后其子都察院左副都御史多公告于子曰人子之道莫大于显亲扬名予幸蒙先人余泽列官于/朝惟是先大夫幽宫墓门之侧宜有辞以叙其本末敢请为文以记之余窃闻大易有言积善之家必有余庆盖源远者其流斯长本固者其枝则茂此古今之通/义也多公之曾祖父讳图襄阿祖父讳萨穆哈父讳海色皆以多公之秩封光禄大夫曾祖母巴氏祖母郗氏母那氏皆封一品夫人世有令德克昌厥后海公/孝友笃诚慈爱忠悫居家克俭

克勤与人以信以和乡里姻戚皆仰其醇厚之德夫人那氏以温庄恭俭佐之盛德所毓笃生伟人今多公历任度支兼辖禁旅/皆以清勤敏练著闻特擢副宪为台班之长又为内大臣总领内府事务三代/纶封褒荣极盛皆海公及夫人义方之训有以大启其家而衍长其泽也安可不敬铭贞石以昭垂无斁哉铭曰/佳城郁郁松栝苍苍以安以妥前德用光惟昔闻人迪诲有方崇阶屡锡纶綍炳煌芝根醴源久而逾芳蕃衍子姓长发其祥/康熙三十二年癸酉冬之吉/经筵日讲官起居注礼部尚书兼管翰林院詹事府事加二级张英顿首拜撰

【吴努春诰封碑】

立于清康熙三十三年（1694）五月，现位于北京市朝阳区奥运村街道奥林匹克森林公园内。

该碑螭首龟趺，左下方有一块完整的长方形缺角。碑阳额篆“诰封”，碑文满汉合璧。碑首浮雕二麒麟瑞云戏珠，碑身四周雕刻仙草纹饰。碑阴额篆“永世忠恩”，碑文满汉合璧。碑身右角残缺，俗称为“独角碑”。碑身高3.15米，宽0.95米，厚0.35米。龟趺长2.1米，宽0.95米，海漫长1.6米，宽1.3米。

◆吴努春诰封碑

吴努春，“性资端谨，才识渊宏”，初仕武阶壮尼大，官至拜他喇布勒哈番加一级。其妻为民觉罗氏，继妻董氏，诰封淑人。

吴努春诰封碑

奉/天承运/皇帝制曰褒忠表义昭代之良规崇德报功圣王之令典特颁恩命以奖勤劳尔拜他喇布勒哈番加一级吴努春性资端谨才识渊宏懋延世之恩克承先业笃象贤之谊无/天前徽奉职有年小心益励欣逢庆典宜沛恩纶兹以覃恩

特授尔阶通议大夫锡之诰命呜呼推恩自近乃弘奖夫崇阶业广惟勤尚克承夫宠锡钦予时命励尔嘉猷/初任壮尼大二任袭兄拜他喇布勒哈番三任今职/制曰夙夜维勤人臣宁遑内顾伉俪无忝国常岂靳隆施锡章服以酬勋念壶仪之媲美尔拜他喇布勒哈番加一级吴努春妻民觉罗氏克勤内德宜尔室家眷良臣靖/共之猷赖淑女匡襄之助爰褒令范式沛新纶兹以覃恩赠尔为淑人呜呼敬尔有官肃闺门而合好职思其内尚黾勉以同心祇服殊恩用昭壶德/制曰宜家无妇劳臣不免于顾内之忧继室有人盛朝应恤其相夫之德何分先后并褒贲纶尔拜他喇布勒哈番加一级吴努春继妻董氏嗣操壶政克相夫纲帏有前/徽既见和柔合德延申再命用彰黾勉同心兹以覃恩封尔为淑人呜呼内则是娴允垂光于青史令仪不忒宜加恩于深闺尚克钦承以昭宠命/康熙六年十一月二十六日内阁纂修一统志誊录关中叶长芷顿首拜书丹

【严泰谕祭碑】

立于清康熙三十四年（1695）十二月十八日，原位于北京市朝阳区南磨房乡潘道庙村，现位于南磨房乡东四环南路窑洼湖桥南东侧辅路绿化隔离带内。

该碑严重风化，碑文漫漶，碑身所雕行龙亦多残损，碑阴无字，碑阳满汉合璧。通高4.7米，宽1.09米，厚0.41米，额篆“谕祭”。碑下龟趺均被埋于土中。

严泰，汉军镶白旗人，康熙三十一年（1692）二月由刑科经事中迁甘肃布政使，十月擢甘肃巡抚。三十四年（1695）二月因病卸任，“性行纯良，才能称职，服官年久，著有勤劳，方冀遐龄”，四月三十日卒。

严泰谕祭碑

康熙叁拾肆年伍月拾壹日遣礼部郎中加三级舒图祭文/皇帝谕祭/甘肃巡抚兼都察院右副都御史加八级严泰之灵曰鞠躬尽瘁臣子之芳踪恤死报勤国家之盛典尔严泰性行纯良/才能称职服官年久著有勤劳方冀遐龄忽闻奄逝朕用悼焉特颁祭葬以慰幽魂呜呼宠锡重垆庶沐匪躬之报名垂/信史聿昭不朽之荣尔如有知尚克歆享/康熙叁拾肆年拾贰月拾捌日立

【费扬古谕祭碑和费扬古墓碑】

立于清康熙四十一年（1702）三月十五日，原位于北京市朝阳区东坝乡驹子房村西南，现位于东坝郊野公园内。

两碑规格尺寸相同，碑身高4米，宽1.2米，厚0.6米，碑身与赑屃分离。费扬古谕祭碑，碑阴为满文，碑阳系汉文，分别刻康熙四十年（1701）十月十五日、二十三日、二十九日、十一月七日谕祭文四道，碑文漫漶，缺字较多。费扬古墓碑，碑文满汉合璧，漫漶不清，碑阳上端残损。

费扬古，栋鄂氏，满洲正白旗人。生于顺治二年（1645），顺治十五年（1658）袭三等伯，康熙年间曾先后参加平定吴三桂的战争，转战江西、湖南。升领侍卫内大臣、议政大臣。康熙二十九年（1690）受命参赞军务，从裕亲王福全讨伐噶尔丹的叛乱。康熙三十四年（1695）任抚远大将军，次年随康熙帝亲征噶尔丹时，出任西路军主将。噶尔丹逃窜，他率军追击，于昭莫多（今蒙古人民共和国乌兰巴托东南）打破敌军。康熙三十六年（1697）七月返京师，晋一等公。“少籍世资，蚤蒙荣进”。卒于康熙四十年（1701），谥号“襄壮”。

费扬古墓碑

议政大臣管侍卫内大臣兼总管满洲火器营事一等公佐领谥襄壮费扬古碑文/朕惟国家崇奖劳臣礼备终始必任使克副于生前斯褒恤用加于身后所以风历有位而昭示来兹也尔费/扬古少籍世资蚤蒙荣进自分佐禁兵以及周卢宿卫奉职克勤是用载晋崇班频加恩遇荆楚弗靖命将徂/征尔在戎行亦克宣立及噶贼逆命肆虐边陲朕亲统六师恭行天罚咨度形势分道长驱纵铁骑于荒郊指/弭戈于狡窟贼望风震慑潜迹逋逃惟尔统西路之师乘机扼险大歼丑类虽朕谋由先定亦尔式克钦承用/嘉乃绩列于上公夫何倚任方隆沈疴忽遘视疾遣疗慰问频□奄逝寻闻良深痛悼白金文驷赙赗有加载/涣彝章谥以襄壮呜呼疏爵酬庸久贲丝纶之宠易名表行弥增泉壤之光勒著贞珉以垂永世/康熙四十一年三月十五日立

费扬古谕祭碑

康熙四十年十月十五日遣……/

谕祭议政大臣管侍卫内大臣兼总管满洲火器营事一等公佐领谥襄壮费扬古之灵曰呜呼式以禁□端籍□戎张我王略克奏噉功□□□劳以□□/□□□□□□□□□□□□□□□□□国王家蜚英早岁圭爵是承何□□誓积勋帷幄典司宿卫偏师南征宣力足记噶贼内犯命统西路分道□□屯□/□□□□名□□亦□□□若从天果典贼遇穷兽思关肆其余恶尔冠三军奋勇挥霍关氏阵斩余多溃缚滔天巨□一鼓散落朕虽在行走□□尔□/□□□□□□□□□□山□□尔亦铭□宠待弥优爵列上公今岁省方朕巡边徼命尔从行鞍马票□忽遘危疴医药罔效朕亲视疾闻讣痛悼白金□□/□□□日□□□遣大臣御祭加祭以三礼殊于众易名襄壮洽于舆诵呜呼城濮鄢陵叙战甚奇祁连燕然厥迹□垂朕惟念功宣著诔词以□尔重□/□□之/康熙四十年十月二十三日遣礼部左侍郎西哈纳/谕祭议政大臣管侍卫内大臣兼总管满洲火器营事一等公佐领谥襄壮费扬古之灵曰尔壮岁袭封起家宿卫彤庭授斧钺择将密简于朕心夫□□□/□皇功来昭于荒裔叶胜算而丑类多歼□天讨而元凶失噬赐书四大字悬银榜以褒勤进位一等公绾金章以保世正张繁之全□何□星之□□呜/呼□军容之整肃细柳增悲忆猛士之赳桓大风含怆再赍丝纶用光秬鬯/康熙四十年十月二十九日遣礼部左侍郎西哈纳/谕祭议政大臣管侍卫内大臣兼总管满洲火器营事一等公佐领谥襄壮费扬古之灵曰自噶贼匪茹凶徒肆虐朕亲总夫六师□克承乎三□□□□□/雪山指琱戈于龙翔既持讯而获□乃疏封而拜爵远哀讣之忽闻帐音容之不作锡嘉谥以明思溯丰功而如昨呜呼闻钟而思将功□辞而念□□□/□殊□于一卣长留胜略于双旌惟重泉之可格庶三命之是承/康熙四十年十一月初七日遣礼部左侍郎西哈纳/谕祭议政大臣管侍卫内大臣兼总管满洲火器营事一等公佐领谥襄壮费扬古之灵曰尔威震宠沙□清□塞□分□□九伐之协定远及三城之外□□/□□□□□□□□入颁□□□禁□□□豹尾于边庭惜老臣之拜爵□□□□□□□□□□□□□□□□以惟□呜呼报功□□□□□□

□□□□/□□□□□□□□□□

□□□功无已璧□式燕以敖

【常保神道碑】

立于清康熙四十一年（1702）三月十九日，位于北京市朝阳区高碑店乡京通快速路铁路桥西南侧。

该碑坐北朝南，通高4.1米，宽1.05米，厚0.35米，螭首龟趺，置于水泥池坛内，低于地面数尺。碑首浮雕麒麟祥云，碑身四周浮雕花纹。额篆“皇清”，碑阳为汉文，碑阴无字。碑文评述常保“处事持大体，善体人情，诸大吏事有疑难必就公谘访，甚见敬礼”。常保临终遗言：“吾垂髫承先泽受国厚恩，念先人赍志殁，常欲捐躯效忠以慰前人，不图一疾至此，命也何忧！但愿我子孙世以忠孝，矢心即祖父为不死矣。”

据《八旗满洲氏族通谱》记载：“常保，号诚斋，西林觉罗氏，满洲正蓝旗人，世居汪秦地方。”因功绩卓然，至奉职之地“归榇之日，兵民祖奠号泣者且万人。又立碑于府治之旁而祀之，曰：‘见碑如见我公也’”。

常保神道碑

皇清通议大夫拜他喇布勒哈番又一拖沙喇哈番陕西协领常公神道碑/赐进士及第/经筵日讲官起居注礼部尚书兼管翰林院掌院学士教习庶吉士眷弟韩菼顿首拜撰文/赐同进士出身通议大夫通政使司通政使眷弟李铠顿首拜篆额/赐进士出身通议大夫礼部侍郎仍管国子监祭酒事眷弟孙岳颁顿首拜书丹/公讳常保号诚斋长白王嵚岭人也姓觉罗氏其上世远弗可考我/太祖高皇帝龙兴辽左公祖布穆里以骁勇闻官授护军校代佐领事遇敌敢战屡著功绩夫人民觉罗氏生子三公考雅思哈其次也幼而英异多智勇弱冠官护军校代护军参领事四征湖襄一平云/贵所向有功最后征李定国于磨盘山步军深入血战不止遂殁于兵/世祖章皇帝悯其忠勇死事/诏授公拖沙喇哈番夫人舒穆鲁氏封宜人时公方八岁袭父爵公器局老成每朝会公卿诸先达交口叹美以为将来所至殆不可量公至孝事太夫人备极色养读书知大义性明达而恬退不欲以/才智先人然遇事敢言临时利害不避虽古贲育莫之或过也稍长□职勤慎趋事必早往宴罢太夫人常悯其劳公慨然流涕曰

儿官父所遗痛父殁壮志未伸期勤劳报/国慰吾父地下母第安之儿殊不苦也年二十五随征察哈尔布尔尼贼众大队屯山后而伏二百余骑山谷间突出掩至我军惶骇欲奔公叱所部勿动勒伍以待已而乘间疾击遂歼之/上诏授拜他喇布勒哈番加一级阶通议大夫夫人纳喇氏封淑人祖布穆里赠通议大夫祖母民觉罗氏赠淑人父雅思哈赠通议大夫母舒穆鲁氏赠淑人准袭爵□世已又/特旨除公陕西西安府协领公导太夫人舆之西安抵镇治事唯勤驭众以德鞭朴不加而强兵悍卒皆奉纪律无敢犯者厥后一镇汉中再镇宁夏所至兵戢民安恩威并著迄于今犹□□人□不衰/公处事持大体善体人情著大吏事有疑难必就公咨访甚见敬礼后太夫人以天年终公哀毁骨立既免丧会噶尔丹犯顺公随征绝域至克鲁伦河兵众饥疲兼值疫疠公拊循恳至粮糗与同/且委曲喻以忠义猝遇敌公奋勇先登所部衔公恩无不冒矢为国效死力者已又至哈密经历险远积苦兵间渐染成疾返旆西安公病笃呼家人与诀曰吾垂髫承先泽受/国厚恩念先人赍志殁常欲捐躯效忠以慰前人不图一疾至此命也何尤但愿我子孙以忠孝矢心即祖父为不死矣一言不及于私遂卒/诏于公拜他喇布勒哈番又一拖沙喇哈番准袭三次赠祖若父如其官公生于顺治八年二月十八日卒于康熙三十七年七月二十八日得年四十八岁三十八年二月归榇京师公居陕十七年/归榇之日兵民祖奠号泣者且万人又立碑于府治之旁而祀之曰见碑如见我公也是年四月五日厝公灵于京东之高米店又为立石以图不朽余遂述而志之以示孝子慈孙奕叶之楷法焉/公三子长索鼐嗣公爵次那尔泰笔帖式次索尔泰太学生孙四人那拜太学生余俱幼高米店在运河北距京十二里许/康熙四十一年岁次壬午三月十九日立石

【拜音柱诰封碑】

立于清康熙四十一年（1702）五月二十四日，位于北京市朝阳区西坝河光熙门北里14号楼东。

该碑坐北朝南，通高3.5米，宽1.08米，厚0.4米。螭首龟趺，额篆“诰封”，碑文满汉合璧，系康熙三十六年（1697）七月十九日朝廷颁赐之诰命，碑阴为立碑日期。拜音柱墓丘早已平毁，现周边建成居民小区。拜音柱墓原规模、规制及沿革变迁等情形不明，该碑位置为原址。

◆拜音柱诰封碑

拜音柱，籍出嘉穆湖地方，伊尔根觉罗氏，镶黄旗满州人，吏部尚书科尔坤之父。“躬裕懿修，世推淳德，泽流弓冶”。

拜音柱诰封碑

奉/天承运/皇帝制曰位列崇阶作忠由于移孝业隆严训资父所以事君念兹堂构之贻厥有丝纶之贲尔拜音柱乃吏部/尚书加三级佐领科尔坤之父躬裕懿修世推淳德泽流弓冶裕家学于庭帏庆衍门闾亮天工于邦国令名/允称殊典庸加兹以覃恩赠尔为光禄大夫吏部尚书佐领锡之诰命於戯一经迪后式传报国之忱七命需/恩益著象贤之美钦承休宠丕裕来昆/康熙三十六年七月十九日

【觉罗公墓表】

位于北京市朝阳区东四环路大郊亭桥东南侧化工二厂西墙汽车修配厂内。

该碑通高 5.55 米，宽 1.1 米，厚0.45 米，螭首龟趺，碑阳为清康熙二十三年（1684）九月二十四日撰写的碑文，满汉合璧，碑阴为康熙四十二年（1703）内侄阿金为姑父觉罗公撰写的墓表。觉罗公墓多次被盗，早已平毁，石刻酥碱严重，碑文漫漶不清。

觉罗公之曾祖阿尔塔玺家木起，天命初率诸豪众归附，妻以宗女。其子阿山，累功爵国公，官都统；其子阿达海，在十六大臣之列，是觉罗公的祖父。觉罗公之父查他，以宁远、锦州、松山功授拜他喇布勒哈番，又以平李自成及破腾纪斯图谢图汗，累功进三等阿达哈哈番，世袭罔替历任王府长史。六子皆官显要，觉罗公是其第五子，母亲傅察氏。觉罗公，伊尔根觉罗氏，生于天聪九年乙亥（1635）十二月初三日亥时，卒于康熙四十二年癸未（1703）三月十六日申时，享年六十九岁。卜葬于广渠门外之郊亭。子益赛，娶副都统张公女，孙二尚幼，女七人俱适名族。觉罗公夫人，是墓表的撰写者阿金的姑母。

【席哈纳诰封碑和席哈纳墓碑】

位于北京市朝阳区王四营乡双合村。

席哈纳诰封碑，立于清康熙四十二年（1703）三月十八日，通高 4.45 米，宽 1.1 米，厚 0.45 米。螭首龟趺。额篆“诰封”，碑文满汉合璧，首题“奉天承运皇帝制曰”。碑身保存较完整，碑文漫漶不清。碑文称其“凤阁清才，鸾台雅望，典章练达”。

席哈纳墓碑，通高 4.45 米，宽 1.1 米，厚 0.45 米。螭首龟趺。额篆“皇清”，碑文满汉合璧，首题“诰授光禄大夫文渊阁大学士兼礼部尚书加二级哈纳席公之墓”。

据《八旗通志》记载：“席哈纳（亦作锡哈纳或西哈纳），纳殷富察氏，满洲镶白旗人，举人出身，曾任镶白旗满洲第五参领第三佐领。康熙七年（1668）正月由郎中迁内国史院学士，八年（1669）五月，革职。康熙三十六年（1697）五月以鸿胪寺卿兼太常寺卿，三十九年（1700）十月改内阁学士兼太常寺卿。四十年（1701）正月迁礼部右侍郎仍兼太常寺卿，十月擢礼部尚书。四十一年（1702）九月迁文渊阁大学士，四十七年（1708）正月廿五日休致。”以后情况及卒年皆不详。

席哈纳诰封碑

奉/天承运/皇帝制曰翼亮天工象协三台之列弘敷帝载位居庶职之先惟懋丕绩以酬恩乃沛新纶而锡爵尔文渊阁大学士礼部尚书加二级席哈纳凤阁清才鸾台雅望典章练达服勤匪懈于寅恭器/识渊凝顾问时资于靖献属在论思之地参机务之殷繁每抒钦翼之忱佐经猷于密勿崇阶蚤陟弘奖申加兹以覃恩特授尔阶光禄大夫锡之诰命於戲启乃心以沃朕心尚嘉谟之时告慎厥/位以风有位期庶绩之咸熙永劭休声祇膺荣命/制曰职

在钧衡元宰树中朝之望宜其家室良臣资内助之贤式播徽音茂膺宠锡尔文渊阁大学士礼部尚书席哈纳妻黑什里氏柔嘉维则淑慎其仪言采蘋蘩王馈佐和美之节克勤/丝枲相夫成补衮之勋配令德于台司表休声于壸则崇奖用逮懿范斯扬兹以覃恩封尔为一品夫人呜呼象服是宜聿著温恭之范龙章载贲弘敷雍肃之风祇服荣恩益光令善/康熙四十二年三月十八日

【沃岳氏圣旨碑】

立于清康熙四十九年（1710），现位于北京市朝阳区建国路乙108号雅诗阁服务公寓东南大厅。

该碑通高3.2米，宽1米，厚约0.3米。螭首方座，碑座前后浮雕二龙戏珠，左右各雕一升龙。碑阳满汉合璧，额篆“圣旨”，碑阴无字。“侍奉公姑，不惮劳瘁，颇有孝闻，且克送终有礼。”该圣旨碑历史缺乏记载，墓葬及牌坊损毁时间不明。目前，该碑被修砌在一堵影壁式的文化墙上，罩于玻璃外罩内。为突出圣旨内容，碑文被金粉重新涂饰，两侧墙壁上是根据碑文内容绘制的沃岳氏孝敬公婆、沃岳氏跪接圣旨图。

◆沃岳氏圣旨碑

沃岳氏之夫席禧，亦作奚喜，正蓝旗满洲人，系诰封中宪大夫（秩正四品）束淑之子，为正蓝旗包衣第一参领第一佐领永泰名下马甲，即称为骁骑的骑兵，每佐领管20马甲，专辖于八旗都统。马甲是旗人长大成丁后的主要出路之一，被挑补马甲后，即有机会再选为前锋、护甲等。席禧28岁以病亡故，其妻沃岳氏“年二十二岁”，“尚在少艾”，以公婆年迈无依“誓不再醮”，不再改嫁。“自夫故之后，兢兢以冰霜自守，从无笑容，惟见公姑强为承欢”。清代康熙朝规定，节妇旌表的条件是“俱年三十岁以前，夫亡守节，至年逾五十”，方可请旌，礼部代拟圣旨旌表并发给贞节牌坊银两。康熙四十九年（1710），守寡28年，年已50岁的沃岳氏，获得族人、戚属“怜其贞节而敬重”，受到朝廷礼部旌表，由癸未科五经进士出身、原任翰林院庶吉士、食五品俸的才住撰的《沃岳氏圣旨碑》文。

沃岳氏圣旨碑

皇清诰封中宪大夫束淑之子席禧幼而聪慧方数岁时见人即有礼貌长而沉静好学乡党推重之年/二十八岁偶以病终其妻沃岳氏尚在少艾父母因其无出强令改适而沃岳氏以公姑年迈无依/誓不再醮侍奉公姑不惮劳瘁颇有孝闻且克送终有礼沃岳氏自夫故之后兢兢以冰霜自守从/无笑容惟见公姑强为承欢是以族人戚属莫不怜其贞节而敬重焉今于康熙四十九年十二月/十八日奉部/奏/闻覃恩赐以贞节牌坊族人戚属皆欣然为之碣记永垂不朽/癸未科五经进士出身原任翰林院庶吉士食五品俸才住拜撰

【博济诰封碑和博济神道碑】

立于清康熙四十八年（1709），现位于北京市朝阳区高碑店乡高碑店污水处理厂西墙院内。

两碑规格尺寸相同，螭首龟趺，通高5.6米，宽1.1米，厚0.45米。博济诰封碑，碑文满汉合璧。博济神道碑，额篆“皇清”，碑文漫漶不清。

◆博济诰封碑和博济神道碑

博济，亦作博霁，巴雅拉氏，满洲镶白旗人，《清史稿》、《钦定八旗通志》等书有传。自护卫授銮仪使，擢镶白旗都统，康熙二十四年（1685），授江宁将军。官至“总督四川陕西等处地方提督军务兼理粮饷兵部尚书兼都察院右副都御史仍兼管陕西将军事务世袭拖沙拉哈番加三级”。四十七年（1708），卒，赐祭葬。

【额公诰赠碑】

立于清康熙四十八年（1709）十二月初八。原位于北京市朝阳区团结湖东南小庄村马尔汉家族墓地。20

世纪80年代，朝阳区文物部门与团结湖公园管理处共同将此碑重新树立于团结湖公园内湖北岸，并加设栅栏予以保护。

◆额公诰赠碑

该碑通高5.9米，宽1.15米，厚0.45米，螭首龟趺，是马尔汉与兄马库率子孙为其父额赫礼敬立之碑。额赫礼，兆佳氏，满洲正白旗人，祖觉色，国初来归。碑阳、碑阴额篆满汉文“诰赠”，碑阳首题“皇清诰赠光禄大夫经筵讲官议政大臣吏部尚书兼佐领加三级额公之碑”，碑文满汉合璧，内容：“一等侍卫兼固山达马库、孙三等侍卫色尔弼、员外郎色图、色尔泰，曾孙监生定成、佛保、明星。经筵讲官议政大臣吏部尚书兼佐领加三级男马尔汉，孙内阁中书定柱、四等侍卫关柱，曾孙候补主事兆清、监生兆泰”。

【石文晟继妻佟氏诰封碑】

立于清康熙三十六年（1697）七月十九日，位于北京市朝阳区三间房乡三间房东村西北角。

该碑螭首龟趺，碑身高3.75米，宽1.08米，厚0.44米。龟趺高0.91米，宽1.13米，长2.76米。碑身前后四周雕12条游龙，皆作二龙戏珠纹。碑阳碑文清晰，满汉合璧，额篆“诰命”。碑阴无字。

石文晟，先世居苏完，瓜尔佳氏，后避仇迁居广宁，改为“石”姓，字公著，号纲庵，汉军正白旗人，石廷柱之孙，绰尔门之子，石琳之侄。曾任云南巡抚、湖广总督、都察院右副都御史加七级。据《清史稿》记载：“康熙三十三年（1694），上嘉其居官有声，超擢贵州布政使。是岁，即迁云南巡抚。为政务举大纲。云南屯赋科重民田数倍，琳官巡抚时，奏减而未议行；文晟复疏请，特允减旧额十之六。安南国王黎维正疏告国内牛羊、蝴蝶、普园三地为邻界土司侵占，乞敕谕归还。会文晟入觐，上问文晟，奏言：'此地明时即内属，非安南地。妄言擅奏，不宜允。'乃降诏切责之。四十三年（1704），调广东。四十四年（1705），擢湖广总督。坐劾容美土司田舜年僭妄淫虐非实，部议当降调，上命留任。文晟以疾乞退，上谕大学士曰：'文晟粗鄙，若为土司事而罢，似未得体。今既引疾，可允其请。'罢归。五十九年（1720），卒。"诰封继妻佟氏"贞妇克相夫必赞成君子之德"、"早习规型，夙娴图史，敦修内政"。

康熙三十六年（1697）七月十九日，清廷向一批勋臣命官颁发了诰命。石文晟父母绰尔门、李氏，石文晟及妻李氏，继妻佟氏皆在其列。诰封碑西侧有石氏后人墓葬。

石文晟继妻佟氏诰封碑

奉/天承运/皇帝制曰臣能报国亦利有家人之贞妇克相夫必赞成君子之德既壸仪之济美自朝命之均霑尔/巡抚云南兼建昌毕节等处地方赞理军务兼督川贵兵饷都察院右副都御史加七级石文晟继/妻佟氏早习规型夙娴图史敦修内政四德信其能兼蹈履前徽百禄宜其是荷兹以覃恩封尔为/一品夫人呜呼恩流闺阃式酬节钺之勋崇锡丝纶茂著蘋蘩之化祗承嘉奖益播荣名/康熙三十六年七月十九日

【蟒吉图墓碑】

立于清康熙五十九年（1720）七月十七日，现位于北京市朝阳区八里庄街道慈云寺神华国华北京热电分公司东门西侧。

碑身通高 3.4 米，宽 0.95 米，厚0.35 米，四周雕游龙祥云，该碑倒伏于地，螭首龟趺，龟趺头高 1.05 米，额篆"皇清"，碑阳首题"镇南将军蟒公之墓"。碑阴首题"皇清镇南将军蟒公墓表"，由汪士鋐撰文并正书及篆额，刘茂石刻字。旁边还存有一通残碑及龟趺，均系该墓地碑刻。蟒吉图墓平毁于上世纪五、六十年代热电厂建设中，现墓葬已无，仅存残碑于此。

蟒吉图，亦作蟒机图、莽依图，兆佳氏，满州镶白旗人，先祖世居瑚普察地方。父武达禅（又作吴达禅）巴图鲁，崇德三年（1638），随睿亲王多尔衮征明，攻任丘、济阳，不设云梯先登，赐号巴图鲁。予骑都尉加一级云骑尉世职，授太原城守尉（正三品）。顺治七年（1650），武达禅卒，蟒吉图袭职，两遇恩诏，晋世职至二等轻车都尉。十五年（1658），随征南将军穆里玛征湖广李自成手下李来亨，冒矢石强攻破敌。凯旋，授江宁协领。康熙十六年（1677）三月，授江宁副都统。十七年（1678），与广西巡抚、抚蛮灭寇将军傅弘烈会师剿叛时互奏，并辞将军任，康熙帝责之，命留任图功赎罪。十九年（1680）四月，授护军统领。五月，大败先降后叛的原吴三桂将领马承荫，平定柳州。蟒吉图在卧病一年多后，于是年八月二十六日卒于军中。灵柩还京，康熙帝遣王大臣等迎至朝阳门外八里庄，赐茶酒以奠之。蟒吉图所至，抚恤民人，被称为仁义将军。卒后，粤人思其德，绘其像祀于五公祠。五十九年（1720），入祀广西名宦祠。雍正十年（1732），入祀贤良祠。乾隆元年（1736），追谥“襄壮”。

【卫武家族墓碑】

立于清雍正六年（1728），位于北京市朝阳区奥运村街道奥林匹克森林公园内。现存墓碑三通，华表两座。三碑自东向西依次为：卫武祖父母墓碑、卫武父母墓碑、卫武及妻塞和里氏墓碑，华表位于墓碑以南的科荟路隔离带中。

◆卫武及妻塞和里氏墓碑

◆卫武祖父母墓碑和卫武父母墓碑

三碑规格尺寸相同，通高2.92米，宽1.22米，厚0.75米。螭首龟趺，额篆“敕建”。碑文满汉合璧，均为雍正帝亲撰，碑阴无字。

据《八旗满洲氏族通谱》及《八旗通志》记载：“卫武，乌雅氏，满洲正黄旗人，康熙孝恭仁皇后之父，雍正帝之外祖父，原任护军参领。卫武祖父额柏根（碑文写作额白根），世居哈达地方，国初来归。卫武之父额参，初任膳房总领，历升内大臣。太宗嘉之，授为男爵。后征山东济南府临清州及大同等处，屡立战功，加一等都尉，任佐领，后因事被削职。雍正元年（1723），额柏根、额参、卫武都被追认为一等公，世袭罔替。卫武之子博启（亦作白启），承袭一等公。”

卫武祖父母墓碑

外祖卫武祖父母碑文/朕惟恩隆外族必追溯其本源谊笃懿亲宜特崇夫爵命稽世德之竝懋揭幽隧以弥光凡以示宠荣昭典礼/也尔额白根矢志朴诚赋资英迈当鸿基之始剏身际风云追丹禁之久依亲同子姓既抒诚于帷幄亦垂范/于家庭尔傅查氏生自名门归于望族珮环雍肃克相夫以树勋蘋藻芬芳复宜家而衍庆历三世而钟/坤德合万国以奉/母仪眷怀积累之初宜备尊崇之典桓圭锡爵与翚翟而偕隆马鬣培封贲丝纶而益耀芳留琬琰荣及松楸於戱/纪勋绩于当年犹想开先之烈播音徽于此日弥征裕后之模于以昭示来兹仪型戚畹不亦休欤/雍正六年

卫武父母墓碑

外祖卫武父母碑文/朕惟谊笃展亲爰沛天家之泽孝弘锡类用彰戚畹之休矧积庆之绵长必恩纶之光被所以眷旧德示来兹也尔额参性本/公诚才称果毅荣膺世职兴朝资翊赞之劳分典戎麾环卫著赳桓之烈允作亲贤之望更垂家室之型尔瓜尔佳氏毓秀高/闳作嫔华胄夙昭淑慎协璜瑀之芳仪克懋俭勤修蘋蘩之内职爰发祥于再世遂钟瑞于/慈闱上体/孝思式颁懋典崇封显秩既锡命以增荣载勒丰碑更宠章之丕焕聿备褒扬之礼庶敦优眷之怀於戱纪旂常之成绩炳耀青编/表翟茀之遗芬辉煌彤管用以揭诸幽隧永贲千秋不亦休欤/雍正六年

卫武及妻塞和里氏墓碑

外祖卫武外祖母塞和里氏碑文/朕惟崇戚畹以加恩推孝思而锡类上溯发祥之自宠贲丝纶仰承报本之忱光垂琬琰所以昭盛典笃懿亲/也尔卫武世德钟灵家声济美矢靖恭于环卫夙著贤劳漳誉望于班行弥称恭谨既荩诚而报国更整肃以/齐家尔塞和里氏素习女箴克娴礼教蘋藻有懋襄之力内则勤修珩璜著式协之休中闺作范笃

生/慈圣实惟积庆之贻追配恩荣用展敷仁之泽爰加峻秩带砺崇封载锡宠章松楸壮色酬旧劳于已往宜嘉命于/方新於戱高门启瑞介圭与象服而偕辉宝刻扬芬幽壤以丰碑而增焕尚其昭垂奕叶永示眷怀不亦休欤/雍正六年

【吴纳哈墓碑】

立于清乾隆二年（1737）九月十四日，原位于北京市朝阳区和平街街道北京市第三机床厂院内，现位于王四营乡古塔公园内。

该碑通高3.6米，宽1.1米，厚0.4米。额篆“圣旨”，碑阳首题“原任江宁将军谥简悫吴纳哈碑文”。吴纳哈墓早已平毁，并于二十世纪五十年代在该地建成北京市第三机床厂。因该厂拆迁，墓碑于2009年迁至王四营乡古塔公园内。

吴纳哈，历任副都统、荆州将军、江宁将军。

【御题“金台夕照”碑】

立于清乾隆十六年（1751），现位于北京市朝阳区东三环中路7号财富中心广场内。

该碑通高3.3米，宽1.15米，

◆御题“金台夕照”碑

厚0.5米。碑身阴阳两面刻回纹，须弥座。碑首为如意形，额篆书“御制”。碑阳錾刻乾隆御笔“金台夕照”四字，字上方加盖乾隆御玺“乾隆宸翰”。碑阴刻乾隆御题诗：“九龙妙笔写空濛，疑似荒台西或东。要在好贤传以久，何妨存古托其中。豪词赋骛谁过客，博辩方盂任小童。遗迹明昌重校检，睾然高望想流风。燕台遥望淡烟濛，返照依稀禁御东。是处人家图画里，一川风景夕阳中。溪头棹响归渔艇，牛背萧声过牧童。千古望诸流胜迹，几回凭吊向西风。”落款“辛未年初秋题”，下刻篆文玺印两方。

【神木谣碑】

立于清乾隆二十三年（1758），现位于北京市朝阳区双井街道空军干休所院内。

◆重修神木谣碑亭

该碑通高2米，宽1米，厚0.6米。碑身四围刻有回纹边框。碑阳首题“神木谣”，落款“乾隆戊寅春（1758）三月御制并书”，下刻印章两方，其一为“乾隆宸翰”。碑阴落款“此癸亥（1743）所题，戊寅（1758）东巡回銮行路一览既为谣以泐之。贞珉并书此作用志碑阴乾隆再识”，下刻印章两方“乾隆御笔”、“宁静致远”。碑文记述乾隆帝曾两次东巡神木厂观览“神木”，并即兴赋诗《神木谣》。诗中称颂神木“远辞南海来燕都，甲乙青气镇权舆。神木一去不复还，空留山名在雾都。”

据《天咫偶闻》载：“大通桥之南有皇木厂。属工部……。”清乾隆二十三年（1758）封为神木厂。乾隆帝御书《神木谣》碑并建亭。另据《日下旧闻考》载：“神木厂在广渠门外二里许，有大木偃侧于地，高可隐一人一骑，明初构宫殿遗材也。相传其木有神。”又载：“京师神木厂所积大木皆永乐时物。其中最巨者樟扁头，围二丈外，卧四丈余，……俱刻字为记，其上有王二姐、张点头、嫌河窄、混江龙之名。”原巨木四周围以石护栏杆，神木谣碑、亭建于巨木侧。清末民国初，神木厂亭塌碑倒，原北京钢琴厂食堂院内为其遗址。1985年7月，北京钢琴厂翻建厂房时，“神木谣”御碑被挖出并立于厂区一角，同时出土有石墩和残碑座。2011年重修神木谣碑亭落成。

【重修朝阳门石道碑】

立于清乾隆二十六年（1761），位于北京市朝阳区三间房乡定福庄东村。

◆重修朝阳门石道碑

该碑通高 6.45 米，宽 1.9 米，厚0.65 米。螭首龟趺。碑文满汉合璧，为清乾隆帝御书，记载了重修朝阳门石道（今朝阳路）的缘由、重修经过和竣工年月。碑阴无字。原建碑亭为黄琉璃瓦顶，现已无存，废圮年代无考。1984 年为保护该碑，对碑基进行了加固，围以铁栅护栏。

朝阳门石道始修于雍正七年（1729）八月，据立于八里桥东南角的雍正十一年（1733）《御制通州石道碑》载："修石路计长五千五百八十八丈有奇，宽二丈。两傍修土道，各宽一丈五尺，长亦如之。其由通州新城旧城至各仓门及东西沿河两道，亦皆建修石路，共计长一千五十余丈，广一丈二尺及一丈五尺不等。费帑金三十四万三千四百八十四两有奇。经始于雍正七年（1729）八月至雍正八年（1730）五月告竣。"另据乾隆二十六年（1761）《重修朝阳门石道碑》记"经始乾隆丁丑十月越庚辰七月落成"，重修号称"国东门孔道"的朝阳路石道，"计延袤六千六百四十四丈有奇，支户部金二十八万四千九百有奇"。朝阳路自漕运衰败后，肩负着比通惠河更重的陆路运输任务。从大运河运抵张家湾的众多粮贡物资，经此道通过人力、畜力运进城里，供应庞大的中央机构、守城官兵、居民每日之需及储备。

重修朝阳门石道碑

重修朝阳门石道碑文/直省漕艘估舶帆樯数千里经天津北上至潞城而止是为外河引玉泉之水由京师汇大通桥东流以达于潞用以转运者是为内河然外阔而内狭故自太仓官廪□□/暨廛市南北百货或舍州遵陆径趋朝阳门以舟缓而车便南北之用有不同也其间轮蹄络织曳挽邪许讙声彻昕夕不休故

尝以四十里之道备水陆要冲□□□□□/甃石往往积涔成洼经潦作泞行者弗便焉雍正七年我/皇考世宗宪皇帝/命工始建石道规方定则垂利数十载于今顾神皋理大物博民用不舍质之贞者日以刓理之致者日以泐不亟治将隳/前工是惧爰兹将作都料以闻朕曰毋撙帑毋狭材毋撙是重靡帑也材狭是重废材也时大臣董斯役者揣椭为平易砾以整物备用良无坎无埞而石之斤旧佐新者□□存/四五矣计延袤六千六百四十四丈有奇支户部金二十八万四千九百有奇经始乾隆丁丑十月越庚辰七月落成所司请为之记朕惟古王者成梁除道若司空循邑遂/师巡野诸令匪仅谓国家体制宜尔盖深以息人劳珍物力使天下潜消夫湫隘耗惫之气无歉于书之所云会归易之所云往来受福者而天下肩摩毂击转相□乎熙熙/攘攘不过如庭斯城如径斯甓焉耳则王道之大也岂煦煦然起一夫之蹶与一车之柅若子舆氏所讥济人为悦而已哉是地为国东门既食货交会而修□□□□立政/之常经故于镌碣无侈词惟申言重修端委所由且作亭覆之俾勿坏/乾隆二十有六年岁在辛巳夏六月御笔

【兆惠墓碑】

立于清乾隆二十九年（1764），位于北京市朝阳区奥运村街道奥林匹克森林公园曲棍球场院内。

该碑通高 4 米，宽 1.3 米，厚 0.57 米。螭首龟趺。额篆“恩敕”，碑文满汉合璧，记述乾隆帝表彰其生平功绩。另有华表两座，位于曲棍球场墙外南侧杨树林之中。

◆兆惠墓碑

兆惠，字和甫，乌雅氏，满洲正黄旗人。初以笔帖式入值军机处，屡迁至刑部侍郎、满洲正黄旗副都统、镶红旗护军统领。乾隆九年（1744）任刑部右侍郎，乾隆十五年（1750）改任户部左侍郎。乾隆十八年（1753）奉命赴西藏防准噶尔。乾隆二十年（1755）率军驻乌里雅苏台。阿睦尔撒纳叛，陷伊犁，进驻巴里坤。翌年收复伊犁，追敌至乌鲁木齐。时阿睦尔撒纳已北遁哈萨克，兆惠与富德联兵北进，至额密勒，阿睦尔撒纳惊走，入俄罗斯，兆惠乃还师。旋命为定边将军，使讨回部头人布拉敦和霍集占。乾隆二十二年（1757）二月任户部尚书，同年三月以平定回部功封一等武毅伯，翌年十一月晋一等武毅谋勇公，世袭罔替。乾隆二十六年（1761）七月授协办大学士兼领户部尚书加太子太保，“素秉干才，蔚为人杰”。乾隆二十九年（1764）卒，谥号“文襄”。嘉庆元年（1796）配享太庙。

兆惠墓碑

加赠太保原任协办大学士户部尚书一等武毅谋勇公兆惠碑文/朕惟臣子翊赞宏猷导扬武烈出建荡平之绩入彰尽瘁之忱生则图麟阁以酬庸殁则锡宠章而表伐□光□典以纪成劳尔加赠太保原任协办大学士/户部尚书一等武毅谋勇公兆惠夙秉干材蔚为人杰始则回翔郎署已积年资□乃敭历卿曹存加显擢朕□□后人图仕贤良时给□于纶扉用参机要/追司金书画省兼掌庆支洎平西域归诚逆酋拒命殿前聚米策已定于丸泥帐外陈筹势尚稽夫破竹初膺节命□□□□屡协师贞遂专阃寄尔惟仰承/□□文运戎韬诸部风靡习金城之回众重围月晕顿黑水之孤军每当露布星驰羽书麋至欣览遥传之封事适符先定之成谟用是入险能夷以寡制众/玉河洗旱葱岭授文奏大凯以策殊勋领司农而综国计封崇五等位进中台载史馆之丹青用彰丕绩绘云台之冠剑武夫英风地近三霄既恩施之罔替/谊孚一德正倚卑之芸薹方殷胡为遽陨大星俄悲朝露悼此匪躬之节终始不渝嘉兹任事之劳哀荣备至爰班典命锡谥文襄所以焕此功宗昭兹来许也呜/呼勤著碑于月窟天方昭拓土之勋溯象冢于祁连表墓重褒庸之典光兹泉壤以蔚幽悰宜尔后人敬承休命/乾隆二十九年十二月二十五日

【三和墓碑】

立于清乾隆三十八年（1773），

原位于北京市朝阳区南磨房乡南磨房村，现位于劲松街道农光东里 11 号锅炉房院内。

◆三和墓碑

该碑通高 5.3 米，宽 1.3 米，厚 0.45 米。碑呈倒座，北向，龟趺头部和碑身稍有损坏，整体保存较完好。额篆“御赐”，碑文满汉合璧，首题“原任内大臣工部侍郎三和碑文”。碑文称其“端谨持躬，悫诚宣力”。

据《清史稿》记载：“三和（亦作三赫），纳喇氏，满洲镶白旗人。初授护军校，累迁一等侍卫。乾隆六年（1741），授总管内务府大臣，迁户部侍郎，调工部，复调还户部。十四年（1749），擢工部尚书。寻降授侍郎，调户部，复调还工部。三十二年（1767），授内大臣。三十八年（1773），卒，赐祭葬，谥诚毅。”碑文记作谥号“恪勤”。

三和墓碑

原任内大臣工部侍郎三和碑文/朕惟职隆邦事程工嘉式叙之宜宠荷朝章笃尽励维寅之节领班联于近陛华发承恩瞻风采于垂绅丹忱效绩既著圭璋之令望/宜留琬琰之芳声尔原任内大臣工部侍郎三和端谨持躬悫诚宣力光依执戟早充宿卫于期门荣溢彤缨洊综勾稽于内省相是材能之懋允惟任使之良擢农部而分猷泉刀克裕佐冬官而董治水王咸平进参正席之班率属而仍司饬庀再践贰卿之列镌阶/而倍凛冰渊履近星辰极品之崇衔特晋鞭垂禁藥稀龄之优礼加隆当历考以弥多宜介禧而愈茂工虞居六职之一将永藉夫勛/勷康宁为五福之三乃遽婴夫疾疢闵劳职事颐安许就私家轸虑沈绵疗治敕颁珍药遗章竟告慼綍谥宣勉

官□以纾逋发帑金/以归赗节其壹惠谥以恪勤呜呼世年膺将作之司守度克彰于温树奕世贲饰终之典崇褒式焕于堂封表厥幽阡昭兹来许

【增海墓碑】

立于清乾隆三十九年（1774），位于北京市朝阳区王四营乡北焦医院院内。

该碑螭首龟趺，碑身高4米，宽1.09米，厚0.45米。龟趺长2.8米，宽2.2米，高0.76米。保存较好，碑座、碑身完整，碑文满汉合璧。额篆“圣旨”，碑阳首题“加赠太子太保原任盛京将军宗室增海碑文”。

增海墓原占地面积达5万平方米，仅三合土的墓冢高约4米。民国时期军阀混战，墓地多次被盗，其后墓地原有松柏被后人卖掉。

增海（1719～1773），为清宗室，满洲正蓝旗人，历任广州将军、理藩院尚书、黑龙江将军、盛京将军。增海为辅国公喇世塔玄孙。喇世塔有一子，即辅国将军喇克达。喇克达有七子，第一子奉国将军敬德。敬德有十四子，第二子告退佐领、奉恩将军班进泰。班进泰有三子，第三子

◆增海墓碑

为增海。《爱新觉罗宗谱》记载：“增海，康熙五十八年（1719）己亥十一月二十日丑时生，庶母贾氏、贾盛之女。乾隆五年（1740）二月授三等侍卫。十七年（1752）十一月授二等侍卫。十八年（1753）十一月授侍卫班领。二十二年（1757）十二月授吉林副都统。二十八年（1763）正月调补宁古塔副都统。三十三年（1768）三月授广州将军。三十四年（1769）十一月授理藩院尚书，在议政大臣上行走。三十五年（1770）七月授黑龙江将军。三十七年六月调补盛京将军。三十八年（1773）癸巳五月十一日巳时卒，享

年五十五岁。追封太子太保，谥勤果。嫡妻纳喇氏，佐领尼音珠之女，妾李氏李忠之女。增海有四子。第一子德清阿，副都统，嘉庆六年（1801）十二月初八日卒，享年六十五岁，有五子。第二子德祥阿，告退城守尉，嘉庆十一年（1806）六月初六日卒，享年六十七岁，有三子。第三子德舒翁阿，御史、公中佐领，嘉庆十二年（1807）正月十六日卒，享年五十四岁，有四子。第四子德隆阿，三等侍卫，嘉庆二十四年（1819）十二月初一卒，享年四十八岁，有四子。”

增海墓碑

加赠太子太保原任盛京将军宗室增海碑文/朕惟谊笃匪躬纪绩焕铭彝之色望隆师武酬庸扬树纛之光惟统虎旅以宣猷抒悃而能怀精白斯贲龙章以延誉镌文而永/耀丹青尔加赠太子太保原任盛京将军宗室增海本自宗支早登仕版隶籍程材效决拾之长禁萮昭荣备位列勾陈之/选遂分旄而驭众聿推中阃之良乃建节以修戎益重副麾之寄巩金汤于万里洊移闽粤而知名辑瑞王于群藩旋觐朝阶而/与属乃眷藩室之俊允资韬略之优领使钺于东陲威行细柳揔师干于西域政洽宜禾载申涣号之颁俾掌留都之管方异旌/旗坐镇膺保障而常宜何期霜露侵寻损眠餐而浸剧当封章之奏御即垂驿以宣医轸其骨月之情遣阶行于子舍讵有膏肓/之疾伤永逝于新阡特加宫保之崇衔仍举彝章而备礼谥为勤果旌厥贤能於戏沐殊宠于高牙克效采螭以治外想遗风/大树予不忘听鼓而思臣式是贞珉服兹休命/乾隆三十九年十月初十日

【福隆安墓碑】

立于清乾隆四十九年（1784），现位于北京市朝阳区高碑店乡高碑店村科举匾额博物馆门前。2005 年 6 月，在通惠河北路中段出土。

该碑碑座、碑额已被破坏，残高 2.32～2.5 米，宽 1.18 米，厚 0.52 米。碑文满汉合璧，首题“太子太保兵部尚书和硕额驸一等忠勇公福隆安碑文”。碑身周边刻有龙戏珠图案。

福隆安，字珊林，沙济富察氏，大学士一等忠勇公傅恒次子，孝贤纯皇后之侄。于乾隆三十五年（1770）

袭一等忠勇公。四十九年（1784）三月二十四日卒，享年三十九岁，谥“勤恪”。和嘉公主之子丰绅济伦，乾隆四十九年（1784）十二月承袭一等忠勇公。丰绅济伦之子富勒浑凝珠，嘉庆十二年（1807）承袭一等忠勇公。

福隆安墓碑

太子太保兵部尚书和硕额驸一等忠勇公福隆安碑文/朕惟礼崇驭贵必资干济之材典茂酬庸尤笃勋贤之彦溯承恩于鲁馆克树风标绍遗泽于传最宜光册府丹纶特贲翠琬琰锡尔太子太保兵部尚书和硕额驸一等忠勇公/福隆安秉性纯良储材练达勋门戚里载分秾李之荣宿卫銮仪克荷宸枫之眷视大官之珍朕典上苑之戎机九法专特六工并领周垆司警期辇毂式风清藩院兼稽识车书/之日会圭符袭爵枢禁襄劳既综府司并咨旗务秘阁资其提举史馆升畀以总裁嘉宣力于仪庭官衔特晋庆成功于蛮徼阁绘高悬正倚畀之维殷乃沈疴之屡染赐医赐药曲/予调和经月经旬宽其休假属星郎之眚剧值春跸之展巡敕嗣子以遄归怆遗章之遽达颁帑金襄事命皇子以奠觞尽涤织瑕信申渥眷彝章备考祭葬从优名行相符简/编待纪谥为勤恪言象生平呜呼廿七年左右趋承卢□功臣紫阁卌二载去来倏忽难延都尉青春规划俾娴忆赞尔时之像声香垂誉感题次日之碑示尔后昆永昭显命/乾隆四十有九年岁次甲辰十二月　日

【王进泰墓碑】

立于清乾隆五十二年（1787）十月初一日，现位于北京市朝阳区崔各庄乡北皋村南北小河北岸。

该碑坐南朝北，螭首龟趺，碑宽1.04米，厚0.4米，赑屃长2.65米，宽1.10米，高1.25米，头部有损。碑文满汉合璧，额篆“圣旨”，碑阴无字。

墓碑由于地处北皋村南侧田野，风雨侵蚀严重，碑身出现风化酥碱现象。在战乱年代，碑身曾遭枪击，现仍留有痕迹。王进泰墓地属南皋村，其后人至今仍在该村居住。

王进泰（1704～1787），镶白旗汉军。雍正元年（1723）承袭骑都尉，乾隆朝历任镶黄旗汉军副都统、天津镇总兵、四川提督、正黄旗汉军都统等，官至杭州将军、署闽浙总督浙江巡抚。曾率军平定大、小金川，主张米多贱买以纾民力。乾隆五十一年（1786）以老病致仕。卒谥“恭勤”。据《清实录》记载：“王进泰奉职中外，宣力有年。近因年逾八旬，曾经降旨加恩，准其原品休致，赏给内大臣职衔，给予全俸。俾得优游闲居，并令伊子王柄回京侍养。而王进泰旋即溘逝，殊属可悯。著加恩赏给银五百两，办理丧事，以示优恤老臣之至意。所有应得恤典，著该部查例办给。”王进泰之子王柄，官至福建陆路提督，嘉庆十一年（1806）免，嘉庆十五年（1810）卒。

王进泰墓碑

敕赐原任都统内大臣职衔谥恭勤王进泰碑文/皇帝制曰朕惟劳宣中外式嘉专阃之赞礼备哀荣宜懋酬庸之典眷老成而□□□□嶶以易名宠责恩纶光昭丰碣尔原任都统内大臣职衔/王进泰持躬谨恪奉职勤劳初延赏于武阶遂拱宸于仪卫旂营佐理夙资训练之能左辖洊升爰展韬钤之略壮猷分□肃□□于析津伟望/升坛下楼船于京岘任爪牙之重频效驰驱嘉纪律之明叠膺简命乃陈情于丹陛统常旅以□崇复持节于雄关镇金镛而振武轻裘缓带遥/临车骑于湖山授钺扬旌暂寄封疆于闽浙还朝矍铄仍加统制之崇班致仕优游特晋禁廷之显秩沦徂可悯赐内帑以垂恩展恤从优举彝/章而饬奠符其平素谥曰恭勤呜呼矢靖共于尔位始终秉作肃之心凛匪懈于干城夙夜著宣猷之绩宜播威名于琬琰丕□□典于松楸幽/兆名葳今闻无斁/乾隆五十二年拾月初一日立

【重修显应禅寺碑】

立于清嘉庆十八年（1813），原位于北京市朝阳区东坝乡东坝镇娘娘庙街路西，现存于崔各庄乡东辛店娘娘庙内。

该碑碑阳为清嘉庆十八年（1813）撰写的碑文，额篆“万古流芳”，首题“重修显应禅寺碑记”。碑阴为出资商号名单，额篆“本坝重修”。

《重修显应禅寺碑记》记载：“盖闻庙貌之崔巍，固因神灵之感应，而殿宇之辉煌，亦赖人力之修为。似兹显应宝刹自明及今不知几番修理矣。考原碑所载，历历分明，大明正统有义士陈敬重修，未及而卒。至弘治，御马监右监丞陈公景接续而完具工，俟后有宗悦禅师复为整理，至我朝有大总管梁九功复舍赀财重修，以迄于今，为有百有余年。殿宇之残毁不堪入目，既有古人创之余前，而今人亦当继之于后，虽不敢比古人于万一，而凡有灭毁缺陷者，今亦于本坝众善人等凑积钱粮，渐亦整理□堪入目，聊表善念以勒之于石，俟后之复有善缘者或亦有感于斯之云尔。”

【满文松颐诰封碑】

位于北京市朝阳区建国路86号长安8号院内。

该碑通高5.5米，宽1.1米，厚0.45米，螭首龟趺，满文书写。松颐是乾隆四女和硕和嘉公主、额驸福隆安的后裔，也是最后一代一等忠勇公。

◆满文松颐诰封碑

【酒仙桥关帝庙功德碑】

立于清道光十六年（1836）四月中旬，出土于北京市朝阳区将台乡酒仙桥关帝庙，现存于奥运村街道北顶娘娘庙内。

碑文记载：“大兴东直门外酒仙桥关帝庙，因年深坍塌，桥梁损毁，来往车辆行走不便，僧坐视不安，肯祈村中领袖人等募化重修庙、桥，以备来往得便。众善人等匾题功名。重修总经理人：张文庆、秦得寿、燕永昊、燕茂春、王复兴、郑君善、燕永祥、茶馆刘悦、程秦、尹翼凤、住持僧普瑞建立。”

据民国时期档案记载：“酒仙桥关帝庙原位于朝阳区东直门外九仙桥十九号，建于明，光绪二十八年（1902）重修，合村公建。不动产土地八分，房屋九间，报厦一间。庙内法物有神偶像九尊，礼器七件，法器两件，泥马一匹。”

【广寿诰封碑和广寿神道碑】

立于清光绪十一年（1885）九月二十五日，位于北京市朝阳区崔各庄乡费家坟村（现泉辛路东西两侧）。

东侧为广寿神道碑，西侧为广寿诰封碑，两碑规格尺寸相同，螭首龟趺，碑身高 3.65 米，厚 0.475 米，宽 1.1 米。碑座高 0.92 米，长 2.68 米，宽 1.2 米。额篆“御赐”，碑文满汉合璧。

广寿，字绍彭，满州镶黄旗人，咸丰九年（1859）翻译进士。初由散馆改授主事，迁翰林院待讲学士。同治六年（1867）四月，擢詹事府詹事，五月，迁内阁学士。八年（1869）八月，迁理藩院右侍郎。十二年（1873）正月，改刑部右侍郎，十月，署理仓场侍郎。十三年（1874）八月，擢都察院左都御史，十一月，改兵部尚书。光绪七年（1881）十月，改吏部尚书。十年（1884）五月，管理藩院。八月八日，兼总管内务府大臣，十二日，卒，谥号“敏达”。光绪帝谕曰：“内阁吏部尚书广寿老成练达，学问优长。由翻译翰林荐擢詹事，供职内廷，在弘德殿行走。升授尚书，补总管内务府大臣，宣力有年，克尽厥职。前因患病叠次给假，方期调理就痊，长资倚畀。兹闻溘逝，悼惜殊深，加恩追赠太子少保衔。赏陀罗经被，派贝勒载漪带领侍卫十员，即日前往奠醊。照尚书例赐恤并著赏银一千两，由广储司给发，经理丧事。”

广寿神道碑

朕惟铨衡任重位实冠乎百僚锡赉情殷恩更逾于三接眷旧既颁优昭饰终宜沛殊荣爰举彝章用昭馨荐尔追赠太子/少保衔原吏部尚书广寿材称练达学擅优长簪毫熟识乎国书班联翰苑振羽旋登乎端尹秩晋总司/弘德殿前曾备/先皇顾问中书门下能恢学士文章分旗握都护之符辑远操理藩之柄迄跻卿贰丹笔平刑追总网乌台肃令统六师以平国/戎政严明筦三库而理财馕源充裕十七仓持筹稽查百万兵奉命阅操禁城邀锡马之荣史馆寄裁鸿之任总内府而/洪网悉协纂/圣谟而/实录全赅时赖启心恒殷励翼又况频膺密谕迭赴长途遄往盛京平反巨案黾勉川中之役驰驱山左之行凡兹劳瘁弗辞縻/不恪恭将事方翼勖勷陈力聿昭冢宰之勋何期疾疢滋忧遽叹老成之逝礼既隆于致赙典还重夫易名叙嗣子以推恩/遗宗

臣而展奠颁兹宠绰锡尔雕筵於戲启事犹存如见坚贞之素/履遗容宛在难忘恺切之丹忱灵而有知尚其来格

广寿诰封碑

朕惟太宰掌建邦之典望重寅清老臣宣经国之谟猷资辰告眷怀旧学懋奖前劳既锡奠而颁纶宜铭勋以镌石尔赠太/子少保衔原吏部尚书广寿赋才颖悟任事勤能熟悉清文翰苑附凌云之选总司詹事宫僚仰明月之资趋跄而入侍/先皇俾作/殿前行走供奉则荣称内相兼知阁下丝纶掌八旗分统之权总四译会同之务旋资作士肃贰卿嗣赖提网霜严七贵谈/兵甲帐懔纪律之森严筦库丁年谙度支之盈绌劲旅既明于校阅太仓尤慎乎稽查荣邀赐骑之恩禁城代步聿表委蛇/之度内府专司/圣训昭垂/实录之编摩惟谨史宬璨列儒臣之纂辑攸资兼以奉命驰驱平心听断盛京之谳既定密勿之旨频膺先秣马于蜀中复脂车/于山左艰难备历曲直胥昭洵无愧于荩勤何遽惊夫栋折爰举易名之典用酬服事之忱象厥生平谥曰敏达籍彰丕绩/永耀贞珉於戲华表常存采焕螭文之色松阡在望辉增马鬣之封贻尔后昆视兹丰碣

【重修药王庙碑】

立于民国八年（1919）四月二十八日，原位于北京市朝阳区八里庄药王庙，现位于朝阳区文化馆后院瓦舍博物馆前。

◆重修药王庙碑

该碑通高 1.73 米、宽 0.76 米、厚0.22 米，碑首高0.63 米、宽0.81 米、厚0.26 米，上雕刻祥云纹，额篆“万古流芳”，碑阳首题“重修古刹药王庙普济宫碑”。

朝阳区六里屯街道办事处辖区内

的后八里庄，原有古刹药王庙一座，据《北京寺庙历史资料》记载：“药王庙坐落在东郊一分署界内八里庄，建于清康熙四十四年（1705）……另有石碑三座。”解放后挪作学校使用，20世纪60年代此庙被拆毁。2008年，北京市水务局治理二道沟河水系，在加固后八里庄段北面河堤时被发现。

【通县界碑】

立于1928年，现位于北京市朝阳区朝阳路定福庄段路北主辅路绿隔内。

该碑通高1.95米，宽0.86米，厚0.25米，系旧碑改造磨制而成。碑阳刻“通县界”三字，碑阴无字。在朝阳路历次改造拓宽工程中均进行过位置迁移。现址基本恢复到界碑原来位置。该碑原无底座，整体被砌筑于水泥方墩之中。2009年8月中旬，通县界碑被重加底座并设大理石围栏复立。重配的底座为清代之物，正反双面刻“麒麟”图、侧面刻“鹿鹿”图和鹭鸶、莲子图。

此碑所在原址为通县边界的历史可追溯到西汉初年，当时以此为界设立路县（即今通州）。1928年与通县接壤的大黄庄一带改称北平市东郊区，通县划为河北省管辖。

◆通县界碑

【和硕和嘉公主坟石刻】

石牌坊位于北京市朝阳区高碑店乡大望之星台球厅南侧，是一座三间四柱式石牌坊，高5.2米，宽12.8米。中门高3米，宽2米；左右两侧门高2.4米，宽2米。南面刻有“龙光垂燕翼气协风云、马鬣景鸿仪心驰霜露”，横批“银汉分光”；北面刻有“风杳丹霄肃雍昭典册、翚骞碧落灵秀巩封阡”，横批“金枝毓德”。

翁仲现位于北京市朝阳区高碑店乡高碑店村科举匾额博物馆门前。文官翁仲通高3.42米，头顶官帽残缺，

◆文官翁仲

◆武官翁仲

身着一品朝服，颈挂朝珠，双手抱于腹前，手捻朝珠，袖口呈马蹄状。腰间左侧雕有佩刀，右侧雕有香袋图案，朝服下摆雕有暗八仙图案。武官翁仲通高3.61米，身穿盔甲，头戴盔帽，两手持兵器于腹前触地。

石马现位于北京市朝阳区高碑店乡高碑店村科举匾额博物馆门前。残长2.7米，残高1.45米，宽0.85米。马头、马尾、四条腿均残损。

和硕和嘉公主坟毁于民国时期，1958年文物普查时尚存石碑、翁仲、牌坊、石马等石刻，20世纪60年代后，因居民入住此地，和硕和嘉公主坟部分石刻被埋于地下。2005年6月，在通惠河北路中段出土翁仲、福隆安墓碑、石马等。

和硕和嘉公主为乾隆第四女，系纯惠皇贵妃所出，深得乾隆宠爱。乾隆二十五年（1760）正月皇四女被册封为和硕和嘉公主，同年三月下嫁福隆安，于乾隆三十二年（1767）九月初七日卒，享年二十三岁。

【固伦和敬公主坟石狮子】

位于北京市朝阳区东坝乡东坝街西门外路北京一轻高级技术学校门口。

该对石狮通高 1.9 米，长 1.4 米，宽 1.9 米，为固伦和敬公主及额驸色布腾巴勒珠尔墓地仅存的瑞兽。

固伦和敬公主（1731～1792），清乾隆帝第三女，系孝贤纯皇后富察氏所出，乾隆初封今位号。清乾隆十二年（1747）三月，嫁科尔沁博尔济吉特氏辅国公色布腾巴勒珠尔。逝后葬于东坝地区。

◆固伦和敬公主坟石狮子

【辽代经幢】

现位于北京市朝阳区金盏乡金盏村温榆河金河湾西岸，上刻辽天庆元年（1259）记文。2011 年 9 月，在金盏乡金盏村温榆河金河湾西岸出土。

幢身为八面棱柱体，汉白玉材质，高 1.8 米，有四个宽面和四个窄面，上下略有收分。幢身七面镌刻十条密宗陀罗尼，汉字一行并列梵字一行，互相对译；题记部分漫漶不清，残存“天庆元年……本寺地二顷”可以辨识；上下边缘镌刻缠枝牡丹纹。原基座、宝盖缺失，后补配。

该经幢不仅是北京地区辽金经幢中单体最高的，还是中国所有辽金经幢中镌刻陀罗尼数目最多的。其上的无垢净光大陀罗尼的梵文本，是目前国内唯一所见的古本。汉梵对译为辽金北京地区音韵学的研究提供了极其珍贵的资料。

◆辽代经幢

第七章　近现代遗迹

第一节　烈士墓

【马骏烈士墓】

位于北京市朝阳区日坛北路6号日坛公园西北隅。1986年被朝阳区人民政府公布为朝阳区文物保护单位。

墓地坐北朝南，占地面积为420平方米。墓丘为卧式长方形汉白玉石结构，墓碑置于墓丘北端，为汉白玉石，上刻“回族烈士马骏之墓”，碑文由邓颖超题写。墓东、北、西三面有松柏树环绕，其中墓碑北侧两株松柏为马骏夫人杨秀蓉1928年安葬马骏烈士时亲手所植。广场西侧建有马骏烈士纪念室。

◆马骏烈士墓

马骏（1895～1928），又名天安，字遹泉，号淮台，吉林省宁安县（今黑龙江省宁安市）人。著名回族革命烈士，五四运动时期著名活动家，党的早期活动家和创始人之一，曾任中共北京市委书记兼组织部长。

1928 年因叛徒出卖，在北京被张作霖杀害，死后葬于回民墓地（现日坛公园内）。马骏夫人杨秀蓉题写“吉林宁古塔马君骏之墓”墓碑一块，现存于南下坡清真寺。

1945 年，马骏被追认为革命烈士，1951 年北京市政府公祭并重修其墓，郭沫若题写墓碑。1987 年再次重修，经北京市人民政府批准，北京市民政局公布为北京市重点烈士纪念建筑物保护单位。1995 年，中共北京市朝阳区委、朝阳区人民政府公布马骏烈士墓为爱国主义教育基地，并建立马骏半身铜像和马骏纪念室。2001 年，被公布为北京市爱国主义教育基地。

【双桥革命烈士墓】

原址位于北京市朝阳区黑庄户乡双树村。2011 年 3 月，经北京市民政局和朝阳区人民政府批准，双桥无名烈士纪念碑移至北京市朝阳区黑庄户乡大鲁店长青园骨灰林基地。

1948 年冬，中国人民解放军某部在围困北平城时与国民党军队在双桥地区发生激烈战斗，29 名战士牺牲。

◆双桥革命烈士墓

1954 年 12 月，通县人民政府在烈士牺牲地双桥农场立碑。1989 年朝阳区人民政府重新修建革命烈士墓，并修建烈士陵园。杨成武将军题写“北京市双桥革命烈士陵园”牌匾。1999 年增建影壁式陵园简介，上书“一九四八年冬，我人民解放军解放北京之际，曾有二十九名勇士壮烈牺牲于京郊某地，当经原属部队成敛安葬于此。为悼念人民烈士永垂不朽，特立碑铭以示纪念”。

第二节 工业遗产

【北京炼焦化学厂】

位于北京市朝阳区化工路东口，是我国大型煤炭综合利用专营企业之一。

该厂兴建于1958年，占地115公顷，建筑面积29万平方米，由储运、炼焦、煤气净化、焦油加工、燃气输配、动力及修造等8个分厂、30多个生产和维修车间组成。主要为北京市供应商品煤气，并向国内外大型冶金（包括首钢、唐钢等）、化工企业提供各种规格的优质焦炭，同时还生产硫铵、轻苯、工业萘、蒽、电极沥青、酚类等30多种化工产品。1959年，第一座年产45万吨冶金焦炭的1号焦炉及配套工程建成投产。2号、4号、3号焦炉相继于1961年、1967年、1973年建成投产。

该厂从1958年建厂后，改扩建工程不断，1984年，焦炉易地大修及增气工程动工，至1995年，全厂占地面积约150公顷，建筑面积44.54万平方米，其中生产用房约22

◆北京炼焦化学厂

万平方米。2001年划入燃气集团，2006年停产，主体装置已迁至河北唐山，入股唐山佳华煤化工有限公司。

北京焦化厂1号、2号焦炉及1号煤塔于2007年被列入第一批北京优秀近现代建筑保护名录。

【北京第二棉纺织厂】

位于北京市朝阳区八里庄东里1号，建成于1955年。1951年11月，中共北京市委、市政府决定在北京筹建棉纺织厂；1954年9月25日建成北京第一棉纺织厂；1955年9月16

日建成北京第二棉纺织厂；1957年5月25日建成北京第三棉纺织厂。1954年至1957年相继建成的北京第一、二、三棉纺织厂，填补了首都棉纺织工业的空白，结束了北京“有布无纱”的历史。北京第二棉纺织厂，是我国首个以全套国产设备装备起来的现代化大型棉纺织厂。1965年被评为全国纺织系统四个“大庆式”企业之一。至1996年，生产规模发展到拥有纱锭14.5万枚，布机2800台。生产各种纯棉纱线、线棉布、涤棉纺线等织物，年产棉纱总量达26000吨，棉布7400万米。1997年8月18日由三个厂共同组建公司制法人实体——北京京棉纺织集团有限责任公司。

北京第二棉纺织厂初建时占地面积43.5公顷，总建筑面积17.85万平方米，其中厂区占地面积23公顷，厂房面积7.23万平方米。主厂房平面近似正方形，为单层锯齿形框架结构。1979年开工建设3万锭专纺车间，占地4435平方米，建筑面积9447平方米，由主厂房、东西辅房和变配电室、食堂三部分组成，1981年建成。厂房内为菱苦土地面，部分为水磨石和硬木地板。厂房外墙为清水墙，内墙大部分刷可赛银，局部刷油漆。

◆北京第二棉纺织厂车间

2011年，北京第二棉纺织厂工业遗址被改造成为莱锦创意产业园，隶属于北京国棉文化创意发展有限公司。

【798厂】

位于北京市朝阳区酒仙桥路4号。

北京华北无线电联合器材厂即718联合厂，是由周恩来总理亲自批准，王铮部长指挥筹建，由前苏联、民主德国援助建立。1952年，联合厂在京郊酒仙桥地区筹建，1954年开始土建施工，1957年10月国家领导参与了开工典礼并宣布开工生产。718联合厂建成后对国家的经济建设，特别是对电子工业的建设、国防建设、通信工业的发展做出过卓越的贡献。1964年4月，四机部撤销718联合厂建制，成立部直属的706厂、707厂、718厂、797厂、798厂及751厂。2000年12月，原700厂、706厂、707厂、718厂、797厂、798厂等六家单位整合重组为北京七星华电科技集团有限责任公司。

为配合大山子地区的规划改造，七星集团将部分产业迁出，部分闲置的厂房进行出租。因为园区有序的规划、便利的交通、风格独特的包豪斯建筑等多方面的优势，吸引了众多艺术机构及艺术家前来租用闲置厂房并进行改造，逐渐形成了集画廊、艺术工作室、文化公司、时尚店铺于一体的多元文化空间。由于艺术机构及艺术家最早进驻的区域位于原798厂所在地，因此被命名为北京798艺术区。

◆798厂

生产厂房由前民主德国建筑师设计，采用包豪斯建筑风格。其中帆状部分厂房采用锯齿形现浇筒壳结构，梁柱形式为弧形Y状结构。北侧屋顶采用横向天窗，窗户平面向外倾斜一定角度。这种建筑风格的厂房目前仅在中、德、美等国家有极少量存留。

798近现代建筑群于2007年被列入第一批北京优秀近现代建筑保护名录。

第三节　近现代建筑

【中国计量科研院恒温楼】

位于北京市朝阳区北三环东路18号。

新中国成立之初，为解决全国各厂计量单位不统一的问题，中央技术管理局于1953年开始筹建中国计量科学研究院，1955年建成。

该建筑平面呈“T”字形，清水红砖外墙，立面三段式划分，首层设拱形窗套，外墙设雕花浮雕，内部装饰融入传统建筑元素，反映了民族主义风格与现代建筑的融合。

2007年被列入第一批北京优秀近现代建筑保护名录。

【全国农业展览馆】

位于北京市朝阳区东三环北路16号，隶属农业部，建于1959年。

◆全国农业展览馆

全国农业展览馆占地47万平方米，建筑总面积达25000平方米。建有10个正式展馆、7个轻钢铝合金展厅、3个展览场地，以及展品加工场和展品仓库等建筑。馆内绿地28万平方米，展馆后面有一片4万平方米的人工湖。主馆建筑高33米，顶部是三重檐、绿色琉璃瓦八角形亭阁，南北各有一方亭，坡顶有单檐琉璃瓦。外墙贴米黄色面砖，下部是花岗岩大平台。正面广场上有两组大型雕塑。

农展馆新馆于2004年11月8日奠基，2005年5月正式投入使用。新馆采用大跨度独立柱基张弦式管桁架结构，长152.5米，宽86米，展厅面积13000平方米，最高处达15.6米。

【北京工人体育场】

位于北京市朝阳区工人体育场路南侧。1958年6月开工，1959年8月建成，由中华全国总工会及北京市总工会投资兴建，是20世纪50年代首都十大建筑之一。

◆北京工人体育场

主要体育设施有中央体育场，建筑面积70690平方米，为椭圆型混凝土框架结构，南北长282米，东西宽208米，有24个看台，可容纳观众65000人。1986年改建后的北京工人体育场，在正门北大门矗立一组运动员雕塑群像。广场两侧建有国旗区，体育场中央是足球场。

2007年被列入第一批北京优秀近现代建筑保护名录。

【北京工人体育馆】

位于北京市朝阳区工人体育场西侧，为举办第26届世界乒乓球锦标赛而兴建，1959年11月开工，1961年2月建成。

◆北京工人体育馆

馆为椭圆形的建筑物，总建筑面积38040平方米，直径120.3米，比赛厅南北长40米，东西宽30米，馆顶采用大跨度轮辐式悬索结构，由中心环、外圈梁288根双层悬索组成，比赛厅的屋盖净跨94米。馆内有24个出入口，座椅共36级，可容纳15000名观众。馆内除中心馆外，还有羽毛球、篮球等专用馆场。

【齐家园外交公寓】

位于北京市朝阳区建国门外大街9号院，为北京第一批外交公寓，1957年7月兴建，1973年扩建。

◆齐家园外交公寓

齐家园外交公寓由北京市建筑设计院设计，共11栋，总建筑面积约5万平方米。其中第一栋外交公寓于1959年12月建成，南临建国门外大街，东至秀水东街，为板式住宅楼，建筑面积11231平方米；中部7层，两翼6层，东西两端5

层，向北突出；砖混结构，清水红砖墙面，平屋顶，檐口、窗套及首层外墙面均以灰白色水刷石饰面。在该楼的北面，为低层公寓楼群，红瓦坡屋顶。

2007年被列入第一批北京优秀近现代建筑保护名录。

【建国门外大街外交公寓1号】

位于北京市朝阳区建国门外大街北侧，东临秀水街，西南侧为建国门立交桥，1972年建成。

建国门外大街外交公寓1号由北京市建筑设计院设计，建筑面积19802平方米，砖混结构，预制楼板。该建筑平面呈“L”形，地下1层，地上中部9层、两端7层，划分5段，各设楼梯、电梯。

2007年被列入第一批北京优秀近现代建筑保护名录。

【建国门外大街外交公寓12、14号】

位于北京市朝阳区建国门外大街友谊商店东侧，1973年竣工。

建国门外大街外交公寓12、14号由北京市建筑设计院设计，两栋各为16层，建筑面积共18966平方米，为双矩形错叠平面。地下2层（1层人防层和1层设备层），地上16层为公寓。每栋设有两部电梯及楼梯。采用装配整体式框架结构，开间为3米、4米和5米，进深均为5米，层高3.3米，并设有抗震墙、电梯井筒作为主要抗震构件。首层至15层的梁、板、柱、阳台、楼梯及外墙板等全部预制，连接现浇成整体，层顶有设备层、水箱间、电梯间及两层挑檐，楼板采用双向预应力井字梁式板，一个柱网间一块大楼板。外墙采用带马赛克面砖饰面的预应力壁板。

2007年被列入第一批北京优秀近现代建筑保护名录。

【北京国际俱乐部】

位于北京市朝阳区建国门外大街21号，1972年9月建成。

◆北京国际俱乐部

北京国际俱乐部由北京市建筑设计院设计，建筑面积12033平方米，总平面采用庭院式布局。沿日坛路西侧的北部为2层主楼，平面呈正方形，中为内庭，北部为剧场、酒会厅等，南部为中西餐厅等，东部为门厅、衣帽间等，西部为厨房、职工食堂等。主楼南侧为面向建国门外大街的文体活动楼，地上中央3层，东、西2层，地下1层；东端为半圆形，上有平台；两楼东、西相接，形成长方形内院，院内有喷水池、花架、草坪、花坛等。两楼的西侧沿秀水街东侧，北部为游泳池，南部为健身房（网球馆），健身房高约16米，屋顶结构采用钢管网架，中央起拱，扁平四坡顶。除健身房外，其他建筑均采用砖混结构。外墙为乳白色刷石和黄色马赛克饰面，平屋面。

2007年被列入第一批北京优秀近现代建筑保护名录。

第八章 馆藏精粹

新中国成立后，特别是改革开放以来，朝阳区十分重视文物的收集、整理和保护工作，自1982年朝阳区文物管理所成立伊始即建立文物库房，开始收集辖域内各类文物标本，包括化石、陶器、瓷器、玉器、金器、银器、铜器等十几个大类，其中不乏具有较高艺术价值的珍贵文物，为研究当时朝阳地域的生产生活状况和历史人物提供了珍贵的实物资料。

1. 史前　牛头骨化石

长96厘米，宽70厘米，高29厘米。1998年团结湖地区地下约17米出土。

2. 汉　椭圆形鼓腹灰陶罐

高24.5厘米，口径13厘米。1986年东坝地区出土。灰陶质，盛器。卷唇，敛口，鼓腹，圈足，通体饰弦纹。

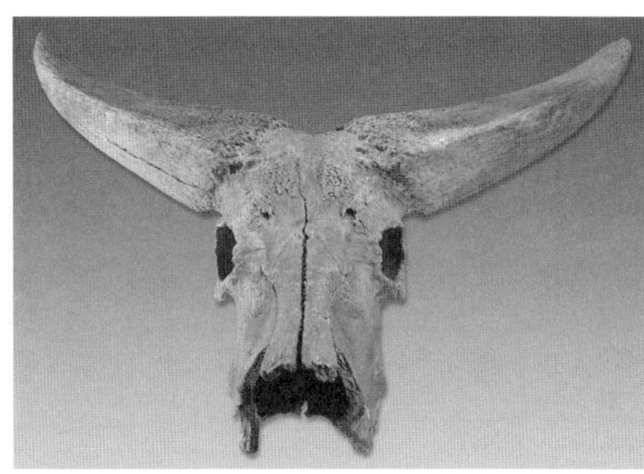

◆牛头骨化石

◆椭圆形鼓腹灰陶罐

3. 明　青花瓔珞纹罐

高 62 厘米，口径 27 厘米。1972 年三里屯地区出土。一把抓宝珠钮盖，圆唇，直口，溜肩，腹斜收，玉璧底，底款“大明嘉靖年制”。盖饰仙鹤纹，肩部饰瓔珞纹，腹饰缠枝莲纹，底部环饰蕉叶纹。

◆青花瓔珞纹罐及底款

4. 清　青花龙纹将军罐

通高 78 厘米，口径 28 厘米。2001 年洼里地区出土。直口，丰肩，敛腹，圈足，附宝珠顶高圆盖，饰龙戏珠纹，颈部饰蕉叶纹，主体饰二龙戏珠纹，底部饰海水江崖纹。

◆青花龙纹将军罐

5. 清　青花将军罐

共 1 对。通高 60 厘米，口径 23.5 厘米。1997 年小关地区出土。直口，丰肩，敛腹，圈足，附宝珠顶高圆盖。盖饰缠枝花卉纹，颈饰卷草纹，肩部饰如意纹，腹部饰缠枝花卉纹，底部饰卷草纹。

6. 清　豆青釉暗刻花卉纹罐

通高 18 厘米，口径 15 厘米。朝

阳区出土。直口，圆肩，腹斜收。通体施豆青釉，颈部暗刻卷草纹，肩部暗刻蕉叶纹，腹部暗刻缠枝花卉纹。

◆青花将军罐

◆豆青釉暗刻花卉纹罐

7. 清　青花加紫瓷烟壶

高 6 厘米，口径 1.5 厘米，腹径 3.7 厘米。2001 年 9 月 5 日，洼里地区出土。唇口，溜肩，敛腹，圈足，壶身绘松、桂、寿山、鹿纹饰，寓意“福贵禄寿”，底款“大清乾隆年制”。

◆青花加紫瓷烟壶及底款

8. 清　玛瑙巧雕山水人物纹烟壶

重 34.99 克。1995 年高碑店荣禄之子墓出土。玛瑙质地，色彩丰富，采用俏色技法，雕山水人物图案，使雕刻题材更加鲜明。器形平沿小口，溜肩。

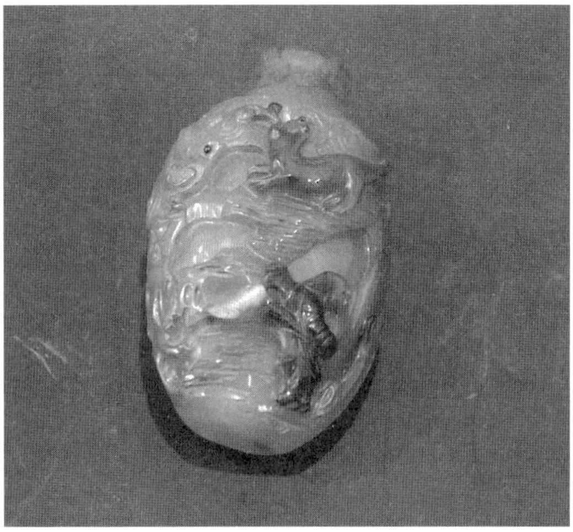

◆玛瑙巧雕山水人物纹烟壶

9. 清　粉彩描金山水人物纹烟壶

高5.9厘米，口径1.4厘米。直口，圆腹，兽耳，扁身，圈足，盖缺失。胎质洁白细腻，釉汁纯净，绘“踏雪寻梅”图，工艺精致。

◆粉彩描金山水人物纹烟壶

粉彩是一种低温釉上彩，出现于康熙末期。其做法是先在高温烧成的白瓷上以墨线打稿，然后在图案内填一层玻璃白，在玻璃白之上再施彩料，经不同技法将彩料晕开，经低温二次烧成，纹饰浓淡明暗层次鲜明。

10. 清　仿哥釉松鼠形烟壶

高6.9厘米，口径0.9厘米。1995年高碑店荣禄之子墓出土。整器造型设计巧妙，为一蹲伏的松鼠，松鼠嘴部为鼻烟壶口，内放置鼻烟，壶盖缺失。釉色沉厚细腻，釉面皆呈网状纹开片，造型精巧，工艺繁复。

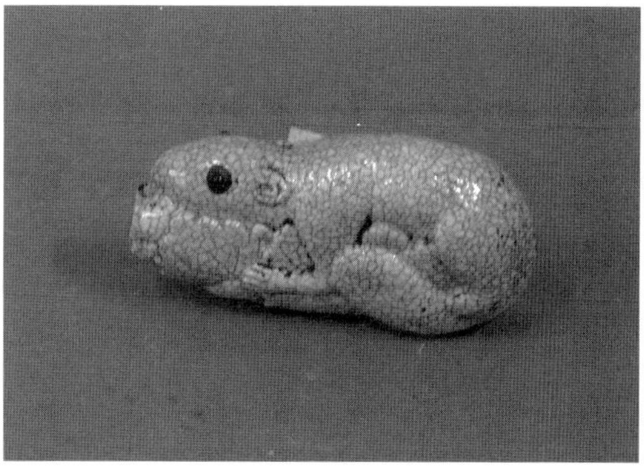

◆仿哥釉松鼠形烟壶

11. 清　矾红彩描金云龙纹烟碟

直径4.1厘米。白釉，矾红描金彩，装饰云纹和五爪龙纹，圈足。底有篆书“道光年制”款。绘画色彩淡雅，造型小巧精致。

◆矾红彩描金云龙纹烟碟及底款

烟碟是专门放置鼻烟的器具。烟碟的出现一方面是为了雅观，吸食鼻烟的时候需要烟碟作为载体；另一方面是用装饰精美工艺考究的烟碟彰显身份。

12. 明　白玉透雕麒麟纹玉带

通长 113 厘米。1994 年三间房地区出土。白玉质，一套 20 块，皆扁平。其中圭形铊尾 2 块，长方形銙 8 块，条形銙 3 块，桃形銙 6 块，圆形銙 1 块。各块均采用镂空雕琢技法，四角均有对穿孔。

◆白玉透雕麒麟纹玉带

13. 明　白玉深浮雕麒麟纹玉带

通长 100 厘米。1999 年大屯地区出土。白玉质，一套 19 块，皆扁平。其中圭形铊尾 2 块，长方形銙 8 块，条形銙 4 块，桃形銙 5 块。各块均以剔地技法雕琢瑞兽，背面四角均有对穿孔。

◆白玉深浮雕麒麟纹玉带

14. 清　翡翠镂雕螭龙带钩

长 14 厘米。1982 年东坝地区出土。龙首为钩，钩背上浮雕一子螭采用镂空技法雕刻而成，色彩翠绿、质地温润。明清时期玉带钩的用途由实用的腰带扣，演变为装饰性的玩赏之物。造型趋于统一，以龙首玉带钩为主流。

◆翡翠镂雕螭龙带钩

15. 清　翡翠扳指

高 2.5 厘米，外径 3 厘米，内径 1.7 厘米。1982 年东坝地区出土。通体光素，琢磨细腻，绿色鲜亮浓艳。

◆翡翠扳指

扳指，又称搬指或班指，是古代射箭时戴在大拇指上拉弓射箭所用的工具。清中期以后扳指实用性逐渐丧失，以装饰性为主，做工精细，质料讲究，出现了玉石、珊瑚、水晶、金、银、铜、瓷等材质。

16. 清　翡翠佛手挂坠

长 6.3 厘米，78.82 克。1982 年东坝地区出土。圆雕佛手，饰以灵芝，质地青翠，“佛”与“福”谐音，寓意福寿双全。

◆翡翠佛手挂坠

17. 明　金嵌宝石龙头如意带钩

长 23.4 厘米，重 146.10 克。1995 年三间房地区陈政家族墓出土。此带钩用锤揲法制成。钩形为如意样式，钩头为龙首，镂空錾刻，镶嵌各色宝石。

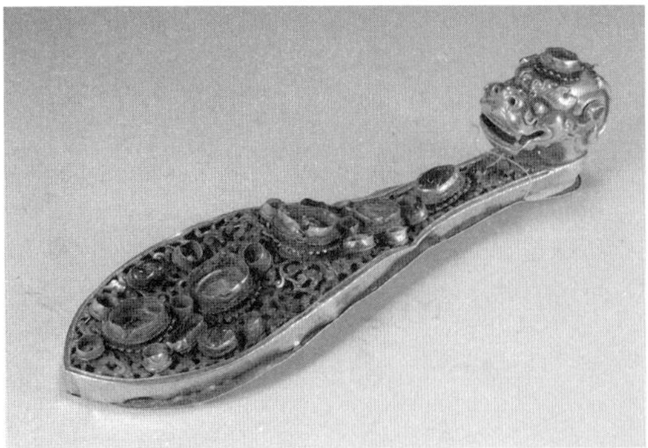

◆金嵌宝石龙头如意带钩

18. 明　金嵌宝石云头饰件

一件分三个部分，长 16 厘米，宽 8 厘米，重 181.87 克。1995 年三间房地区陈政家族墓出土。腰带金饰，两端为云头状，镂空镶嵌各色宝石。

◆金嵌宝石云头饰件

19. 明　白玉螭龙纹带扣

重 234.7 克。大屯乡小关西街出土。玉质洁白温润，浮雕螭龙纹，结构对称美观。

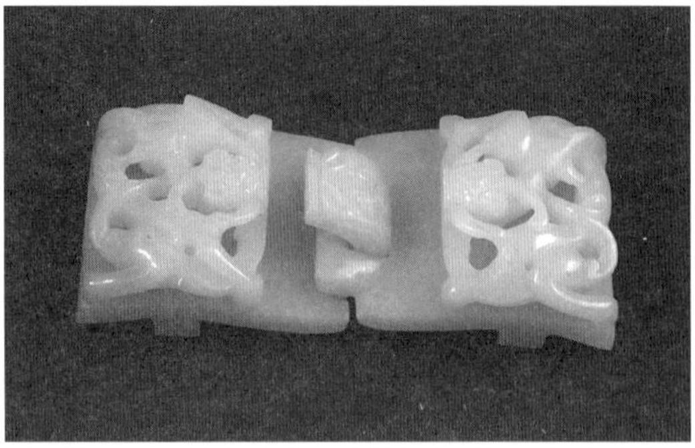

◆白玉螭龙纹带扣

20. 清　白玉双龙戏珠镯

重 75.04 克。1985 年高碑店乡兴隆庄村出土。白玉材质，质地温润，手镯整体雕刻成双龙戏珠造型，线条流畅，刀法有力。

◆白玉双龙戏珠镯

21. 清　白玉镂空花鸟纹佩

重 26.85 克。1995 年高碑店荣禄之子墓出土。圆形竹节纹外廓，廓内双面透雕花鸟纹，白玉材质，质地温润，雕刻精巧。

◆白玉镂空花鸟纹佩

22. 清　翡翠佛手挂坠

重 31.85 克。1986 年朝阳区劲松地区出土。以绿色为主，俏以紫色。通体圆雕佛手，下端巧雕寿桃，刀法流畅精巧，寓意福寿连绵。

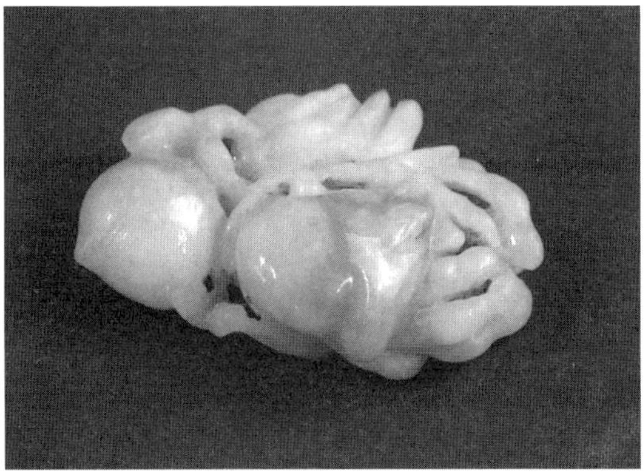

◆翡翠佛手挂坠

23. 清　翡翠翎管

重 29.19 克。1987 年中建一局工地出土。圆柱形，顶端有鼻穿，下中空。翠色浓艳，有绺裂。

翎管，清朝官帽顶珠下用以安插翎枝，标识官员等级身份，材质各有不同，翡翠翎管等级较高。

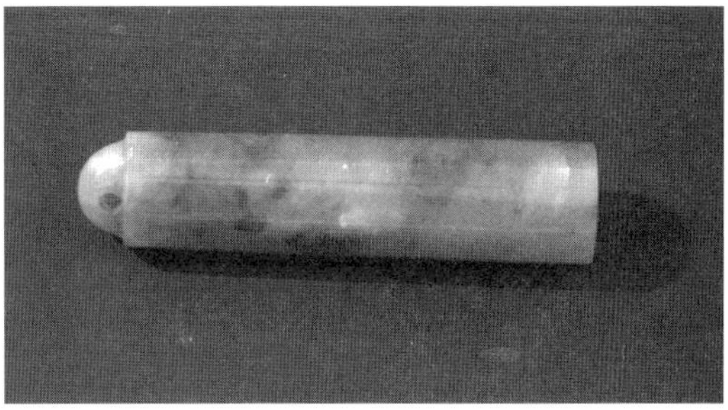

◆翡翠翎管

24. 清　白玉圆雕渔翁坠

重 39.21 克。圆雕一渔翁，头戴斗笠，肩背鱼篓，玉质洁白温润，雕刻生动细腻。

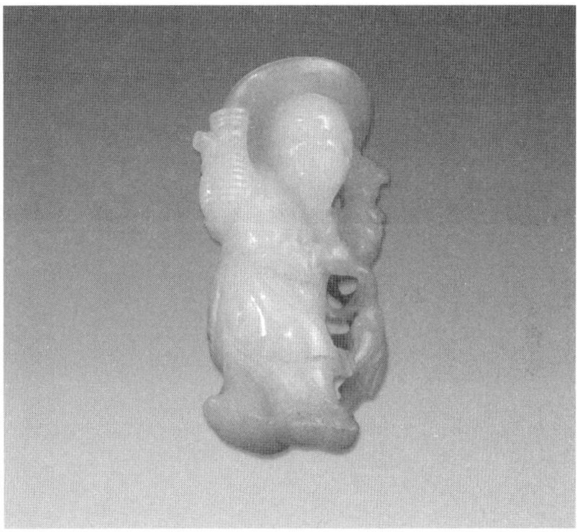

◆白玉圆雕渔翁坠

25. 清　鎏金铜托碧玺带扣

重 233.47 克。朝阳区东风乡出土。碧玺材质透莹晶亮，呈淡粉色，清雅和目。铜鎏金底托边饰浮雕，錾刻精美花卉图案，纹饰华美，鎏金厚泽，錾工精美。

◆鎏金铜托碧玺带扣

26. 明　“大明元宝”金冥钱

直径 3.6 厘米，重 58 克。1995 年三间房地区陈政家族墓出土。共 10 枚。圆形方孔，錾刻“大明元宝”四字。冥钱，为死者殉葬铸制之钱，有金、银、铜、铁、锡等。

◆“大明元宝”金冥钱

27. 清　金项圈

周长 57 厘米，重 134.95 克。1985 年十八里店地区出土。饰花草纹，采用锤揲、压花、錾花工艺，镶嵌物缺失。

◆金项圈

28. 清　金手镯

重 141.92 克。双桥地区出土。金质，圆形活扣，上下装饰两层连珠纹，镯身镂空饰喜字纹，镶嵌圆形翡翠，内刻“足金”、“宝华”款，整体设计精巧，制作考究。

◆金手镯

29. 清　金箔

金质。长 14 厘米，宽 12 厘米，重 33.87 克。1995 年高碑店荣禄之子墓出土。共十张，出土时分别握在墓主人手中。黄金具有良好的延展性，可以锤揲成薄片状金箔，常用于佛像、雕梁画栋、牌匾楹联等装饰贴金。但此金箔较厚，有别于贴金金箔。

◆金箔

30. 清　莲瓣纹金冠顶

重52.03克。金质，上部镶嵌宝石（缺失），中间球形，下部莲瓣纹底座，为朝服冠顶。以范铸为主要工艺，辅以錾刻、焊接等手法，纹饰凸起，呈半浮雕效果，主体纹饰简括粗放，辅助纹饰精巧细腻。

◆莲瓣纹金冠顶

冠顶，又称顶子，是清代礼帽的顶饰，用以标识官员等级身份，分为朝冠用和吉服冠用两种。

31. 清　银元宝

共8枚，重288.13克。1995年高碑店荣禄之子墓出土。银质，素面，戳印“福”、“寿”、“喜”等吉祥文字。

◆银元宝

32. 唐　海兽葡萄纹铜镜

直径24.4厘米，圆形，伏兽钮，

◆海兽葡萄纹铜镜

连珠纹将镜背分成内外区。内区有八只形态各异的瑞兽，外区为瑞兽以及鸟雀飞翔图案，内外区均以枝条缠绕的葡萄纹作为装饰。

33. 民国　印本《鸿雪因缘图记》

一函分上下册，每册三集，共六集。清，麟庆著，汪春泉等绘图。书以图文相符的形式，为作者记述身世与亲历见闻之作。实录作者所至所闻的各地山川、古迹、风土、民俗、风情、河防、水利、盐务等，保存和反映了道光年间广阔的社会风貌。

麟庆（1792～1846），完颜氏，字伯余，别字振祥，号见亭，满洲镶黄旗人。嘉庆十四年（1809）中进士授中书，后历任湖北巡抚、江南河道总督等职。著作有《黄运河口古今图说》、《河工器具图说》及诗文集《凝香室集》等。

◆印本《鸿雪因缘图记》

第九章　博物馆

博物馆是收集、保护、研究、传播并展示人类及其环境的物质遗产及非物质遗产的非营利性常设机构。作为人类记忆的收藏地，博物馆已被世界公认为是一个国家、城市、地区文明程度的重要标志。

朝阳区开放性与包容性、传统性与创新性并存的文化氛围，为博物馆的发展与聚集提供了良好的平台和环境。截至 2012 年底，朝阳区范围内共有博物馆 58 家，其中公办博物馆 30 家，民办博物馆 28 家，数量居各区县之首。按常住人口 354 万计算，约 6 万人就拥有一座博物馆，超过 10 万人的国际标准。

朝阳区博物馆形式多样，有中国农业博物馆，中国电影博物馆等国家级大馆，也有大专院校专题类博物馆，如北京中医药大学中医药博物馆、北京服装学院民族服饰博物馆，还有区属博物馆——北京民俗博物馆。朝阳区民办博物馆发展尤为突出，集中了目前中国最有影响力的民办博物馆，如北京中国紫檀博物馆、观复博物馆、今日美术馆等。此外，还有大批未注册博物馆，如反映本地区历史发展变迁的南磨房地区博物馆，外来打工者创建的皮村打工文化艺术博物馆等。博物馆内容涉及广泛，既有古物类、艺术类展览，也有行业类展览。总体来说，呈现出专业化、规模化、大众化、多样化的发展态势。

奥林匹克公园规划建设为朝阳区博物馆发展提供了新的机遇。2009 年，中国科学技术馆新馆建成开放。按北京市“十二五”规划，公园周边地区还将建设 4 座国家级博物馆：

中国美术馆新馆、中国工艺美术馆、中国音乐博物馆、中国戏曲博物馆。以鸟巢为核心的博物馆聚集区即将形成。另外，高碑店地区由于众多民办博物馆的落户，也逐渐形成博物馆聚集区。

第一节　公办博物馆

1. 中国科技馆新馆

位于北京市朝阳区北辰东路5号，隶属中国科学技术协会。原馆位于海淀区北三环中路1号，1988年9月22日开馆。新馆于2009年9月16日建成开放，是国家级综合性科技馆，是实施科教兴国战略和人才强国战略、提高全民科学素质的大型科普基础设施。

◆中国科技馆新馆

占地4.8万平方米，建筑面积10.2万平方米。分设“华夏之光”、“科学乐园”、“探索与发现”、“科技与生活”、“挑战与未来”五大主题展厅和公共空间展示区，以及宇宙剧场、巨幕影院、动感影院、4D影院等四个特效影院。

“华夏之光”主题展厅，介绍古代中国在自然科学和工程技术领域取得的辉煌成就。“科学乐园”主题展厅特为3～10岁儿童设置，下设欢乐农庄、戏水湾、山林探秘等九个主题展区，鼓励儿童亲身体验、积极思考，在展览和活动中积累经验、锻炼能力，激发对科学的好奇与兴趣。“探索与发现”主题展厅围绕人类科学探索的若干重要方向及内容，展示科技的美妙和神奇，展示人类在与自然交互的过程中体现出来的科学思想和方法。“科技与生活”主题展厅以百姓生活的衣食住行作为展览的贯穿脉络，选取科学技术和人类社会生活的重要方面，展示科技发展对人类社会日益广泛和深刻的影响。“挑战与未来”主题展厅展示人类面临的重大问题与挑战，展示科技创新对可持续发展的贡献，展示人类对未来生活的畅想。

2. 中国电影博物馆

位于北京市朝阳区南影路9号，隶属北京市委宣传部，2005年12月29日开馆，是国家级电影专业博物馆，是纪念中国电影诞生100周年的标志性建筑。

◆中国电影博物馆

占地65亩，建筑面积近3.8万平方米，展线长度2970米，设有电影的发明、中国电影的诞生和早期发展、革命战争时期的中国电影、新时期的中国电影、电影拍摄、电影美术、电影特殊摄影等20个展厅，介绍中国电影百年发展历程以及电影科技博览。另有临时展厅、报告厅和多功能厅。馆内还设有巨幕电影厅、数字电影厅及三个35毫米电影放映厅。

3. 中国农业博物馆

位于北京市朝阳区东三环北路16号。1983年7月，经国务院批准建立，隶属中华人民共和国农业部。1986年9月向社会开放。

◆中国农业博物馆

占地500亩。具有西式仿古建筑特色的十座展厅分布其间。保存农业文物、标本、古籍和传统农具等各类藏品近5万件。陈列体系由基本陈列、专题陈列和室外展园三部分构成。室内陈列面积6600平方米，室外展园面积达10000余平方米。其中，基本陈列为《中华农业文明陈列》，陈列面积约4850平方米；专题陈列包括《彩陶中的远古农业》、《中国传统农具》、《中国土壤标本》

和《青少年农业科普馆》。室外展园包括古代传统农事园、现代科学农事园两部分。

曾举办“中国古代农业科技史”、“中国农业资源”、“中国水产”、“中国农业科技等基本陈列”和“科技兴农”、“农村能源与环境保护”等展览。是了解我国悠久的农业历史和当代中国农业成就的窗口，也是交流农业科学技术、传播农业知识的场所。

4. 中国铁道博物馆（东郊馆）

位于北京市朝阳区酒仙桥北路1号北侧，2003年9月1日对外开放，隶属中华人民共和国铁道部（现隶属交通部）。办公区位于西城区马连道南街2号院1号楼，另有正阳门馆、詹天佑纪念馆两座分馆。负责铁路文物的收藏、保管、陈列、展示及研究工作。同时作为爱国主义宣传教育和科学普及教育基地。

东郊馆建筑面积1.65万平方米，展厅内设有不同道床结构和不同轨枕形式的8条展示线路，可以同时展示80～90台（辆）机车车辆。

展厅内展出50多台经过整修的机车车辆，制造年代跨度从1881年到1993年。其中蒸汽机车28台，内燃机车8台，电力机车1台，客车7辆，货车9辆。馆内收藏中国现存最早的机车——0号蒸汽机车，“毛泽东”号和“朱德”号功勋机车，英、美、日、俄、比利时等国不同时期制造的多型号蒸汽机车。内燃机车中有中国制造的第一代“东风”型电传动干线货运机车，中国制造的第一代“韶山”型电力机车等。客货车辆，有老式的专用客车；有国家领导人的公务车；还有不同种类的铁路座车、卧车、餐车、行李车及不同用途的多种铁路货车等。

◆中国铁道博物馆（东郊馆）

5. 中国现代文学馆（新馆）

位于北京市朝阳区芍药居文学馆路45号，隶属中国作家协会。原馆位于海淀区西三环路万寿寺，由中国文学泰斗巴金先生、冰心先生等倡建，成立于 1985 年，是中国现代文学的资料中心，集博物馆、图书馆、档案馆于一身。

◆ 中国现代文学馆（新馆）

新馆占地面积 46 亩，总建筑面积 3 万余平方米。2000 年 5 月开放，是一座蕴含浓厚文学气息的建筑。共有藏品 60 万件，对作家整批捐赠的文学资料，建立文库 81 座，包括巴金文库、冰心文库、唐弢文库、张天翼文库、周扬文库、俞平伯文库、丁玲文库、夏衍文库等。

设有四个展厅："二十世纪大师风采展"，主要展出我国著名文学大师鲁迅、郭沫若、茅盾、巴金、老舍、曹禺、冰心的生活和创作的模拟场景；"中国现当代文学作品展"，主要展出 20 世纪我国现当代文学发展概况及作家代表作品；"作家文库展"，主要展示著名作家捐赠的藏书及文物；"文学藏书票原作展"，主要展出 53 位中国著名画家为该馆开馆所画的藏书票。

该馆是中国现代文学研究学会、柏杨研究中心、中国当代文学年鉴中心所在地。编辑出版的学术资料有《中国现代作家大辞典》、《当代台湾作家代表作大系》、《中国现代文学百家》丛书、《作家书信集》丛书、《中国现代文学馆馆藏珍品大系》丛书等。参与主编《中国现代文学研究丛刊》。先后独立或联合主办了《走近巴金大型图片展》、《冰心创作生涯七十年展》、《老舍创作生涯展》、《茅盾百年纪念展览》等百余个展览。

6. 国家动物博物馆

位于北京市朝阳区北辰西路 1 号院 5 号，隶属中国科学院动物研究所，2009 年 5 月 17 日对外开放。

◆ 国家动物博物馆

总建筑面积 7300 平方米，展览面积 5500 平方米，共分三层，建筑格局仿法国自然历史博物馆。具有普及动物学知识、宣传环境保护及人与自然和谐共处主题的功能。

分设动物多样性与进化、无脊椎动物、鸟类、濒危动物、蝴蝶、昆虫、动物与人、中科院动物研究所发展历程、精品、交流等十个独立展厅。

7. 中国体育博物馆

位于北京市朝阳区安定路甲 3 号，隶属国家体育总局，由全国政协副主席霍英东先生捐资修建，是收藏、陈列和研究体育文物资料的专业博物馆。为迎接第十一届亚运会，于 1990 年 9 月 22 日建成并对外开放，原国际奥委会主席萨马兰奇先生出席剪彩仪式。

◆中国体育博物馆

建筑面积 7200 平方米，展厅面积 2510 平方米。拥有一个中央大厅和四个展厅，展出内容分别为：中国古代体育、中国近代体育、新中国体育成就、奥运争光。2002 年，该馆由于地基不均匀下沉，地板与墙体出现贯通性开裂，基本停止承办展览和接待观众。

8. 中央美术学院美术馆

位于北京市朝阳区花家地南街 8 号的中央美院校园内，原中央美术学院陈列馆。建于 1953 年，新馆于 2008 年 3 月投入使用。

总面积 14777 平方米，地上四层，地下二层。展览面积 6000 余平方米，其中二层为常设展厅，主要展出馆内所规划的常设陈列展，包括精选馆藏以及重要艺术家专题展陈等；专题展厅设置在三层及四层，均为天光围幕的敞开式现代化展厅，适合当代艺术作品展示以及大型艺文类活动的承办。

收藏各类美术作品 1.3 万余件，收藏的品类有中国画、油画、版画、雕塑以及年画、织绣、少数民族服饰和用具等民间美术品，还有一批青铜、陶瓷、雕刻工艺及铭刻拓片等中国古代文物。

常设展览有：古代绘画、已故老

◆中央美术学院美术馆

教授作品、历届学生优秀作品等。曾举办“中央美术学院校史文物展”、“中央美术学院造型艺术研究所油画高研班（2010～2012）创作汇报展”、“中央美术学院美术馆藏北平艺专精品展”。

9. 北京画院美术馆

位于北京市朝阳区朝阳公园南路北京画院内，2005 年开馆。博物馆以收藏、研究近现代京派绘画作品为主，同时策划主办现当代中外画家专题展览、学术研讨及国际美术交流活动。

建筑面积 4600 平方米，展览面积 1167 平方米。共设四个展厅。藏品依托于北京画院资源，包括齐白石绘画、书法、石印、手札等珍品近 2000 件，宋元以来的古典书画作品及 20 世纪名家李可染、傅抱石、陈半丁、于非厂、黄胄的作品 4000 余件。长期陈列齐白石作品，并分为“草间偷活”（草虫）、“花能解语”（花卉）等十个系列专题。曾举办“和而不同——北京画院院藏人物画作品展”、“怀古寄情——王明明手卷、册页、扇面作品展”、“2008 中韩现代美术展”等展览。

◆北京画院美术馆

10. 国家电力科技展示中心

位于北京市朝阳区建国路 75 号，2005 年 5 月试运营，2008 年 1 月正式对外开放。由国家电网公司、中国电力投资集团公司等十家单位共同出资建立，以宣传电力科普知识、推动科普教育为主旨。

建筑面积 1585 平方米，展馆主要分为七个功能区域：序厅、电力科普展厅、电力发展史展区长廊、发供电展区、电力环保与科技展区、三峡工程与电网建设区、影视厅以及室外

◆国家电力科技展示中心

平台雕塑群等区域。展品和展项有：悬浮行驶的小车、手摇赛车、电力网吧等，展馆融汇高新、节能建设技术和智能科技为一体，体现绿色环保、节能、保温、隔音等理念。

除常规展览外，还提供北京热电分公司火力发电厂生产流程现场参观服务。

11. 北京服装学院民族服饰博物馆

位于北京市朝阳区和平街北口樱花东路甲2号，1990年开始筹办，2000年成立。

展厅面积2000平方米，设有少数民族服饰厅、汉族服饰厅、苗族服饰厅、金工首饰厅、织锦刺绣蜡染厅、奥运服饰厅、图片厅等七个展厅。藏品有中国各民族的服装、饰品、织物、蜡染、刺绣等一万余件，20世纪二三十年代拍摄的彝族、藏

◆北京服装学院民族服饰博物馆

族、羌族等民族生活服饰图片近千幅。另设供教学及学术交流活动使用的多功能厅以及与观众实现互动的中国民族传统服饰工艺传习馆。

12. 北京航空航天模型博物馆

位于北京市朝阳区大山子环铁内，由北京市广播电视局创办，于1999年9月9日对外开放。

◆北京航空航天模型博物馆

占地面积2.6万平方米，包括以“小机场”为主的海陆空航模活动

区，展览大厅，制作车间和教学厅等4个主体建筑。

该馆共分4个展区："航空发展史"、"中国航空工业之窗"和"综合展区"三个室内展区以及一个室外停机坪展区。"航空发展史"展区通过大量的文字、图片、模型，向观众描述了人类最初的飞行理想和早期对航空的艰难探索。"综合展区"有大量的实物和模型。这些展品多角度地记录了人类航空航天科技的发展。室外主展区的停机坪上整齐地排列着各个历史时期的战斗机、轰炸机、侦察机、运输机、直升机和超轻型飞机。

13. 北京民俗博物馆

位于北京市朝阳门外大街141号，1997年成立，1999年正式对社会开放，隶属朝阳区文化委员会。旨在保护、挖掘东岳庙历史文化，征集北京地区民俗文物，研究、展示、弘扬中华民族优秀传统文化。2004年6月中国民俗学会在北京民俗博物馆挂牌办公。2008年设北顶娘娘庙分馆。

馆内常年举办老北京民俗风物系列展。每逢春节、端午、中秋、重阳等传统节日，举办丰富多彩的民俗活动。先后推出《北京东岳庙历史沿革展》、《老北京人的生活展》、《中国百年民间服饰展》、《人生礼俗文物展》等数十部专题展览。2011年，建立东岳书院，打造传统文化的传承基地。开展以中国传统文化为主要内容的学术研究、培训、交流、展示等活动，发挥国学纽带作用，推动两岸三地、国际文化交流。

◆北京民俗博物馆

2008年被命名为"北京市爱国主义教育基地"。该馆庙会曾获"最佳民俗特色奖"、"十大特色庙会"等荣誉。

14. 北京中医药大学中医药博物馆

位于北京市朝阳区北三环东路11号，创建于1990年。建筑面积3160平方米，分4层：一层为报告厅，二层及三层东部为中国医学史展厅，三层西部及四层为中药标本展厅，并附设中药资源研究室，其中有供学生与教师实验研究用的实验室、研究室、标本鉴定室、标本制作室等。

中国医学史展厅面积800平方米，收藏有历代医史文物1000余件、古代线装医籍200余种、中医书刊6000余册。展厅以中国医药学的形成与发展史为主线布展，分为中国医药学的起源、医药学的新发展、中国医药学的新成就等十大部分。

◆北京中医药大学中医药博物馆

中药标本展厅面积1500平方米，前身为“中药标本室”，主要为中医药大学教学服务。分为中药综合展厅、药用植物标本室、中药材标本室、中药饮片与成药陈列室、药用动物展览橱窗5个部分。

15. 北京禁毒教育基地教育展览馆

位于北京市朝阳区豆各庄乡黄厂村，成立于1998年，隶属共青团北京市委员会。展馆拥有学生毒品预防教育和社会普及宣传两大职能，通过参观禁毒展览、观看禁毒影片、开展禁毒主题活动等手段面向全社会进行禁毒知识普及和毒品预防教育。

◆北京禁毒教育基地教育展览馆

展馆分为两层，展览面积3000平方米，展线1100米。展览以“拒绝毒品，立足行动”为主题，分八个部分：前厅、序厅、“船”、“蛇”、“剑”、“路”、“心”、“图”。运用大量的图片、雕塑、实物、互动游戏等表现手段，通过声光电等多媒体表现形式，展示毒品对于人类社会带来的危害。

16. 北京排水科普展览馆

位于北京市朝阳区高碑店甲一号高碑店污水处理厂，隶属北京城市排水集团有限责任公司。2003 年开工建设，2005 年 10 月建成。是一座以宣传“治理水污染、保护水环境、开发水资源”知识为主要内容的科普展览馆。

◆北京排水科普展览馆

展厅总面积 2000 平方米，附设展示污水处理资源化成果的生态园 700 平方米，科普影视厅 300 平方米，连同高碑店污水处理厂生产场所现场参观，可同时容纳数百人。整个展览通过文字资料、图片展板、实物模型、光电显示、游戏互动等多种形式，集中介绍了水资源的短缺、水污染危害、水污染治理和节约用水等方面内容，展示北京市近年来治理水污染的成果和未来规划。

该馆为国家工业旅游示范单位、北京市青年外事交流基地、北京市和朝阳区科普教育基地。

17. 朝阳规划艺术馆

位于北京市朝阳区朝阳公园南路 1 号朝阳公园内，隶属北京朝阳公园管理处，2010 年 3 月 16 日开馆，是一座展示朝阳区城市规划建设的展览馆。

◆朝阳规划艺术馆

总面积 1.5 万平方米，在原北京煤气用具厂旧址上建成。馆内包括六个功能空间：数字沙盘展区、主题规划展示区、历史长廊、动感影院及 4D 影院、T 型多功能展示、临时展区和休闲娱乐互动区。同时，规划艺术馆结合建筑空间特色，通过多媒体、展板、三维、4D 等多种展示手段，展示朝阳区的发展成就。主展区“时代的辉煌 · 丹凤朝阳”，以“发展”为主题，形成“八位一体”的篇章结构。历史展区“历史的印迹·凤出东方”，以“凤凰”传说为开端，以朝阳“历史年谱”为线，把朝阳区历史上的重要事件、重要景观串联起来，“凤凰”元素也贯穿了整个规划艺术馆。

曾举办“回家——焦菊隐、牛星丽艺术作品回顾展”、“首届朝阳大学生艺术节”、“2012北京朝阳大学生艺术节”。

第二节　民办博物馆

1. 北京中国紫檀博物馆

位于北京市朝阳区京通快速路高碑店出口北侧，由全国政协委员、香港富华国际集团主席陈丽华女士投资兴建，于1999年9月19日开馆。是一家集收藏研究、陈列、展示紫檀艺术珍品的专题类博物馆。

占地2.5公顷，展厅面积9569平方米。设有展品陈列厅、宣教厅、多功能会议厅、贵宾接待室、临时展厅、游客服务中心、纪念品商店、开放式影视厅、卫生室、游客留言处等。

◆北京中国紫檀博物馆

展品陈列厅根据其展陈内容的不同，分别设正厅陈列、书房陈列、卧室陈列、婚房陈列、佛堂陈列等不同的厅堂格局；根据藏品材质的不同，分设紫檀家具展厅、黄花梨家具展厅、乌木家具展厅、金丝楠家具展厅。

馆内展出的藏品总计近千件，其中包括十几件明清时代的家具珍品。另外还陈列了一系列微缩古建模型：故宫角楼，紫禁城御花园中的千秋亭与万春亭，山西五台山龙泉寺牌坊，山西万荣县的飞云楼，还有古色古香的北京四合院。特设传统家具原木、结构以及雕刻工艺的陈列展示。

该馆被国家旅游局评为4A级旅游单位，北京市外办指定为重点外事接待单位。2011年6月，该馆“紫檀雕刻技艺”被国务院批准为第三批国家级非物质文化遗产项目。

2. 观复博物馆

位于北京市朝阳区大山子金南路18号，由文物收藏家、鉴定家马未都先生创办。1996年成立，1997年1月18日开馆。在杭州、厦门、哈尔滨设有分馆。

◆观复博物馆

总占地8亩，展览区及会员活动区2800平方米。馆藏以明清传世文物为主，设有陶瓷馆、家具馆、油画馆、工艺馆、影像馆、门窗馆和多功能厅。陶瓷馆常年展出中国古代官窑、民窑瓷器150多件；家具馆共700平方米，分为6个展厅，设红木家具展厅（内厅、外厅）、紫檀家具展厅、黄花梨家具展厅、鸡翅木家具展厅，并另设一间古代书房，陈列明清古家具200多件；油画展厅展示现当代中国知名画家陈逸飞、杨飞云、陈衍宁、刘文进、罗中立等的作品；工艺馆展出包括清代的漆家具、景泰蓝、古代的文房用具、铜器、漆器、铜胎画珐琅器等100余件；门窗馆集中展出中国古代门窗。

曾举办“中法文化年中国古代门窗展”、“上海怀旧家具展”，“瓷之色——中国古代颜色釉瓷器展”、“中国古代陶瓷艺术展”。

3. 北京晋商博物馆

位于北京市朝阳区建国路58号，2008年对外开放，由企业家赵笑长创办。馆舍全部为仿古建筑，总面积约20万平方米，主体建筑面积约3万平方米，内设10个陈列厅。

◆北京晋商博物馆

藏品 4.6 万件，展出 4600 件，囊括了晋商各个历史发展时期的图章、印钞版、文书、银票、契约、合同、账本、书信、票贴、印章、簿记、老照片等门类。

陈列展览主题为“风云晋商”，分为“商海骄子、金融巨擘、华夏商魂、晋商家园”四部分，以晋商的崛起、著名商号、票号的创立与发展、晋商成功的原因、晋商建筑的文化韵味等为主线展示晋商成长发展的全过程。

2011 年成立北京晋商文化科学研究院，在对藏品进行科学整理的基础上，编纂、出版《晋商大典》。曾参与举办“北京金融业的辉煌历程”、“晋商精品文物展”等展览。

4. 北京励志堂科举匾额博物馆

位于北京市朝阳区高碑店乡高碑店村南。由收藏家姚远利于 2007 年 10 月创办。

◆北京励志堂科举匾额博物馆

建筑面积 3000 平方米，藏品主要为元代科举门、明清科举匾额等。共有六个展厅，分为序厅、秀才厅、举人厅、进士厅、榜书艺术厅、拓片厅。序厅，展示千年科举史。秀才厅，主要收藏秀才题写的匾额。举人厅，文武举人分开陈列，多数为进士出身的高官为新考中的举人题写，也有举人为他人题写的匾额。进士厅，主要展示进士状元题写的匾额。榜书厅，主要陈列大型匾额，并配长案，供书法活动使用。墓志铭厅，主要陈列北京地区唐、宋、元、明、清时期的墓志及拓片。

5. 北京中华民族博物院

位于北京市朝阳区民族园路 1 号。由企业家王平创办，是一座复原、收藏、陈列和研究中国 56 个民族文化、文物、社会生活的露天民族人文博物馆。

占地约 45 公顷，分南北两园。1994 年 6 月 18 日北园建成开放，2001 年 9 月 29 日南园建成开放。北园占地约 20 公顷，内有民族村寨 16 个，包括藏族、苗族、彝族、朝鲜族、羌族，傣族，景颇族、达斡尔族等景区。南园主要有民族博物馆和雕塑广场等大型设施，以及二十余个民族村寨。全部建筑均采用1∶1的比例，按少数民族风格再现各民族文化特色。

该馆为北京市爱国主义教育基地和北京市中小学民族团结教育基地。先后推出“爱我中华，认知民族”、“走进民族大家庭游园活动”、“今天我成年”、“画我眼中的少数民族”、“民族园杯北京青少年民族知识大赛”等活动。

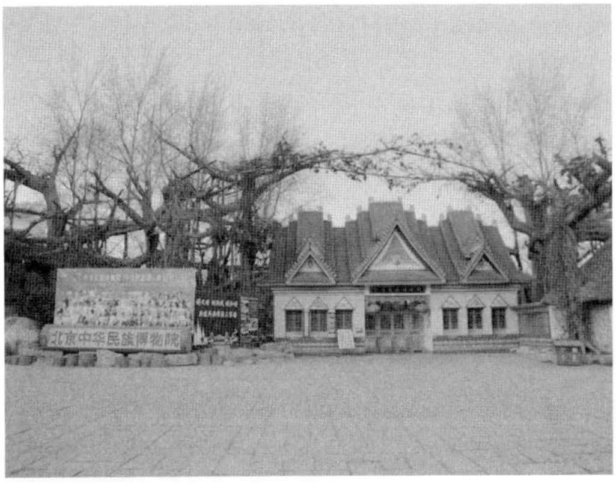

◆北京中华民族博物院

6. 北京东韵民族艺术博物馆

位于北京市朝阳区孙河乡前苇沟村村北甲1号，由收藏家王旭东创办，2009年开放。

占地面积3300平方米。展厅1600平方米，包括民族服装服饰厅、蒙藏厅、民俗生活用具厅三个陈列厅。办公区、生活区、库房500平方米。

◆北京东韵民族艺术博物馆

展品包括少数民族服装服饰、纺织、染织、刺绣、蜡染、编织物、银饰、木雕及祖先的生活用具、生产劳动工具、交通工具、古建筑构件、寺庙宗教用品等。

7. 今日美术馆

位于北京市朝阳区百子湾路32号，2002年，由今日集团董事长张宝全创办。

美术馆建筑由北京啤酒厂锅炉房改建。占地1400平方米，室内总展示面积2500平方米，主馆主体为5层中顶钢架梁建筑。二层主展区面积1000平方米。

收藏有方力钧、蔡国强、谷文达、伊门道夫、井上有一、克里斯多夫·库克等国内外当代艺术家作品。展品类型分为平面、雕塑、装置、视频影像、新媒体等部分。曾举办“彩墨江山展”、

◆今日美术馆

"流行书风展"、"关注的力量"、"马爹利非凡艺术人物巡展"、"2011大学生年度提名展"等有重要影响的展览。

8. 北京时代美术馆

位于北京市朝阳区建国门外大街甲6号中环世贸D座35~37层，由企业家王艺创办，成立于2008年5月。

◆北京时代美术馆

展馆面积近5000平方米。主展厅为"回"字形结构，有多功能厅、书吧、咖啡厅等。

曾举办"中国写实画派'热血五月·2008'"、"基石——走过60年"、"旋转木马——2011中国新锐绘画奖"、"现代回声——法国现当代艺术展"、"蝴蝶是自由的——闫平油画作品展"等展览。

9. 元典美术馆

位于北京市朝阳区望京利泽西园112号楼，由企业家谷燕创办，前身元艺术中心于2008年8月21日在海淀区开馆。2010年迁址朝阳区望京地区，更名为元典美术馆。主要展览、展示国内外现当代艺术作品，整理、研究中国文化与当代艺术的文化脉络与发展。

◆元典美术馆

展馆为四层独立主体建筑，面积3200平方米，展厅面积2000平方米，设有影音展厅、书吧、咖啡厅、元典会艺术俱乐部等。

曾举办“无形的墙”、“当代女艺术家作品展”、“别样的现代性”、“北京国际学生作品展”、“伟大天上的抽象”、“沈文燮个展”等展览。

10. 金台艺术馆

位于北京市朝阳区朝阳公园内，由艺术家袁熙坤创办，1997 年 6 月 30 日开馆。

建筑面积 3600 平方米，主展厅 800 多平方米。藏品有张大千敦煌日记手稿，齐白石、徐悲鸿书画，历代近百位翰林的书法等。

◆金台艺术馆

馆内长期陈列袁熙坤作品展。曾举办“亚美尼亚传统与当代艺术展”、“纪念辛亥革命 100 周年名家书画邀请展”等展览。

11. 炎黄艺术馆

位于北京市朝阳区慧忠路 9 号，是民办公助的艺术馆，1986 年由黄胄先生倡议创办。1991 年 9 月 28 日建成对外开放。

◆炎黄艺术馆

建筑面积 13240 平方米。内设展厅、多功能厅、理事厅、画库、画室、装裱修复车间、画廊、工艺美术商店、炎黄艺术国际交流联谊会、摄影室等。以收藏当代中国画为主，同时收藏古代中国字画、民间工艺品等。

曾举办“海峡两岸中国画名家作品展”、“李可染遗作展”、“任伯年画展”、“扬州八怪画展”、“黄胄艺术大展”等。

第十章　文物市场

20 世纪 80 年代，北京市崇文区天坛、红桥、白桥，东城区皇城根、后海，宣武区东、西琉璃厂、宣武门，西城区官园、车公庄等地，相继出现以经营古董旧货为主的商户，逐渐聚集成市场。而朝阳区此种情况尤显突出，主要集中在朝外大街、劲松、建外大街、水碓子、酒仙桥、三里屯、麦子店等地。

1987 年为规范管理，北京市文物局决定以朝阳区朝外市场为试点，开办文物旧货市场，由区文化文物局、区工商行政管理局共同监管市场运营。对市场流通的文物旧货进行验货管理，禁止乾隆六十年（1795）以前的文物在市场流通。经过文物部门检验后的货物，都要粘贴“京文检”标识，并加盖骑缝章。变堵为疏的方法，使管理部门有效地掌握了市场发展走向，挽救了大量民间手工艺品，缓解了当时社会部分就业压力，提升了民族文化艺术品的国内知名度和国际地位，推动了朝阳区文化艺术品交易的发展，提高了民众的文化素质和文物鉴赏水平。

通过总结试点经验，朝阳区又先后开办了劲松旧货市场即现在的北京古玩城、兆丰市场、亮马市场、潘家园旧货市场、华声天桥市场、雅宝路市场、古玩城书画城、古玩城家具城、兆佳市场、高碑店古典家具市场、吕家营市场、三间房古家具市场、懋隆市场、天雅市场、程田市场等。

文物市场各具特色，潘家园旧货市场面积最大，经营摊位多，品种全，是文物市场中的低端批发市场。北京古玩城经营环境好，管理严格，货品精，档次高，属于高端文物市场。两大市场错位经营、优势互补，较好地避免了市场之间的恶性竞争，使双方都最大限度地发挥自身的特长，实现市场利益的最大化和可持续发展。

兆佳市场以古旧家具为经营特色，兼老家具修理、维护、仿做等，同时也有部分经营瓷器杂项的摊位。亮马收藏品市场恰好处于潘家园市场与北京古玩城市场之间，属于中端市场，又地处东北部商圈。早期的兆丰市场由于场地原因，开办三年后被迫关闭，亮马收藏品市场恰在此时开办，占尽天时地利人和，虽经几次迁移而依然不衰。高碑店古典家具一条街是旧家具市场中经营户的修理厂和成品库房的所在地。懋隆工艺品市场，是以经营我国传统工艺品为主的国营单位，其前身是北京工艺品进出口公司，计划经济时期的创汇大户。改革开放以来，为适应市场经济也迈出了艰难的改革步伐，凭借自身优势也栖身于朝阳区文物旧货市场行列。

在CBD中心区以文物拍卖业为主的拍卖企业有几十家，国内大型拍卖企业如翰海、嘉德、太平洋、中贸圣佳等。平时小型拍卖会不断，尤其是春、秋两季文物大型拍卖会，各拍卖公司业绩屡创新高，该地区文化产业优势逐步突显。

朝阳区文物市场的发展，形成了CBD中心区、东南部、东北部、东部产业带，成为朝阳区新兴文化产业的组成部分。

【朝外旧货市场】

位于北京市朝阳区朝阳门外大街坛口，俗称朝外大棚，原为临时菜市场，经营状况不佳，逐渐闲置。

20世纪80年代初，居民家中的旧家具、老物件正处更新换代之时，有些坛坛罐罐砸碎扔了可惜，卖几个钱既能贴补生活，又不至于让传了几代的老物件毁了，因此一些下岗无业人员就专门干起了这行，平时走街串巷登门入户收购旧货。周末到市场卖，而且效益可观，当时普通老百姓花钱买这些旧货的人很少。朝外南邻使馆区，北临朝外大街，聚集的国外使馆人员和外国驻华商人，是古董旧货市场的主要购买者。

1987年经北京市文物局批准，朝阳区在朝外大街坛口市场开办全国首家文物旧货市场试点。同时文物、工商部门加大检查力度，有效打击非法经营，保护合法经营者的经营环境。朝外旧货市场经营户百余家，分为两部分，北部大厅以经营瓷器杂项为主，南部大厅以经营古旧家具为主。每周五文物监管部门到市场给商户验货，经过文物部门检验后的货物，都要粘贴“京文检”标识，加盖骑缝章。购买者也可凭此标识保证货物的真实性、合法性。在检查中，对禁止流通的货物予以查没。

【北京古玩城】

位于北京市朝阳区劲松桥南路西。1989年北京市文物局批准“北京劲松民间艺术品旧货市场”经营文物监管物品，由市工商局主办。1995年9月15日迁入现址，改名为“北京古玩城”，同时按“政企分开”的原则，主办单位由市工商局改为古玩城市场服务中心。1999年7月与市工商局脱钩，成立北京古玩城有限公司，其上级单位为“天成开元集团有限责任公司”，隶属市商委。现为北京首都旅游集团的全资子公司，是亚洲知名的古玩艺术品交易中心。

北京古玩城现建筑面积2.64万平方米，市场可出租面积近1.1万平方米。驻店民营古玩经销商600余户，主要经营古典家具、古旧钟表、古旧地毯、古旧陶瓷、名人字画、玉石珠宝、竹木牙雕等上千个品种。

◆北京古玩城

【潘家园旧货市场】

位于北京市朝阳区东三环南路潘家园桥西南，市场形成于1992年，由潘家园街道办事处主办，经营新旧工艺品、文物监管物品、生活用品。2000年10月，北京市文物局、朝阳区文化文物局责令并协助该市场进行整改，由市文物局批准其经营文物监管物品资格，并由朝阳区工商局颁发营业执照。按“政企分开”的原则，现其主办单位为朝阳区潘家园社区经济管理中心。

潘家园旧货市场占地4.85万平方米，分为地摊区、古建房区、古典家具区、现代收藏区、石雕石刻区、餐饮服务区等六个经营区。拥有

4000余家经营商户，经商人员近万人。经营的主要物品有仿古家具、文房四宝、古籍字画、旧书刊、玛瑙玉翠、陶瓷、中外钱币、竹木牙雕、皮影脸谱、佛教信物、民族服装服饰等，年成交额达数亿元。潘家园旧货市场是全国品类最全的收藏品市场，全国最大的民间工艺品集散地。

◆潘家园旧货市场

【亮马收藏品市场】

位于北京市朝阳区亮马桥路27号，毗邻第三使馆区、中日青年交流中心、燕莎商城等。1995年5月经北京市文物局批准，在市工商局注册登记，由朝阳区麦子店街道企业发展中心主办。

亮马收藏品市场占地5000平方米，经营业主200余户。主要经营瓷器、玉器、钟表、相机、字画、地毯、明清家具及家庭摆件饰品等古旧工艺品。

【高碑店古旧家具一条街】

位于北京市朝阳区高碑店乡高碑店村。

20世纪90年代初，二三十家经营古典家具的商户聚集在高碑店村内，收购来自北京、河北、山西、内蒙古、浙江等十几个省市的古旧家具。经过修补翻新后，这些旧家具成为具有收藏和实用价值的家具精品。同时利用传统工艺，模仿明清古典家具样式进行重新制作。

随着古典家具产业的发展，大型的商户不断入驻高碑店，商户增至200余家，产业集聚效应初步显现。2003年10月11日，高碑店村召开古典家具展示会。年底，高碑店村古家具公司成立，倡导商户诚信、守法经营。2005年8月26日成立古典家具行业协会，规范古家具市场的管理。2007年，召开高碑店村古典家具文化节。2008年3月，高碑店古典家具一条街推出标准化买卖合同。

高碑店古典家具一条街全长1800米，营业面积18万余平方米，共有商户300余家，形成以古典家具收藏、修复、设计制作、装饰、销售为主的特色商业街，兼营古玩杂项。

附录一　北京市朝阳区文物拍卖企业名录

序号	拍卖公司名称	拍卖文物类型	地址
1	北京华辰拍卖有限公司	一、二、三	朝阳区东三环北路19号中青大厦15层1501室
2	北京诚轩拍卖有限公司	一、二、三	朝阳区建国门外大街甲六号中环世贸中心C座26层
3	太平洋国际拍卖有限公司	一、二、三	朝阳区东三环北路19号中青大厦23层
4	北京万隆拍卖有限公司	一、二、三	朝阳区东三环路39号建外SOHO A座1805室
5	北京九歌国际拍卖股份有限公司	一、二、三	朝阳区建国门外大街建外SOHO 15号2805室
6	北京中汉拍卖有限公司	一、二、三	朝阳区东三环路39号建外SOHO东区B座2102室
7	北京金仕德国际拍卖有限公司	一、二、三	朝阳区华威里10号楼606室
8	北京东正拍卖有限公司	一、二、三	朝阳区东三环北路甲19号嘉盛中心1906室
9	北京永乐国际拍卖有限公司	一、二、三	朝阳区建国门外大街19号国际大厦805室
10	北京匡时国际拍卖有限公司	一、二、三	朝阳区东三环北路霞光里18号佳程广场B座9层
11	北京东方艺都拍卖有限公司	一、二、三	朝阳区天辰东路7号国家会议中心C区601室
12	北京中鼎国际拍卖有限公司	一、二、三	朝阳区幸福二村32号楼
13	北京宝鼎拍卖有限责任公司	二、三	朝阳区东土城路8号林达大厦B座12层C屋

续表

序号	拍卖公司名称	拍卖文物类型	地址
14	北京盈时国际拍卖有限公司	一、二、三	朝阳区建国门外大街8号国际财源中心西塔写字楼B座11层09单元
15	北京建亚世纪拍卖有限公司	二、三	朝阳区东三环中路乙十号艾维克大厦11层02B－04A室
16	中安太平（北京）国际拍卖有限公司	二、三	朝阳区东三环南路58号富顿中心A座2006室
17	北京华铭国际拍卖有限公司	二、三	朝阳区北苑东路高尔夫会所北侧
18	翰宝国际拍卖有限公司	二、三	朝阳区安慧里三区慧苑华侨公寓9号楼1单元902室
19	北京玄和国际拍卖有限公司	二、三	朝阳区东三环南路25号汽车大厦405室
20	北京泰和嘉成拍卖有限公司	一、二、三	朝阳区东三环中路55号富力双子座B1602室
21	北京今典联合国际拍卖有限公司	二、三	朝阳区百子湾路32号院苹果社区北区3号楼B座109室
22	大唐国际拍卖（北京）有限责任公司	二、三	朝阳区华威里10号鹏龙大厦5层
23	北京嘉信国际拍卖有限公司	二、三	朝阳区东四环中路195号华腾新天地大厦5层
24	北京江洋富通国际拍卖有限公司	二、三	北京江洋富通国际拍卖有限公司
25	北京嘉宝国际拍卖有限公司	二、三	朝阳区广渠门外大街8号优士阁A座2607室
26	北京歌德拍卖有限公司	二、三	朝阳区北辰路曹八里1号院28号楼

续表

序号	拍卖公司名称	拍卖文物类型	地址
27	北京荣海嘉国际拍卖有限公司	二、三	朝阳区安贞西里仟村大楼B座607室
28	亚洲宏大拍卖有限公司	二、三	朝阳区东三环南路17号京瑞大厦B座11B室
29	北京百衲民间艺术品拍卖有限公司	二、三	朝阳区华威南路6号天雅古玩城612室
30	北京瑞平拍卖行有限公司	一、二、三	朝阳区朝阳门北大街乙12号天辰大厦709室
31	北京开元天兴拍卖有限公司	二、三	朝阳区劲松南路1号406室
32	北京远方国际拍卖有限公司	一、二、三	朝阳区农光南里1号楼龙辉大厦10层南侧
33	北京东方佳琦国际拍卖有限公司	二、三	朝阳区东三环南路劲松桥南华腾大厦1008A室
34	北京海士德国际拍卖有限公司	二、三	朝阳区东大桥路8号SOHO尚都南塔2701室
35	北京华夏藏珍国际拍卖有限公司	二、三	朝阳区劲松三区甲302号华腾大厦518室
36	更乐（北京）国际拍卖有限公司	二、三	朝阳区东三环中路39号建外SOHO13号楼1802室
37	北京宣石国际拍卖有限公司	二、三	朝阳区广渠路11号院11号楼金泰国际大厦A座702室
38	北京大得国际拍卖有限公司	二、三	朝阳区东三环南路19号联合国际大厦6层612室
39	舍得拍卖（北京）有限公司	二、三	朝阳区东三环南路17号京瑞大厦B座27g室
40	北京琴岛荣德国际拍卖有限公司	二、三	朝阳区朝外大街22号泛利大厦410号
41	北京亚洲荣海国际拍卖有限公司	二、三	朝阳区东三环中路39号院9号楼12层1505室

续表

序号	拍卖公司名称	拍卖文物类型	地址
42	北京宝瑞盈国际拍卖有限公司	二、三	朝阳区永安东里16号CBD国际大厦1707室
43	北京康泰国际拍卖有限公司	二、三	朝阳区小武基路甲8号
44	北京景星麟凤国际拍卖有限公司	二、三	朝阳区弘燕路10号德元九和大厦605、606室
45	朔方国际拍卖（北京）有限公司	二、三	朝阳区十里堡路1号112号楼101室
46	北京诚灏国际拍卖有限公司	二、三	朝阳区东大桥路8号SOHO尚都北塔A座2205室
47	宝腾国际拍卖有限公司	二、三	朝阳区姚家园路105号观湖国际大厦2号楼7层
48	北京际华春秋拍卖有限公司	二、三	朝阳区建国门外大街16号东方瑞景A座2202室
49	北京海华宏业拍卖有限公司	二、三	朝阳区东三环中路16号京粮大厦708房间
50	北京文津阁国际拍卖有限责任公司	二、三	朝阳区东三环中路9号富尔大厦2506室
51	北京中投嘉艺国际拍卖有限公司	二、三	朝阳区水碓子东路15号城建学校6层
52	北京华夏御甄国际拍卖有限公司	二、三	朝阳区水锥子东路15号6号楼6层610室
53	北京东方大观国际拍卖有限公司	二、三	朝阳区东大桥路8号尚都国际中心2912室
54	品盛（北京）国际拍卖有限公司	二、三	朝阳区建国路89号院16号楼919室
55	北京亨申世纪拍卖有限公司	二、三	朝阳区朝阳门外大街甲6号万通中心C座505室

注：第一类文物：陶瓷、玉、石、金属器等

第二类文物：书画、古籍、邮品、手稿、文献资料等

第三类文物：竹、漆、木器、家具、纺织品等

资料来源：http：//www.bjww.gov.cn/北京市文物局网站北京市拍卖公司数据库

附录二　朝阳区文物商店名录

序号	文物商店名称	地址
1	北京中鼎信文物商店	朝阳区东三环南路21号北京古玩城五层
2	北京金福盛文物有限公司	朝阳区东三环南路21号北京古玩城三层63室
3	北京嘉比德文物有限公司	朝阳区东三环南路21号北京古玩城三层108室
4	北京源古文物有限公司	朝阳区东三环南路21号北京古玩城三层106室
5	北京桑杰文物有限公司	朝阳区东三环南路21号北京古玩城二层52室
6	北京中为盛世文物有限公司	朝阳区东三环南路21号北京古玩城一层西区
7	北京百和辰文物有限公司	朝阳区东三环南路21号北京古玩城三层122A室
8	北京谈古文物有限公司	朝阳区东三环南路21号北京古玩城四层88室
9	北京博古御隆文物有限公司	朝阳区东三环南路21号北京古玩城五层518室
10	北京瓷源阁文物有限公司	朝阳区东三环南路21号北京古玩城四层96~97室
11	北京聚华晋德文物有限公司	朝阳区东三环南路21号北京古玩城三层109室
12	北京华夏遗珍文物有限公司	朝阳区东三环南路21号北京古玩城一层东厅29室
13	北京炜程文物有限公司	朝阳区东三环南路21号北京古玩城四层48~49室
14	北京东方藏宝文物有限公司	朝阳区东三环南路21号北京古玩城三层110室
15	北京瑞坤元文物有限公司	朝阳区东三环南路21号北京古玩城五层568室
16	北京博雅精舍文物有限公司	朝阳区东三环南路21号北京古玩城三层兆丰8A室
17	北京友和文化艺术有限公司	朝阳区东三环南路21号北京古玩城三层115室
18	北京明宝阁文物有限公司	朝阳区东三环南路21号北京古玩城一层东厅19室
19	北京石头轩文物有限公司	朝阳区东三环南路21号北京古玩城五层588室
20	北京古中阁文物有限公司	朝阳区东三环南路21号北京古玩城二层202室
21	北京正庄国际古玩艺术品有限公司	朝阳区东三环南路76号D座105室
22	北京乾泰隆文物有限公司	朝阳区东三环南路21号北京古玩城二层211室

续表

序号	文物商店名称	地址
23	北京聚缘阁文物有限公司	朝阳区东三环南路 21 号北京古玩城二层 203 室
24	北京筑野山房文物有限公司	朝阳区东三环南路 21 号北京古玩城一层西区 22 室
25	北京景德行艺术品有限公司	朝阳区东三环南路 17 号京瑞大厦 B 座首层 09 室
26	北京聚珍缘文物有限公司	朝阳区东三环南路 21 号北京古玩城三层 66 室
27	北京九如堂文物有限公司	朝阳区东三环南路 21 号北京古玩城五层 598 室
28	北京秦源文物有限公司	朝阳区东三环南路 21 号北京古玩城
29	北京璞味阁文物有限公司	朝阳区东三环南路 21 号北京古玩城一层西厅 1 室
30	北京东方启轩文物有限公司	朝阳区东三环南路 21 号北京古玩城五层 558A 室
31	北京鉴善堂艺术品有限公司	朝阳区东三环南路 76 号 1 座 3022 室
32	北京大地来文物有限公司	朝阳区东三环南路 76 号古玩书画艺术城 2045 室
33	观音阁文物有限公司	朝阳区王四营观音堂文化大道 58 室
34	北京文博艺苑文物商店有限公司	朝阳区高原街甲 2 号文博大厦 12 层 1215 ~ 1216 室
35	北京雅克品艺术品有限公司	朝阳区东三环南路 76 号 D 座 3 层 301 室
36	北京市寻真楼文化艺术交流有限公司	朝阳区西坝河南路甲 3 号 A 座 806 室
37	北京武陵山房文物有限公司	朝阳区东三环南路 76 室
38	北京聚珍家益文物有限公司	朝阳区东三环南路 76 室
39	北京工艺懋隆贸易有限公司	朝阳区三间房东路 1 室
40	翁博（北京）文物有限公司	朝阳区东三环南路 21 号北京古玩城二层 130 室

续表

序号	文物商店名称	地址
41	北京市文物公司百一山房经营部	朝阳区东三环南路76号古玩城五层
42	北京鼎和隆泰文化艺术交流有限公司	朝阳区朝阳门内北大街乙12号1号楼07公寓
43	北京光华路五号艺术馆有限公司	朝阳区光华路5号院世纪财富中心2号楼10室
44	北京古玩城有限公司	朝阳区东三环南路21室
45	九歌艺术品交易所有限公司	朝阳区东三环中路39号SOHO15号楼2803室
46	北京古道艺术品有限公司	朝阳区建国门外大街1号国贸写字楼1座614~616室

资料来源：http：//www. bjww. gov. cn/北京市文物局网站北京市文物商店数据库

第十一章　文物管理

第一节　管理机构

1958～1982 年，朝阳区的文物工作由北京市文物调查研究组（后划归北京市文物工作队）负责，区文化主管部门兼管。1958 年 5 月，朝阳区正式建区，并成立文化科。1966 年文化科解散。1972 年，朝阳区革命委员会下设朝阳区文化办公室。1977 年 6 月，朝阳区文化局成立。

1982 年 3 月，根据北京市文物事业管理局的要求，朝阳区文物管理所成立，建立文物库房，管理区内文物工作，隶属于区文化局。1984 年 8 月 7 日，朝阳区文化局更名为朝阳区文化文物局。2001 年 10 月，朝阳区文化文物局更名为朝阳区文化委员会。2004 年 2 月，朝阳区文化委员会作为北京市文物事业改革试点单位之一，撤销朝阳区文物管理所，成立文化行政执法队，并将文物执法纳入其中。11 月，成立文物管理科。其主要职责是：全区地上文物的保护、开发、利用及地下文物的勘查与出土；文物法宣传和贯彻执行；协调执法队进行执法检查；文物库房和文物档案资料管理等。2009 年 9 月，朝阳区文物管理所恢复，隶属于朝阳区文化委员会。其主要职能是：宣传文物法；制定本区文物修缮计划与监督落实；协助文物考古部门进行地下文物抢救性发掘；负责区属文物的普查、登记、升级；指导、监督全区文物资源的保护、挖掘、利用；负责文物库房的管理；开展区属文博领域专业人员培训和文博领域课题研究、交流活动。

第二节 文物普查

1958 年 1 月，北京市开始首次全市范围的文物普查工作，共普查、登记文物古迹 8060 处。至次年 2 月，除从河北省划归的密云、怀柔、平谷、顺义、通州、延庆等 6 个区县尚待复查外，其余 11 个区的文物调查全部结束。据此次调查资料记载，朝阳区界内地上文物有寺庙 214 项，古建筑 5 项，古墓葬 55 项，石刻 400 项，艺术文物 2 项，其他文物 2 项，共计 678 项。

1984 年，朝阳区完成北京市第二次文物普查，共普查文物 157 项，其中古建筑 73 项，古墓葬 8 项，古塔 1 项，石刻 74 项，革命文物 1 项。

1998 年，朝阳区完成北京市第三次文物普查，共普查文物 124 项，其中古建筑 43 项，古墓葬 6 项，古遗址 1 项，石刻 67 项，近现代重要史迹及代表性建筑 7 项。

2008 年 12 月 11 日，朝阳区启动第三次全国文物普查，成立了由主管副区长任组长、18 个委办局为成员的第三次全国文物普查领导小组。领导小组办公室设在朝阳区文化委员会，组建了由文物管理科和北京民俗博物馆、朝阳区图书馆为骨干的文物普查队。2010 年，完成资料收集整理和实地调查，编录完成《第三次全国文物普查不可移动文物登记表》，共普查文物 106 项，其中古建筑 44 项，古墓葬 6 项，古遗址 2 项，石刻 40 项，近现代重要史迹及代表性建筑 14 项。

2011 年 10 月，朝阳区启动第一次全国可移动文物普查试点工作，并于 2013 年 4 月通过验收评估。此次试点工作，共普查登记文物 13596 件套，其中历史文物 13233 件套、古籍 278 件套、历史档案 62 件套、古脊椎动物化石和古人类化石 23 件套。

第三节 文物保护单位

截至2013年底，朝阳区共有全国重点文物保护单位6处、北京市文物保护单位3处、朝阳区文物保护单位8处。

一、全国重点文物保护单位

序号	名称	年代	地点	公布时间
1	北京东岳庙	元	朝阳门外大街141号	1996年11月20日
2	清净化城塔院	清	黄寺大街11号	2001年6月25日
3	元大都城墙遗址（朝阳段）	元	健安东路、健安西路北侧，东起土角楼西侧北京服装学院以东673米处，西至京藏高速路	2006年5月25日
4	日坛	明	日坛北路6号日坛公园内	2006年5月25日
5	大运河（通惠河朝阳段）——永通桥、平津闸	明、元	管庄乡八里桥村东南、高碑店乡高碑店村西北	2013年3月5日
6	四九一电台旧址	1918年	双桥街9号院	2013年3月5日

二、北京市文物保护单位

序号	名称	年代	地点	公布时间
1	顺承郡王府	清	朝阳公园南路19号	1984年5月24日
2	十方诸佛宝塔	明	王四营乡古塔公园内	1990年2月23日
3	北顶娘娘庙	明	奥林匹克中心区国家游泳馆南侧	2003年12月25日

三、朝阳区文物保护单位

序号	名称	年代	地点	公布时间
1	海阳义园（山东会馆）	清	呼家楼南里2号	1986年5月
2	马骏烈士墓	民国	日坛公园西北隅	1986年5月
3	张翼祠堂	清	豆各庄乡豆各庄村西	1986年5月
4	常营清真寺	明	常营乡民族家园东路西南侧	1986年5月
5	肃慎亲王敬敏墓	清	王四营乡道口村西北（现柏阳景园小区西侧）	1986年5月
6	显谨亲王衍璜墓	清	潘家园东里	1986年5月
7	南下坡清真寺	清	朝外二条129号	1986年5月
8	那桐墓	清	三间房乡双桥路西里6号	1986年5月

朝阳区文物工作大事记

（1951 年 ~2013 年）

1951 年

4 月 11 日至 25 日，文化部社管局与北京历史博物馆、北京大学文科研究所共同组成发掘团，对朝阳门外高碑店村南岗的两座汉墓进行了发掘，出土铜镜、汉五铢、新莽货泉、残铁、琉璃耳瑱、陶器、冥器等器物。从器物分析，两墓应属新莽或东汉时期。

7 月 1 日，北京市文物调查组成立，隶属于北京市文化教育委员会，负责全市各区县的文物保护、管理工作。

8 月 25 日，高碑店发现汉墓 1 座，出土大量文物。

同月，北京市文物调查组调查安定门外清代屠尔成墓。

9 月 10 日，中共北京市委在日坛西北修建马骏烈士墓。郭沫若题写“回族烈士马骏之墓”墓碑。

12 月 1 日，文化部社管局向北京市文物调查组移交东郊开化寺、三块板村出土的古陶器 32 件、琉璃瓦 8 件。

1952 年

北京市文物调查组于广渠门外发现辽兴宗重熙三年（1034）秦王画像碑 1 通。

1953 年

5 月 27 日，北京市文物调查组对朝阳门外东大桥明世宗之岳父安平侯方锐墓进行了发掘，出土金饰品、玉带等器物，其中有金质镂空香囊 1 件，刻有制作年月及重量。另有墓志 1 盒，记载方锐事迹甚详，可补《明史》。

同月，北京市文物调查组对东大桥东郊人民公墓内清恭亲王常宁墓进行了发掘。

9月16日，广渠门外沙板庄出土清代青玉螃蟹带扣、白玉素扳指、经火福寿玉带銙、绿料烟壶以及玛瑙灵芝佩各1件。

1954年

2月20日，朝阳门外小猪店出土明万历陈松鹤及妻张氏合葬墓志1盒。

5月29日，东郊驹子房村发现汉墓，出土彩绘陶器多件，后又出土鼎、壶等器物。此地汉墓甚多，与战国及战国前墓并存。

12月20日，东郊八王坟出土明代绿龙盘29件、青花五龙大盖罐1件。

同年，北京市文物调查组更名为北京市文物调查研究组，隶属于北京市文化局。

1955年

6月13日，东郊区房管所出土明代石砚、买地券砖以及湖州孙家造小镜各1件。

9月14日，光华路北京制药厂宿舍出土隋代石佛像1座、明代石骆驼2件。

9月15日，北京制药厂仓库出土明清遗物绿陶罐2件、绿釉盆2件、白瓷罐1件、琉璃小屏壁1件、清代琉璃狮子1件。

9月22日，十里堡中纺公司工地出土明代遗物：瓷器4件，玉器3件，青铜器1件；清代遗物：玉、料器26件，瓷器3件。

1956年

2月，安定门外546厂出土清康熙入湾入海规约1件、康熙四年规约石刻1件；明代青玉环、素面铜镜；清代袈裟如意勾、明寿字和尚缸各1件。

5月28日，小红门七十一中出土宋代仙佛镜1件，直径7.4厘米。

1957年

3月12日，朝阳门外呼家楼北京机械学校操场出土大批战国时代货币，共3876枚。

7月24日，建国门外出土宋代双鱼镜1件，直径22厘米。

10月28日，北京市人民委员会

批准公布“北京市第一批古建文物保护单位和保护办法”，东岳庙、元大都北土城遗址被列入名单。

1958 年

1 月，北京市开始首次全市范围的文物普查工作。

3 月 14 日，建国门外七条出土明代万历款青花龙纹罐 1 件、清代青花缠枝莲罐 2 件、八棱青花罐 1 件。

5 月，朝阳区正式建区，并成立文化科。

1959 年

2 月 16 日，齐家园工地出土明青花人物罐以及白釉酱彩盘各 1 件。

10 月，北京市完成全市 17 个区县的文物调查复查工作。朝阳区内地上文物包括寺庙 214 项，古建筑 5 项，古墓葬 55 项，石刻 400 项，艺术文物 2 项，其他文物 2 项，共计 678 项。

1960 年

2 月 6 日，三里屯明墓出土素面金盘、银元宝、青玉蟠螭连环、青玉带板、小金杯等器物。

4 月底，北京市文物调查研究组撤销，建立北京市文物工作队，原由文物调查研究组承担的部分文物行政管理权交回北京市文化局。

同年，和平街北京化工学院有机化学楼地下二米处发现大陶器 1 件，内有大量东汉窖藏铜钱，包括汉后期五铢、货泉、汉半两。

1963 年

5 月 9 日，朝阳区房管局呼家楼住宅工地出土嘉靖款青花龙盘 1 件，高 4.4 厘米、直径 21.3 厘米。

11 月 5 日，酒仙桥半截塔砖厂西北发现汉墓 1 座，出土鼎、罐、壶以及仓等陶器。从器物分析，应为新莽时期。

1964 年

4 月 27 日，安外大屯公社小营生产队，出土明代万历五彩洗及明青花罐 4 件。

同日，安定门外大屯村发现清代火葬墓 5 座。墓室平面皆呈正方形，墓壁用青砖平砌，石条平铺盖顶。其中，4 座墓葬具为明代青花瓷罐，1 座墓葬具为楠木骨灰盒。

6 月 9 日，北郊药王庙出土明代青花山水瓷坛 1 件，大屯村北出土万历款青花松竹梅罐1件、青花狮子寿字罐1件、万历款青花开光人物瓷坛1件、万历款五彩人物盆1件、康熙青花开光博古盖罐1件、万历青花花鸟罐1件、嘉靖款青花龙盘1件、青瓷盘1件。

11月25日，东直门外左家庄水源一厂出土元代铜镜、瓷影青釉灯盏、白釉盘以及酱釉小钗各1件。

12月23日，安外小关第三研究所出土明嘉靖微仕郎周梓墓志1盒。

12月26日，东郊酒仙桥二建公司一乙地出土黄釉和尚缸1件。

1965年

6月，朝阳区发现元代石圹木棺墓1座，平面呈横长方形，圹内隔成5室，室内放置木棺已朽。顶部封盖青石板，东起第一盖石南端刻有“至正五年三月初七日题记”，并于圹壁雕刻一朵莲瓣，其顶端刻“上”字。该墓早期被盗，仅存黑釉小口瓶1件。

1969年

8月12日，建国门外英家坟电业局出土明代嘉靖五彩鱼藻罐1件，高36厘米、口径19.8厘米、底径25厘米。

同日，小红门尚村出土明代嘉靖年间买地券2件、驸马都尉齐世美墓志1盒、仁和大长公主圹志1盒。

同日，十八里店派出所交北京市文物管理处明代遗物8件。其中，镂空勾莲金带板4件、金龙镯子2件、镂空嵌宝石镯子2件。

1971年

3月，南磨房公社报觉寺出土明嘉靖青花海龙寿字大盖罐2件，通高71厘米、口径25厘米。

3月8日，化工路北京化工机械厂出土元代铜镜1件，直径14.3厘米。

3月9日，安定门外立水桥第七小学出土明嘉靖甲辰年制铜炮1件，炮身长73.7厘米，口径1.8厘米。

5月5日，来广营出土明嘉靖青花开光人物盖罐1件，高43厘米、口径20.6厘米。

10月25日，北京制药厂出土明万历青花岁寒三友福寿瓷罐1件，高20.5厘米、口径6.1厘米。

同月，东直门外酒仙桥发现元代火葬墓2座。一座为圆形砖宝券顶，该墓早期被盗，墓底正中遗有骨灰，北侧放置瓦买地券。距该墓东侧10米同时发现石棺火葬墓一座，此墓四周砌砖圹，长1.78米，宽1.18米，圹内放置石棺，砖圹砌对称耳室，出土器物有白釉黑花扁瓶2件，高11.5厘米、口径2.5厘米，大定通宝2枚。

12月4日，呼家楼中学出土明嘉靖青花双龙寿字大罐1件，高53.5厘米、口径25.2厘米。

1972年

1月，呼家楼北京灯泡厂发现元代墓葬一座，南北向，平面呈长方形，墓顶距地表3米，棺由一整块灰粗砂石凿成，长1.38米，宽0.88米，高0.58米。随葬品有小陶罐5件、小陶缸5件、陶杯2件、提梁小桶4件、小陶盆4件、陶灯2件、陶钵2件、影青瓷把杯2件、影青瓷瓶1件、瓷杯1件、铜头簪5件、金头簪3件、透雕花座1件、大定铜钱3枚。

3月28日，建国门外郎家园北京仪器厂出土清代青花云头纹八吉祥盖罐、青花花鸟盖罐、青花花卉人物盖罐各1件。

4月22日，日坛公园北门出土“大明宣德年制”款青花缸1件、“大明万历年制”款青花缸1件。

5月，小红门发现元代张弘纲墓，出土陶器、瓷器、铜器20余件，墓志1盒。

同年，朝阳区革命委员会下设朝阳区文化办公室。

1973年

5月，在建国门地铁槽出土赤鹿化石，地层年代为更新世晚期。

6月16日，王四营公社马房寺村出土明嘉靖题名砖1件，三彩琉璃塔1件。

1974年

5月20日，酒仙桥将台乡大青寺发现汉代墓葬1座，出土陶罐、陶鼎、陶盆等，共7件。

8月10日，建国门外使馆区一建公司二工区工地出土明代“福寿康宁”款青花鱼藻罐1件，高15厘米、口径8.8厘米。

9月25日，朝阳区在元大都城墙遗址成立土城绿化队。

11月26日，来广营乡湖渠村发现汉代砖室墓1座，长4.3米、宽2.1米，砖券顶。出土陶瓶、陶屋、陶楼、陶盘、陶耳杯、陶洗、陶钵等器物。

1975 年

4 月，来广营乡北湖渠村一带，发现汉墓群，有小型砖室墓，砖为小绳纹砖，曾出土有陶壶、陶鼎、陶盆等器物。

1976 年

1 月 6 日，高碑店乡发现荣禄与其三个妻子的合葬墓，四棺东西并列，棺外有椁，棺椁间用黄土填实，圆形宝顶用白灰土筑成，高 7 米，正面有大型龟趺石碑两通，碑前面是围墙，墙前有石桥等。

同年秋，建国门地铁槽出土象门齿化石，地层年代为更新世晚期。

1977 年

6 月 30 日，朝阳区文化局正式成立，兼管全区文物工作。

1978 年

10 月 25 日，十八里店供销社发现清代夫妻二棺合葬墓，出土金饰、烟壶、扳指、碧玺、玉饰件等器物。

1979 年

5 月 30 日，朝阳区在北京市文物局协助下，举办了文物工作骨干学习班。

8 月 21 日，西黄寺被北京市人民政府公布为北京市第二批文物保护单位。

11 月 17 日，洼里公社洼里大队发现明末清初方形砖穴 1 座，距地表 50 厘米。

1980 年

4 月 30 日，北京市文物局要求各区县成立文物管理领导小组，设专职具体工作干部 2 ~ 3 人，负责本地区的文物保护管理、文物调查研究、文物政策的宣传、流散文物的搜集、地下考古发掘以及文物市场的管理等工作。

12 月 12 日，北京市文物工作队从北京市物资回收公司安定门外小关收购站拣选出商代龟鱼纹盘 1 件。盘呈圆形，口径 41. 7 厘米、腹深 10 厘米、盘高 15. 5 厘米，重 3. 25 公斤。

同年，来广营公社东湖一队发掘五彩洗 1 件，经专家多次鉴定，确定其为康熙年间民窑所造。

同年，洼里公社龙王堂村出土明嘉靖青花十六子盖罐 1 件，通高 45 厘米、口径 24. 5 厘米。

1982 年

1 月，北京市储运公司三台山仓库的基建施工工程中发现东汉墓两座，出土釉陶、陶器、铜器、骨器和漆器。

3 月，朝阳区文物管理所成立，负责全区文物工作，隶属于朝阳区文化局。

6 月 8 日，小红门村发现一小型八角墓，出土釉里红小天球瓶、酱釉香炉、铜镜以及铁犁铧等器物。

6 月 16 日，北京市文物局同意朝阳区政协四届二次会议《关于收回东岳庙对外开放的意见》，并报告北京市人民政府。

1983 年

4 月，朝阳门南雅宝路东口附近发现《新铸铜人腧穴针灸图经》残石 2 方。

1984 年

3 月 14 至 16 日，朝阳区人民政府召开朝阳区第一次文物工作会议，宣讲《中华人民共和国文物保护法》和《北京市文物保护管理办法》，通报了本区现存文物的状况，要求各单位依法对古建筑、古文物进行保护，并公布第一批朝阳区文物暂保单位 62 处。

5 月 24 日，日坛、永通桥被北京市人民政府公布为北京市第三批文物保护单位。

同月，南湖渠砖厂出土扁角肿骨鹿头骨（残）化石，地层年代为更新世中期。

8 月 7 日，朝阳区文化局更名为朝阳区文化文物局。

同年，北京市人民政府决定治理北土城沟，同时兴建元大都城垣遗址公园。

同年，朝阳区完成北京市第二次文物普查，共普查文物 157 项，其中古建筑 73 项，古墓葬 8 项，古塔 1 项，石刻 74 项，革命文物 1 项。

1985 年

6 月，北京市文物研究所正式成立，专职负责北京市的考古发掘调查研究工作。

11 月 18 日，全国政协、北京市政协、朝阳区政协部分文物保护专家、学者前往东岳庙视察。

12 月，北京市政协文化艺术组、朝阳区政协文体组文物保护联合调查组《关于保护文物古迹东岳庙的意见和建议》报送市、区政府。

1986 年

5月7日，朝阳区人民政府公布朝阳区文物保护单位8处、第二批朝阳区文物暂保单位52处。

同月，东坝乡三岔河村北台地发现东汉灰陶器皿10余件。

7月，北京市第五制药厂在双桥一号机井里打捞出古菱齿象下颌骨1件，地层年代为更新世晚期。

1987 年

经北京市文物局批准，朝阳区在朝外大街坛口市场开办全国首家文物旧货市场试点。

1988 年

2月14日，中共北京市委、北京市人民政府在日坛公园马骏烈士墓前纪念烈士牺牲60周年，邓颖超为马骏重新题写墓碑。

3月10日，北京市人民政府正式批准建立元大都城垣遗址公园。

1990 年

2月23日，十方诸佛宝塔被北京市人民政府公布为北京市第四批文物保护单位。

4月，三间房北京生物制品研究所院内发现明代王邦吉墓，出土明代铜钱数枚、铜镜1面以及墓志1盒。

5月，豆各庄乡豆各庄村北京第二监狱施工现场，发现元代墓葬两座。

11月，小红门乡凉水河北岸淤沙中发现五代时期独木船一条。船距地表4米，为一根大圆木制成。通长10米，外经径1.1米、内径0.9米，船舷厚度0.08米，并出土五代时期陶碗。

1992 年

1月，朝阳门外吉市口发现古菱齿象头骨及肢、肋骨化石，地层年代为更新世晚期。

1994 年

大屯乡住宅小区建设施工中抢救发掘出明万历年间正二品膳食太监墓，出土玉带一条，金圈两枚，玛瑙环、木质梳篦各一把及明代铜钱等器物。

1995 年

9月11日，中共北京市委、北

京市人民政府在朝阳区召开马骏烈士诞辰100周年纪念会。

同月，京通快速路建设工程中在高碑店发现荣禄之子墓，出土金箔10张、白玉镂空花鸟纹佩1件、玛瑙巧雕山水人物纹烟壶1件、仿哥釉松鼠纹鼻烟壶1件、银元宝8枚、翠佛手坠1件等。

12月8日，北京市文物局将东岳庙产权下放移交给朝阳区文化文物局。

1996年

3月，东岳庙修缮工程正式启动。

同月，北京市文物研究所与朝阳区文物管理所对安定门外小关清墓进行了发掘清理。墓室南北长约3.5米，东西宽约2.5米，高2.4米，外观仿明清院落建筑形式，为清代早期夫妇合葬墓，出土青花罐、金簪、金耳环等器物。

11月20日，东岳庙被国务院公布为第四批全国重点文物保护单位。

1997年

3月1日，朝阳区文化文物局公布《朝阳区文物（旧货）监管物品管理暂行办法》。

8月6日，北京民俗博物馆、东岳庙管理处成立大会在朝阳区文化文物局召开。

9月15日，东岳庙修缮工程经北京市文物局古建修缮质量监察站验收合格全面竣工。

1998年

1月20日，东岳庙内部开放，推出微缩景观展和历史沿革图片展。

同年，朝阳区完成北京市第三次文物普查，共普查文物124项，其中古建筑43项，古墓葬6项，古遗址1项，石刻67项，近现代重要史迹及代表性建筑7项。

1999年

2月13日至22日，东岳庙举办首届文化庙会，正式向社会开放。

2000年

1月27日，朝阳区文物管理所荣获“1999年北京市文物安全保卫先进集体”。

11月15日，潘家园旧货市场被正式批准成为文物监管旧货市场。

2001年

1月16日，朝阳区文物管理所

荣获“2000年北京市文物安全工作先进集体”。

4月5日，马骏烈士墓被中共北京市委、北京市人民政府命名为“北京市爱国主义教育基地”。

6月25日，清净化城塔院被国务院公布为第五批全国重点文物保护单位。

7月12日，四九一电台旧址被北京市人民政府公布为北京市第六批文物保护单位。

10月16日，朝阳区文化文物局更名为朝阳区文化委员会。

2002年

3月1日，朝阳区文物管理所荣获“2001年北京市文物安全工作先进集体”。

10月1日至7日，北京民俗博物馆举办“千秋朝阳——朝阳出土文物精品展”，集中展示朝阳区出土的各个历史时期的文物精品100余件。

2003年

3月，朝阳区文物管理所荣获“2002年北京市文物安全工作先进集体”。

8月15日，元大都城墙遗址维护工程全部完成。

12月25日，北顶娘娘庙被北京市人民政府公布为北京市第七批文物保护单位。

同年，东岳庙、元大都城墙遗址被北京市文物局列入“人文奥运”文物保护计划项目。

2004年

2月，朝阳区文化委员会作为北京市文物事业改革试点单位之一，撤销朝阳区文物管理所，成立文化行政执法队，并将文物执法纳入其中。

2月14日至4月底，北京市文物研究所对呼家楼3501被服厂财富中心建设工地进行考古发掘，发现“金台夕照”遗址，出土乾隆御题“金台夕照”碑1通。

6月2日至28日，北京市文物研究所对国家体育场工程用地范围进行地下勘探，发现墓葬13座，井1眼。7月14日至24日，对其中10座明清墓葬进行发掘。

6月2日至28日，北京市文物研究所对新奥公司体育场配套工程用地范围进行地下勘探，发现墓葬193座，其中清墓14座，余为近现代墓。

7月1日至13日，对14座清墓进行发掘。

7月14日至8月2日，北京市文物研究所对国家体育馆工程用地范围进行地下勘探，发现墓葬100座、井6眼。8月23日至9月6日，对其中的27座明清墓葬进行发掘。

11月13日至12月1日，北京市文物研究所对奥林匹克会议中心工程用地范围进行地下勘探，发现墓葬38座、井3眼、古河道1条。12月17日至次年1月8日，对32座明清墓进行清理，对6座搬迁墓未做清理。

11月15日，朝阳区文化委员会成立文物管理科。

2005年

1月2日至20日，北京市文物研究所对数字北京大厦工程用地范围进行地下勘探，发现墓葬49座、井1眼、灰坑9处。1月20日至31日，对其中26座明清墓进行清理。

2月，朝阳区文化委员会荣获“2004年度北京市文物执法工作先进单位”。

3月22日至4月21日，北京市文物研究所对奥运村工程用地范围进行地下勘探，发现墓葬95座，井12眼。4月8日至5月13日，对其中58座明清墓进行发掘清理。

4月30日至6月10日，北京市文物研究所对奥运一期工程用地范围进行地下勘探，该工程涉及一期水系、下沉广场、地下车库和环线等，发现墓葬449座、灰坑10处、井6眼。6月21日至7月9日，对243座明清墓进行清理。

6月，北京市文物研究所在朝阳区文化委员会配合下，对通惠河北路工程5号标段施工范围内进行考古勘探，并对清代和硕和嘉公主园寝内部分遗址进行发掘。

同月，北京市文物研究所对西黄寺清净化城塔院大殿遗址范围进行考古发掘。

9月28日，王四营乡北京华能热电厂在铺设脱硫循环水管道时发现明代墓葬2座，北京市文物研究所对其进行抢救性发掘。

10月10日至10月28日，北京市文物研究所会同朝阳区文化委员会，对天鹅湾工地发现的30座明清墓葬进行抢救性发掘。

2006年

2月，朝阳区文化委员会荣获

“北京市文物安全责任制建设先进单位”。

4月6日至5月6日，北京市文物研究所对中国科技馆新馆工程进行勘探，发现墓葬26座。5月17日至31日，对其中的24座明清墓进行了清理。

5月25日，元大都城墙遗址、日坛被国务院公布为第六批全国重点文物保护单位。

2007年

1月，朝阳区文化委员会荣获“2006年度北京市文物安全法规宣传工作先进单位”。

4月，奥运村五环外绿化隔离带内发现明代昌宁侯赵胜夫妇合葬墓，北京市文物研究所进行考古发掘，出土金簪、银簪、银元宝、白瓷罐、玉带、铜饰件、铜钱以及墓志1盒。

11月14日至18日，北京市文物研究所对朝阳区北顶娘娘庙东侧16座清代墓葬进行抢救性发掘。

12月19日，北京市规划委员会、北京市文物局联合发布了关于公布《北京市优秀近现代建筑保护名录（第一批）》的通知。名录共收入优秀近现代建筑71处。朝阳区的中国计量科研院恒温楼、北京工人体育场、北京国际俱乐部、齐家园外交公寓、建国门外大街外交公寓1号、建国门外大街外交公寓12、14号、798近现代建筑群、北京焦化厂1号、2号焦炉及1号煤塔被列入名录。

2008年

1月，朝阳区文化委员会荣获“2007年度北京市文物安全和执法工作先进集体”。

2月25日，北京民俗博物馆被命名为“北京市爱国主义教育基地”。

6月，龙王庙、北顶娘娘庙修缮完工。

6月10日，龙王庙通过验收并移交北京奥组委，作为奥运村村长办公室使用。

6月13日至27日，北京市文物研究所对朝阳区十八里店乡周庄村明代德清大长公主及驸马合葬墓进行发掘，出土汉白玉墓门半扇及墓志2盒。

11月至12月，北京市文物研究所对高碑店漕运码头公园龙王庙遗址进行考古勘探和发掘。

2009年

4月14日，在东岳庙东路修缮

施工过程中，出土清代道光年间义学石碑1通。

9月14日，朝阳区文物管理所恢复。

10月29日，在东岳庙东路修缮施工过程中，出土清代道光年间东岳庙春秋殿碑1通。

同年，朝阳区文化委员会参与朝阳区规划艺术馆筹建工作，提供参展文物12件套。

2010年

1月，朝阳区文化委员会荣获“2009年度北京市‘平安文物行动’先进单位”。

6月，朝阳区文化委员会荣获“北京市地下文物保护工作先进集体”。

朝阳区第三次全国文物普查完成资料收集整理和实地调查，共普查文物106项，其中古建筑44项，古墓葬6项，古遗址2项，石刻40项，近现代重要史迹及代表性建筑14项。9月2日，朝阳区通过国家文物局“第三次全国文物普查”实地验收。

9月9日，市、区两级政府投资日坛修缮工程，对具服殿、宰牲亭、神库、圜坛（含神台、棂星门）、北天门、西天门、七间殿进行修缮。

11月16日，清河营娘娘庙修缮完工。

2011年

1月13日，朝阳区文化委员会荣获“2010年度北京市文物安全和执法工作先进集体”。

3月9日、11日，朝阳区文化委员会召开朝阳区博物馆事业发展征求意见座谈会，区财政局、发改委等相关部门领导，中国博物馆协会、市文物局、市文化局等单位专家、学者参加会议。

3月21日，朝阳区文化馆在日坛公园恢复清代日坛祭日典仪。

5月18日，朝阳区文化委员会联合北京中国紫檀博物馆、北京励志堂科举匾额博物馆等6家民办博物馆在东岳庙门前广场举行“家门口的博物馆”国际博物馆日主题活动。

6月11日，朝阳区文化委员会联合北京中国紫檀博物馆、北京励志堂科举匾额博物馆举办“走进博物馆，听馆长讲故事”文化遗产日主题活动。

7月15日，国家文物局下发《关于启动“国有可移动文物普查”试点工作的通知》。北京市朝阳区被列入第一次全国可移动文物普查试点。

9月15日，朝阳区人民政府公布《朝阳区大力发展博物馆事业的工作意见》、《朝阳区鼓励促进民办博物馆发展实施办法（试行）》。

9月，朝阳区文化委员会完成九天普化宫、乐家花园、显谨亲王衍璜墓等14处文物铜牌标识，以及工部尚书星纳墓碑、和硕显亲王富寿墓碑等11处文物石质标识的安装工作。

同月，永通桥抢险加固工程正式启动。

同月，金盏乡金盏村金河湾出土辽代经幢。

11月，北京空军干休所重修神木谣碑亭工程竣工。

2012年

1月5日，朝阳区文化委员会荣获“2011年度北京市文物安全和执法工作先进单位”。

3月28日至29日，朝阳区召开全区基层文化干部工作会，针对开展国有可移动文物普查及文物安全工作进行部署。

5月29日，朝阳区召开国有可移动文物普查推进会，区内博物馆、档案馆、文化馆、图书馆等重点收藏单位参加会议。

8月1日，国家文物局可移动文物普查专家组对朝阳区第一次全国可移动文物普查试点工作进行中期评估验收。

11月13日，东风南路北京基督教会朝阳堂西侧发掘出清代夫妻合葬墓一座，出土白瓷罐2件、银扁簪1件、帽珠1件、玉簪1件、“道光”时期铜钱2枚。

12月13、14日，朝阳区文化委员会召开2012年朝阳区博物馆业务培训会。培训内容包括语言的艺术、观众接待礼仪、博物馆发展史与博物馆职业道德准则。

12月14日，朝阳区文化委员会召开2012年朝阳区博物馆馆长座谈会，中国电影博物馆、中国农业博物馆、中国铁道博物馆东郊馆、北京中医药大学中医药博物馆、北京中国紫檀博物馆、北京中华民族博物院、今日美术馆等22家博物馆馆长、负责人参加。

2012年12月24日，朝阳区文化委员会荣获“2012年度北京市文物安全工作先进单位”。

2013 年

3 月 5 日，大运河、四九一电台旧址被国务院公布为第七批全国重点文物保护单位。

4 月 27 日，国家文物局考察组对朝阳区第一次全国可移动文物普查试点工作进行验收评估。

5 月 16 日，东风乡辛庄村出土清嘉庆二十四年（1819）吏部侍郎熙昌墓碑。

9 月 17 日，联合国教科文组织世界遗产委员会委派国际专家，对大运河北京段世界文化遗产申报项目进行现场考察评估。国家文物局、北京市文物局、朝阳区文化委员会等相关单位陪同检查。

11 月 7、12、21、28 日，朝阳区文化委员会召开 2013 年朝阳区博物馆业务培训会，中国农业博物馆、中国电影博物馆、北京民俗博物馆、观复博物馆等 30 家博物馆工作人员参加。培训内容包括博物馆藏品保管基础、文物藏品摄影、展览策划设计以及实地参观。

11 月 15 日，朝阳区文化委员会召开 2013 年全区文物安全工作培训会，区内文物使用单位负责人及街乡文化干部参加。

附录一　北京市朝阳区第三次全国文物普查工作报告

（2011年7月）

北京市朝阳区第三次全国文物普查领导小组办公室

为全面落实科学发展观，促进社会主义先进文化建设，提高我国文化遗产保护管理水平，根据《国家“十一五”时期文化发展规划纲要》，国务院决定2007年4月至2011年12月开展第三次全国文物普查。文物是宝贵的国家不可再生的文化资源。第三次全国文物普查是我国文化遗产保护领域的一项国家工程，是国情国力调查的重要组成部分，是确保国家历史文化遗产安全的重要措施。

在市文物局和区委、区政府的正确领导及相关专家的具体指导下，朝阳区文物部门根据国务院第三次全国文物普查领导小组发布的《第三次全国文物普查实施方案》、《北京市第三次全国文物普查工作方案》和普查的各项规范、技术标准，并结合朝阳区的具体情况，积极行动、周密部署、团结协作，经过全体普查队员历时近两年的紧张奋战，圆满完成了第三次全国文物普查实地调查阶段各项工作，并代表北京市于2010年9月接受了国家普查办的验收。

第一部分　普查工作背景

朝阳区位于北京市的东部，西与东城区、西城区、丰台区、海淀区毗邻，北接昌平区、顺义区，东与通州区接壤，南与大兴区相邻，全区面积约470平方公里。朝阳区历史久远，秦至隋唐，先隶属广阳郡，后归幽州所辖蓟县，辽时归南京道析津府，金时属中都路大兴府，元时将中都路大兴府改为大都路大兴县，明清时属京师顺天府，仍归大兴县管辖。1925年辖域内首次设区，称东郊区，1928年改为北平特别市东郊区。1958年经国务院批准，东郊区更名为朝阳区。

根据《国家“十一五”时期文化发展规划纲要》和《国务院关于加强文化遗产保护的通知》（国发［2005］42号），国务院决定从2007年开始开展第三次全国文物普查。2007年4月，国务院发出《关于开展第三次全国文物普查的通知》（国发［2007］9号），国家文物局发出了《关于落实国务院通知精神认真做好第三次全国文物普查的通知》，2007年7月，国家文物局、国土资源部、水利部、民政部等13个部委又联合发出《关于积极做好第三次全国文物普查工作的通知》。国务院于9月17日召开第三次全国文物普查电视电话会议，总结了第三次全国文物普查准备工作及试点工作情况，并对下一步工作进行了动员和部署。国务委员陈至立和文化部部长孙家正等领导做了重要讲话。2007年9月，北京市文物局召开了各区县参加的第三次全国文物普查工作会议，并制定了《北京市第三次全国文物普查方案》，对参加文物普查的专业技术人员进行了培训，标志着北京市第三次全国文物普查工作正式启动。北京奥运会结束后朝阳区于2008年12月召开全区范围内的普查动员会，拉开朝阳区第二次全国文物普查序幕。

根据历年文物登记，朝阳区共有全国重点文物保护单位4项，市级文物保护单位5项，区级文物保护单位8项。朝阳区委、区政府历来高度重视文化遗产的保护工作，以加强文化遗产传承为重点，进一步丰富区域文化底蕴，初步形成了全社会共同参与的大文化发展格局。近十年来，区政府投入文物修缮、文保单位环境治理的资金超过4亿元，修缮了东岳庙、元大都城墙遗址（朝阳段）、西黄寺、北顶娘娘庙、龙王庙等11处古建筑群。多方筹措利用社会资金6000余万元，抢险修缮了常营清真寺、弥陀古寺、来广营护国天仙圣母庙、来广营关帝庙等文物项目20余处，全区古建总面积已达到2万余平方米。朝阳区借助开发修缮保护古代文化遗产的成功经验，得到了市文物局及其他兄弟区县的高度评价。北京奥运会筹办期间，“水立方”（国家游泳馆）为避让北顶娘娘庙遗址而北移100米。国际奥委会第29届奥运会奥运协调委员会主席海因·维尔布鲁根参观北顶娘娘庙后留言：“简直难以置信，突然发现一座五百年历史的庙宇，这是一个伟大的发现，感谢北京奥组委，这是北京这个伟大城市的一个不朽的传奇。”另外，修缮后的龙王庙被选定为北京奥运会村长办公室，在奥运会期间接待了世界各国代表团贵宾，向世界展示了中华文化独具特色的魅力。

第二部分　普查工作基本情况

一、组建文物普查机构，确保各项工作有序进行

为加强对文物普查工作的组织领导，2008年10月，朝阳区成立了第三次全国文物普查领导小组，公布了《朝阳区第三次全国文物普查工作实施方案》，召开了全区范围内的普查动员大会。区发改委、区社会办、区农委、区国资委、区文化委、区住建委、区市政管委、区民宗办、区民政局、市国土资源局朝阳分局、市规划委朝阳分局、区水务局、区商务局、区统计局、区绿化局、朝阳交通支队、区档案局以及相关街乡为成员单位，负责普查工作的组织和领导，协调解决重大问题，组织实施文物普查工作。领导小组办公室设在朝阳区文化委员会，负责协调日常调查事务，掌握、汇总调查进度，负责调查安

全、经费和监督，以及检查、咨询和质量控制等工作。

在区文物普查领导小组的领导下，各成员单位及相关部门积极组织、动员本部门、本系统的各有关单位，落实责任、通力协作、密切配合，与文物行政部门一起共同做好文物普查工作。根据朝阳区文物普查实施方案，各成员单位提出了本部门参加文物普查的工作方案和措施：

区政府办：将普查工作进展情况列为政府督查督办案件，要求朝阳区第三次全国文物普查领导小组办公室按时上报文物普查工作进展情况，对普查中出现的问题及时给予解决。

区文化委：负责本次普查工作的具体实施，组织普查队进行田野调查和数据库的汇总，制作完成普查名录和报告。

区社会办、区农委、区民宗办、区水务局、区绿化局：积极提供本系统管辖范围内的文物线索，配合普查队进行调查登记。

区档案局：负责文物普查工作资料的提供与咨询。

区财政局：负责普查预算的审核和安排，并及时拨付使用，做好监督、审计工作。

市规划委朝阳分局：负责提供相应的地形图供普查资料、数据登录和测量使用。

区统计局：指导文物部门做好普查数据的统计和分析，组织普查数据统计的审定和发布工作。

区公安、建设、交通、水利等部门：采取有力措施，确保普查文物安全，凡涉及普查文物的建设活动，包括工业、交通和水利设施等大型基本建设项目，均应执行《中华人民共和国文物保护法》和此次普查的有关规定，任何部门、单位和个人不得擅自采取有损文物安全的行动。

相关街乡：协助普查工作的具体实施，指定专人作为普查的辅助工作人员，具体负责提供本辖区内的文物信息及近现代珍贵文化遗产信息，并协助普查队在辖区内顺利开展田野调查活动。

二、加强普查队伍建设，力争高质量高水平完成普查任务

（一）队伍的基本情况

朝阳区第三次全国文物普查工作队于2008年12月成立，以朝阳区文化委文物科、区文化馆、区图书馆和北京民俗博物馆等文化系统专业人员为骨干，共计10人。此外，面向全区对各街乡的文教工作者进行广泛的文物知识、普查知识的教育，组织街乡文化工作人员全力配合普查工作，建立起了一支以专家为业务指导，专业普查队员为主体，街乡文教工作人员为补充的立体化普查队伍。

（二）工作开展情况

1. 认真组织人员培训

2008年12月区政府召开文物普查动员大会，部署朝阳区第三次全国文物普查工作，对参会的领导小组成员单位、各街乡及“三普”工作人员进行文物普查知识培训。2009年3月，选派普查队员参加市文物局组织的文物普查专业培训，学习了《关于第三次全国文物普查不可移动文物的认定、计量与执行》、《古建筑、近现代建筑基础知识》、《第三次全国文物普查数据软件安装升级与操作》等专业知识。2009年12月，参加市文物局组织的绘制“三普”平面图的培训，解决了绘制古建平面图的问题。普查启动后，及时组织了内部全体队员业务培训，学习了古代建筑、近现代建筑的一些专业知识，掌握了普查登记表和数据程序操作技术，解决了普查中的一些疑难问题等。此外，我区普查队员还在实践中学习，通过与各区县相互交流、实地向专家请教、自学等方式，熟悉掌握了普查的各种技术规范。通过学习，文物普查人员业务能力得到了提升，为高质量完成普查任务打好基础。

2. 积极开展调查试点

2008年12月区政府召开文物普查动员大会后，朝阳区将奥运村地区的北顶娘娘庙、图海家族墓碑作为试点，开展试行工作，认真查找问题，总结经

验，以试代训，为正式开展普查工作奠定了基础。

3. 扎实做好实地文物调查

朝阳区实地文物调查阶段从2008年12月开始，至2010年2月结束。在实地文物调查中，朝阳区普查队员体现出新时期文物工作者昂扬的精神面貌、严谨细致的工作态度、吃苦耐劳的敬业精神，走街串户、深入村居、走访群众、查阅文献资料，及时了解新线索，严格按照普查的技术要求，对新发现、复查的文物点进行认真调查登记，以高度的责任感和使命感积极投身到普查的各个环节。为了掌握全面的文物线索，普查队员采取查阅史料与实物相互验证的方法开展普查工作，在工作中按照“宁细勿粗，宁繁勿简”的要求，有效保障了普查质量。同时，根据朝阳区实际，结合各街乡文物分布特点，制定科学的工作计划，按照先一般后重点、先易后难的办法进行普查，合理利用工作时间，合理制定普查线路，避免重复，从而大大提高了普查的效率。在野外调查工作中，没有一个队员抱怨，没有一个队员在困难面前退缩，对所采文物点进行了认真细致，严谨求实的调查、记录、摄影、测量、GPS卫星定位、编录等工作，出勤率达100%，文物调查的到达率和覆盖率达到100%。全面掌握了不可移动文物的数量、分布、特征、保存现状、环境状况等基本情况，编录完成了普查文物点的《第三次全国文物普查不可移动文物登记表》等各类普查表格，出色地完成了普查任务。

为了进一步做好实地调查工作，朝阳区邀请了相关专家参与到普查工作中来，还聘请北京建工学院建工设计研究院专业技术人员实地测量、绘制图纸。并在街乡、社区/村培养了一批思想好、身体好、热爱文物保护事业、责任心强的工作人员，由其负责定时巡视所在地文物安全和上报保护情况，有利于阻止破坏盗卖文物的行为，提高了地方民众自觉保护文物的意识。至此，朝阳区通过专家指导、部门监管与街乡文物保护员结合的方式，建立了以国家保护为主，全社会共同参与的文物保护新机制。此外，在普查过程中，区文化委还组织全体机关干部职工参与到普查工作中来，协助做好测量、记录、拍照等多项工作，充实了队伍力量，有力推进了普查工作的开展。

三、严格普查数据质量控制，确保各项数据真实有效

（一）加强实地调查质量控制

为了保证普查资料、信息及普查成果的真实、完整和科学，普查实行严格的质量控制。建立健全了文物普查资料管理制度、财务管理制度、设备管理制度、安全保密制度、专家咨询及审核验收制度，制定了文物普查队管理办法和文物普查工作计划，确保了对普查数据的质量控制，保证了普查工作科学、有序进行。始终将质量控制贯穿于普查全过程，其范围包括普查野外到达率和调查区域覆盖率，以及普查资料、信息登记和录入，数据整合、汇总等各项技术环节。在普查过程中，朝阳区普查办公室对普查质量提出具体的控制要求，并通过定期检查、抽查和指导的方式对每项不可移动文物所采集的数据进行审核，核对照片，校准 GPS，检查文字记录内容。确定了例会制度，随时解决质量控制中的各项问题，并聘请专家进行质量审核和验收。

（二）严格普查数据审核、整改工作

此次普查以街乡为基本单元，每个街乡的实地调查工作结束后，普查队长都要对普查数据进行审核验收，对登记表填写情况进行检查审核，提出具体整改要求，填报人员及时进行修改，经普查队长再次审核后通过。

2010 年 4 月，北京市文物局“三普”专家组一行来我区检查第三次全国文物普查野外调查的数据采集及资料整理工作。专家组在听取我区“三普”野外调查工作总结汇报后，认真检查了我区“三普”工作相关方案、制度及所填写的登记表、统计表、普查日志等，并根据“三普”登记表实地抽查了三处文物项目。市局专家组对我区“三普”野外调查工作给予了充分肯定，并要求我区进一步充实登记表的相关内容，做好文件、登记表的分类归档工作。会后，文物普查队按照要求对相关文件、登记表进行了进一步的整理、完善，全面提升了普查数据的质量。

（三）重视普查数据整体质量分析

普查数据和资料，由进行田野调查的普查队调查、采集、登录，普查队长审定并进行管理。普查队在田野实地调查中，根据有关规范和标准，对不可移动文物进行认真调查，如实准确地填写《第三次全国文物普查不可移动文物登记表》、《第三次全国文物普查消失文物登记表》的各项内容，确保基础数据的完整性、真实性和科学性。任何地方、部门、单位和个人没有出现虚报、伪造、篡改普查资料和数据的情况。普查资料和数据涉及国家秘密的，严格履行了保密义务。

四、加强普查资料档案管理，夯实文物保护与利用的基础

（一）严格原始资料档案管理

文物普查工作中，根据文物普查资料管理制度，建立本区的文物普查档案，对文物普查数据、资料、电子档案实行备份管理，确保安全。普查数据资料采取边采集、边整理、边审核、边建档的形式处理，并实行备份管理，确保安全。每位队员根据本人的岗位分工，及时整理个人的文字记录、照片、摄像资料、图纸资料等。普查数据、资料和普查进展情况定期上报区普查领导小组办公室。普查数据、资料的纸质文档在野外调查结束后，录入电子文档，列入固定资产管理，任何人不得据为私有。

（二）明确标本采集职责

实地文物调查阶段采集到的标本由采集人妥善保管，带回单位，写好标签，存入文物库房，与其他文物分开摆放，同时认真填写标本登记表，拍摄照片，留好文字资料。

（三）加强电子文本留档

对于普查资料电子文本，有专用电脑保存，由专人负责管理。同时，按要求进行了资料备份保存。

五、高度重视普查经费投入，确保普查工作进展顺利

在区委、区政府的高度重视下，每年的普查资金都能及时到位，区财政先后累计投入文物普查经费达230万元，确保了朝阳区第三次全国文物普查工作的顺利进行。

第三部分　普查成果

一、普查成果及统计分析

第三次全国文物普查中，朝阳区共普查文物106项，其中复查90项、新发现16项。共拍摄图片资料5000余张，绘制区位图、平面图200余幅，做到图纸完整规范，照片准确反映文物的位置、环境、本体及结构特征。填写文物普查登记表106份，文物消失表9份，单体建筑表200余份，均按照国家档案要求规范完成。

（一）普查项目类型统计表

此次文物普查，朝阳区共登记文物106项，按文物类型划分古建筑44项、古墓葬6项、石刻40项、古遗址2项、近现代重要史迹及代表建筑14项。

共登记不可移动文物106项

类型 数量	古建筑	古墓葬	石刻	古遗址	近现代重要史迹及代表建筑
复　查	41	6	35	1	7
新发现	3		5	1	7
合　计	44	6	40	2	14

（二）普查消失项目登记表

消失文物9项

名称	等级	类型	消失原因
小红门苑灵宫	登记	古建筑	无力修缮，自然损毁
东营关帝庙	登记	古建筑	无力修缮，自然损毁
卧地碑	登记	碑刻	上世纪90年代迁出本区
碑（潘家园）	登记	碑刻	上世纪90年代迁出本区
碑（太阳宫）	登记	碑刻	上世纪90年代迁出本区
诰封碑	登记	碑刻	上世纪90年代迁出本区
敕建碑	登记	碑刻	上世纪90年代迁出本区
南宫碑	登记	碑刻	埋入地下
碑（酒仙桥）	登记	碑刻	自然损毁

（三）普查登记项目年代统计表

此次文物普查，朝阳区共登记文物106项，按文物年代划分汉代2项、元代3项、明代14项、清代71项、近现代16项。

普查登记项目年代统计表

类型 年代	古建筑	古墓葬	石刻	古遗址	近现代重要史迹及代表建筑	合计
秦汉		2				2
隋唐						0
元	1			2		3
明	13		1			14
清	30	4	37			71
近现代			2		14	16

二、普查数据成果及转化

朝阳区高度重视普查信息工作，文物普查队设文物普查信息员一名，定期按时向市文物局、区委办、区政府办和区文化委报送文物普查信息，认真完成普查简报，在《朝阳报》和朝阳文化网上开辟“普查队长手记”专栏，连载记述“三普”的工作经历及朝阳区的不可移动文物情况。

此外，朝阳区第三次全国文物普查不可移动文物分布的电子地图正在编制中，并结合朝阳区文化资源调查工作，制作朝阳区不可移动文物分布电子地图。编制完成朝阳区第三次全国文物普查不可移动文物名录，普查数据经国家文物局验收合格后，将向社会公布朝阳区第三次全国文物普查不可移动文物名录。实地普查结束后，朝阳区文物普查工作领导小组还启动了《朝阳文物志》及《朝阳文物精粹》的编纂工作。两册文物图书的出版将弥补朝阳区目前没有文物专书的缺憾，目前正在编纂之中。

三、培养专业队伍，完善设施、设备

（一）成就了一支专业人才队伍

通过文物普查的实践锻炼，普查队员们无论是专业水平，还是思想素质等方面均得到了一定的提升，对今后的工作有很大的帮助，确保了文物工作后继有人。

（二）恢复了朝阳区文物管理所

借助“三普”契机，2009 年，朝阳区恢复了朝阳区文物管理所，为全额拨款事业单位，与区文化委文物管理科共同做好区域内的文物修缮、保护、开发利用工作。

（三）设备配置专业齐全

为确保普查工作顺利开展，区财政局先后为普查队购置了激光打印机、扫描仪、数码相机、摄像机等设备，租用普查专用车两辆，确保了普查工作的顺利进行。

第四部分　文物保护工作

朝阳区第三次全国文物普查新发现文物项目16项，其中，高碑店平津闸、朝阳公园老君庙、三间房关帝庙、洪熙圣旨碑、盛京将军宗室增海墓碑、石文晟继妻佟氏诰封碑、额克锡纳墓碑、乐家花园等具有一定的历史价值。普查队在发现新文物项目后，及时与属地部门联系，做好文物的保护工作。2009年9月，普查队在常营地区办事处连心园小区发现了一通洪熙圣旨碑，明洪熙皇帝在位仅8个月，留给后人带有“洪熙”纪年款的实物可谓凤毛麟角，刻在此碑上的两道标注洪熙元年的“皇帝圣旨”，在北京更属首次发现，十分珍贵。因此，在登记该处新发现文物的同时，普查队与属地常营地区办事处联系，经过协调，为石碑安装了围栏，并责成当地有关部门加强保护。

在普查期间，普查队将普查与对文物的保护与利用相结合，一旦发现损坏文物，及时对文物进行抢险修缮，先后完成了关庄关帝庙、肃慎亲王敬敏墓配殿的加固工程。结合普查项目向文物管理使用单位宣传普及文物保护知识，吸纳了大量社会力量参与到文物保护利用中来。例如，空军某部为了更好地保护石碑，在文物普查之后投资为驻地院内的神木谣碑修建碑亭；北京环卫集团投资大屯关庄关帝庙的配套市政建设；区级登记项目崔各庄北皋村观音院由私人出资进行了抢险修缮。

此外，由于许多石刻都立在乡野农田中，部分石刻由于周围大面积拆迁，原有环境发生改变，为今后的保护利用埋下隐患。朝阳区文物部门借普查机会对全区范围内的墓志、石碑等石刻文物进行了拓片，共拓制近200份，并将其整理为完整的档案加以保存，为后期的出版和利用打下了基础。

第五部分　普查宣传工作

朝阳区高度重视与媒体的沟通，先后在中国文物报、北京电视台、朝阳有线台、朝阳报等媒体专题报道普查工作。其中在朝阳报、朝阳文化网上开设“普查队长手记”专栏，刊发文章八十余篇，对朝阳区文物现状进行了系统介绍。并请北京电视台《这里是北京》栏目专门拍摄专题宣传片，用于宣传第三次文物普查，展示朝阳区文物风采。

为了进一步加大“三普”及文物保护工作的宣传力度，营造百姓了解文物、保护文物的社会氛围，朝阳区文化委下属各基层单位及各街乡充分利用宣传橱窗、宣传栏等载体，深入介绍“三普”工作，让广大群众了解文物普查的重要意义，引导群众提供文物线索。此外，将文物保护宣传与“三普”宣传相结合，以春节、元宵、端午等传统节日及“文化遗产日”为契机，广泛开展文化遗产保护宣传展示活动，通过展板展示、发放传单等形式，让群众了解保护文物的重要性，提高了普通群众文化遗产的保护意识。

第六部分　表彰奖励情况

朝阳区第三次全国文物普查工作成绩得到了各方的高度评价。2010 年9 月朝阳区代表北京市顺利通过国家“三普”办实地调查阶段的验收。2009 年曹彦生《奥运村村长办公室》、《八里桥风光》，任友《初雪》、《古典与现代》，张鑫宇《古寺新春》、《祈福》入选北京市 2009 年文物普查摄影展。2010 年，文物普查队员张鑫宇同志荣获第三次全国文物普查实地文物调查阶段突出贡献个人奖；该同志拍摄的北京炼焦化学厂两幅图片入选由国家文物局主编的

《2009年第三次全国文物普查重要新发现》，《普查让我成长》一文入选国家文物局主编、文物出版社出版的《踏寻遗珍——第三次全国文物普查实地文物调查阶段突出贡献个人手记汇编》。

第七部分　体会及建议

一、工作体会

普查是为了保护，保护是为了发展。为了更好地做好文物的保护、开发、利用工作，我们认为，应深入做好“四个结合”，创新文化遗产保护的新思路、新观念，才能更好地提高文化遗产事业对促进城市建设、经济社会发展的贡献力，不断开创文化遗产保护的新局面。

（一）将文物保护与促进经济发展相结合

加强对文物的合理利用，以河流、道路、历史年代、文物类型等为主线，将文物项目进行串联，促进属地旅游业及文化产业的发展；加强对近现代优秀建筑的保护利用研究，充分发挥工业遗产在经济社会发展中的作用，切实将丰富的文化遗产资源转化为促进经济社会的发展优势和动力。

（二）将文物保护与城乡建设相结合

针对朝阳农村城市化进程中遗存文物的抢救、保护与利用问题，应进一步创新文物保护利用思路，妥善处理城市建设与文物保护的关系，充分借鉴奥运场馆区文物保护的成功经验，对绿隔、拆迁、土储等城乡结合地区的文物进行抢险、修缮、保护。

（三）将文物保护与丰富城市内涵相结合

朝阳区以北顶娘娘庙、龙王庙、弥陀古寺、乌雅氏家族墓碑林为中心，依托奥林匹克公园周边众多古文化遗产，与鸟巢、水立方等现代奥运遗产联袂，打造奥运文化遗产景观聚集区，提升区域文化底蕴。

（四）将文物保护与科技创新相结合

创新文物保护手段，将先进科学技术用于实际工作，进一步加大文物安全工作力度，积极开展文物联合执法检查，完善属地管理制度，逐步建立健全文物保护单位的巡查、修缮和管理制度。

二、工作建议

针对文物亟待保护的现状，应该实施超常规的保护手段做好文物保护工作。文物修缮需要通过向发改委申报立项、招投标等一系列规范程序后，方可具体实施。但就朝阳区而言，土地拆迁进度不一，村庄拆迁后散落于原来村内的古建暴露于荒野之中，由于人为破坏等原因，濒临倒塌，亟需修缮保护。

1. 建议市文物局给予政策扶持，帮助区县完成抢险加固或文物修缮工作，确保文物建筑主体安全。

2. 建议市区相关部门尽快出台工作办法，落实文物迁建资金，强化规划、建设及文物部门的沟通和协商，争取在工程实施前落实文物保护的具体办法。

3. 建议尽快划定地下文物的保护范围和建设控制地带，提供科学、法律依据，有效保护文物安全。

附录二　北京市朝阳区第一次全国可移动文物普查（试点）工作报告

（2013 年 4 月）

北京市朝阳区第一次全国可移动文物普查领导小组

作为第一次全国可移动文物普查首批试点，在国家文物局和北京市文物局的大力支持和帮助下，朝阳区积极做好普查试点工作组织方式、技术路线、工作机制等的探索，为开展全国范围的第一次全国可移动文物普查积累经验。

第一部分　普查工作背景

朝阳区位于北京市城区东部，区域面积 470.8 平方公里，占北京市规划市区面积的 46%，下辖 24 个街道、19 个乡（地区办事处），常住人口 354.5 万，是北京市面积最大、人口最多的城区。作为首都城市功能拓展区，承载着“国际交往的重要窗口、中国与世界经济联系的重要节点、对外服务业发达地区、现代体育文化中心和高新技术产业基地”的功能定位。2012 年，我区实现区级财政收入 348.58 亿元，同比增加 31 亿 7488 万元，增长 10.02%；地区生产总值预计超过 3600 亿元，同比增长 10%；城乡居民人均收入增长 11%，高出 GDP 增速 1 个百分点。全区共有国有单位 6338 家，其中国有企业占 51.95%，事业单位占42.29%，政府机关占5.76%；中央国有单位占32.76%，市级国有单位占36%，区级单位占26.3%，街乡国有单位占4.94%。

近年来，伴随着朝阳经济社会飞速发展，文博事业有了新进展。文物保护修缮、文物安全、博物馆建设等方面成绩显著，得到社会各界的肯定。博物馆数量众多，共有公办博物馆、美术馆30家。2010年9月，朝阳区代表北京市通过了国家文物局的第三次全国文物普查实地验收。2011年10月，朝阳区又被北京市文物局推荐，有幸成为国家文物局确定的4家第一次全国可移动文物普查试点单位之一，我们倍感责任重大、使命光荣。第一次全国可移动文物普查是国情国力调查的重要组成部分，是确保国家历史文化遗产安全的重要措施，是我国文化遗产保护的重要基础工作。因此，朝阳区倍加珍惜这次机会，高度重视，组织有力，有条不紊开展各项工作，力求为下一步开展可移动文物普查工作打好基础，为全国普查工作提供切实有效的经验。

第二部分　普查工作情况

一、普查工作过程

（一）普查准备阶段

1. 成立机构，落实职责

2011年10月17日，朝阳区被北京市文物局推荐为第一次全国可移动文物普查试点单位。接到任务后，朝阳区委区政府高度重视，成立区长挂帅的普查工作领导小组，文化委员会牵头成立普查办公室，具体负责推进普查工作，下设综合协调组、资料组和宣传信息组三个日常工作组，以及博物馆系统普查队、党政机关普查队、企业普查队、事业单位普查队四支实地普查队。于10月28日发布《关于朝阳区开展国有可移动文物普查试点工作的通知》（朝文政文［2011］56号），正式启动朝阳区第一次全国可移动文物普查试点工作。

2. 制订方案，总体部署

根据普查试点任务要求和朝阳区区域特点，召开可移动文物普查工作专题会，征求专家及各职能部门意见，制定了《北京市朝阳区国有可移动文物普查工作实施方案》及相关标准规范，对全区的可移动文物普查工作提出了具体的目标和任务，并对普查总体要求、原则、内容、范围、实施步骤、数据和资料管理、宣传、总结与表彰等进行了具体部署。

3. 组建普查队伍

为及时有效推进普查试点工作，在区普查办组织协调下，2012 年 3 月，举办朝阳区第一次全国可移动文物普查第一期普查培训，针对全区 43 个街乡文物工作主管领导及文化中心负责人、各重点收藏单位普查人员、普查办公室工作人员百余人进行动员、培训，介绍开展第一次全国可移动文物普查试点工作的意义、重要性以及朝阳区开展可移动文物普查试点基本思路、工作方案。同时，针对普查人员工作职责、专业特长，进行了普查任务分工，明确责任和完成时限。

4. 开展普查宣传

设立普查宣传信息组负责可移动文物普查工作的新闻信息稿件的撰写、媒体宣传的策划，以及配合普查工作所需的系列展示活动安排等。充分利用报刊、宣传橱窗、网络等载体，就第一次全国可移动文物普查试点工作的目的和意义，范围和内容、时间安排等进行广泛宣传。此外，将文物保护宣传与普查宣传相结合，以传统节日及“国际博物馆日”、“文化遗产日”为契机，深入介绍普查工作，让广大群众了解文物普查的重要意义，提高文物保护意识。

5. 明确普查对象

朝阳区普查办公室根据市文物局登记的注册博物馆名录，明确了普查范围内的博物馆名单；与区编办、区人事局沟通，明确了党政机关、事业单位名单；与区统计局、区工商局协调，获取《朝阳区国有企业单位名录》，明确了国有企业名单。通过以上途径，最终确定的普查单位共计 6338 家。

（二）调查登记阶段

6. 发放调查表

通过召开可移动文物普查工作会议，向相关委办局负责人、43 个街乡的近百名基层文化干部，以及各重点文物收藏单位部署第一次全国可移动文物普查工作。以街乡为单位，将 6338 家国有单位进行分解，落实普查摸底责任。各街乡根据辖区内国有单位的分布情况，组织文化中心和社区的干部将《国有单位文物收藏情况调查表》发放给每家单位，并按照时间要求回收调查结果。

7. 走访收藏单位

在摸清家底的基础上，组织队伍对区文物管理所和北京民俗博物馆进行重点普查；联系教委、国资委、政法委、卫生局、财政局等单位，深入了解可移动文物收藏情况。走访 43 个街乡，与主管文物工作的街乡领导、文化干部进行对接。联系走访首都图书馆、中国农业博物馆、中国铁道博物馆、区档案馆、区文化馆、区图书馆，南磨房、高碑店、奥运村、高井村博物馆等 30 多家重点收藏单位，具体指导可移动文物登记工作。

（三）数据处理阶段

8. 组织文物认定

在市文物局的支持下，成立第一次全国可移动文物普查专家鉴定委员会，分书画、陶瓷、古籍碑帖、杂项四个专家组，对文物进行认定，排除明显不符合此次普查文物认定标准的器物。制定《朝阳区可移动文物认定范围》确定可移动文物的认定范围、认定标准等内容。制定《朝阳区国有可移动文物专家库工作规则》，确保认定工作的严谨性、科学性。

9. 明确文物登录指标

为促进可移动文物普查藏品信息登录工作的标准化、规范化，向各收藏单位明确规定文物登录基本指标包括：名称、原名、文物类别父类、文物类别、文物级别、年代、质地、质量范围、完残程度、保存状态、实际数量、文物来源、入藏时间范围、现登记号类型、现登记号。

10. 协助文物数据录入

组织四支实地普查队，按街乡、按系统采取电话沟通、上门调查等方式，协助软件安装，指导各单位文物录入工作。在录入过程中遇到问题，及时与国家文物局普查办信息管理人员联系，解决问题。对于部分录入力量不够的收藏单位，普查办组织普查员，统一进行文物信息录入工作。在录入过程中，保证数据的准确性，不缺项、不漏项。

11. 汇总各单位文物数据

各收藏单位在自查本单位文物数据后，将审查过的文物数据汇总为一个文件，上传至朝阳区可移动文物普查办公室，由普查员结合文物认定情况，对普查数据进行初步审核，然后由普查办负责人进行终审。如需修改，再发回收藏单位。待审查通过后，再由普查办公室汇总、备份。

12. 建立普查档案

依据《国有可移动文物普查建档备案工作规范（试行）》、《第一次全国可移动文物试点评估需报送材料》，积极与区档案局进行沟通协调，明确了有关档案盒、案卷封面的制作以及卷内具体内容等技术问题，确保了建档备案工作的标准化、规范化。分机构方案、会议材料、培训安排、指标分析、通知文件、原始材料等几个部分，分门别类进行存放。在建立纸质档案的同时，将档案输入电脑并刻盘备份，基本实现了普查档案电子化，做到纸质档案与电子档案双备份，既确保了档案安全，又满足了信息化管理、使用要求。按照《档案法》等相关规定，制定《朝阳区国有可移动文物普查资料管理办法》，实行专柜存放，专人管理，制定了管理制度，落实了管理责任，并对普查档案利用等情况进行跟踪记录，切实做好档案管理工作。

（四）分析发布阶段

13. 建立普查名录

对普查数据信息进行分类整理、分析汇总，按照《国有可移动文物普查——收藏单位名录编制规范（试行）》、《国有可移动文物普查——文物名录编制规范（试行）》和《第一次全国可移动文物试点评估需报送材料》要求，编制《朝阳区第一次全国可移动文物普查试点文物系统国有单位名录》、《朝阳区第一次全国可移动文物普查试点收藏单位名录》、《朝阳区第一次全国可移动文物普查试点重点收藏单位联系人名单》、《朝阳区第一次全国可移动文物普查试点行业联系人名单》、《朝阳区第一次全国可移动文物普查试点重点收藏单位联系人名单》、《朝阳区第一次全国可移动文物普查试点文物地区分布图》、《朝阳区第一次全国可移动文物普查试点文物收藏的行业分布》等材料，摸清朝阳区文物收藏单位的基本情况，为下一步普查全面开展以及保护措施制订、实施、利用等提供现实依据。

14. 分析文物数据

朝阳区普查办公室对各单位上报的文物数据进行统计分析，重点分析文物的本体特征，如年代、类别、质地、保存状况、来源等，为本地区制定文物管理和保护政策，提供依据，为全国可移动文物普查的全面开展提供参考。

（五）总结表彰阶段

15. 编制普查报告

按照国家统一制定的《第一次全国可移动文物普查——工作报告编制规范》的要求，本着全面性、完整性、真实性、规范性的原则，编制《北京市朝阳区第一次全国可移动文物普查（试点）工作报告》，内容涵盖普查工作背景、工作情况、数据汇总、数据分析、主要成果和政策建议六部分内容，全面总结普查工作。为做好报告编写工作，区普查办结合普查报告编制规范，组织专家、普查员逐条逐句地对正文体例要求进行了反复讨论，明确了具体编制内容，统一了思想，达成了共识。

16. 积极参加经验交流会议

《第一次全国可移动文物普查实施方案（草案）》研讨会、《第一次全国可移动文物普查手册》编撰研讨会、《第一次全国可移动文物普查信息采集软件专家预验收会》、各省可移动文物普查办主任第一次会议暨可移动文物普查全国骨干培训班等各类可移动文物普查经验交流活动。热情接待新疆等省、市、自治区文物局，到朝阳区交流试点经验。

二、普查工作方法

（一）组织保障

市、区相关部门高度重视朝阳区的普查试点工作。成立了由北京市文物局和朝阳区政府共同组成的朝阳区第一次全国可移动文物普查领导小组，下设普查专家指导办公室和普查工作办公室，市区两级加强合作，密切配合，共同推动各项工作顺利开展。在具体工作中，市文物局博物馆处负责联系文物鉴定专家，进行文物认定、评级工作；朝阳区文化委员会负责具体普查工作的全面实施。

（二）技术保障

技术保障务求专业，确保普查工作高效推进。

1. 组建专家队伍

在市文物局的帮助支持下，成立了普查专家指导办公室，由北京市文物局副局长刘超英任主任，普查专家成员由北京市文物鉴定专家委员会成员及各专业鉴定专家等组成。主要负责本次普查文物的认定和评级工作。

2. 强化普查培训

第一次全国可移动文物普查工作专业性强、技术要求高、规范标准严，这就要求普查队伍必须具有较高的知识水平，再辅之以文物知识、数据录入等方面的专业培训。在普查员全面掌握普查工作的技术、规范、标准和要求后，有序推进普查的各项工作。

3. 制定标准规范

结合朝阳区域特色，制定了《朝阳区国有可移动文物普查试点工作——文物认定标准（试行）》、《朝阳区国有可移动文物普查设备管理制度》、《朝阳区国有可移动文物普查审核验收办法》、《朝阳区国有可移动文物普查资料管理办法》、《朝阳区国有可移动文物普查专项经费管理暂行办法》等制度规范。

（三）工作流程

此次国有可移动文物普查工作覆盖范围广，专业性强，我们按照筹划准备、普查实施、成果汇总三个阶段部署开展普查工作。为指导普查工作实践，推动普查稳步、顺利开展，特制定普查工作程序：

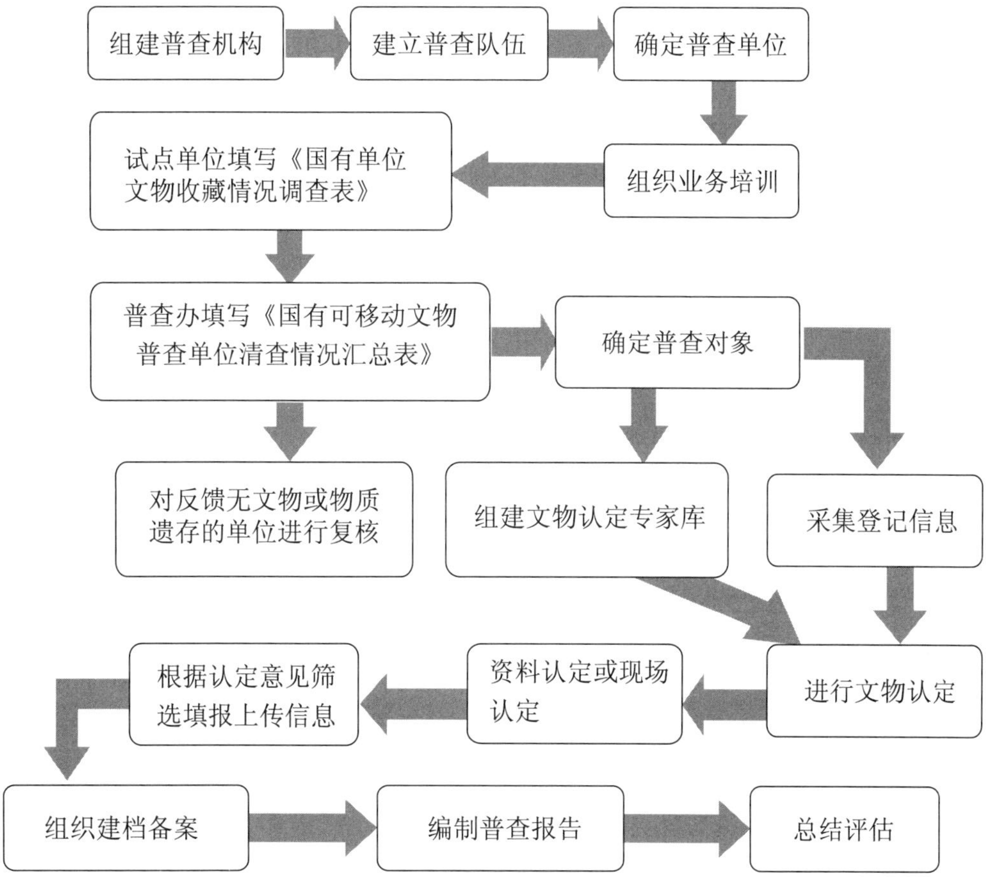

（四）人员选调与培训

整合市区资源，充分调动街乡及各文博单位力量，形成一支以专家组为业务指导，文化系统文、图、博专业普查队员为骨干，街乡文化工作人员为补充，普查办公室组织协调的立体化普查队伍。根据普查各阶段的任务要求，采取“全区集中培训”和“普查队员上门培训”相结合的方法。前期邀请国家文物局信息资料中心、市文物局和首都博物馆的专家为普查队员详细讲解了《国有单位文物收藏情况调查表》、《国有可移动文物收藏单位统计表》、《文物登记表》的填写方法，提高了普查队员的认知水平和普查技能，明确了调查方式，了解了各个普查表的内在逻辑、内容关系。后期，则重点采取普查队员上门走访重点收藏单位，具体指导可移动文物普查各项工作，及时发现问题，解决问题。

（五）经费投入与使用

我区接到国家文物局拨付的普查试点工作经费 125 万元，我们严格按照国家文物局经费使用要求，坚持合理使用经费，严把每一项支出关。同时，朝阳区委、区政府高度重视此次第一次全国可移动文物普查的试点工作，安排普查专项资金 100 万元，为普查工作提供了集中办公地点、普查专用车辆，以及普查专用的摄像、照相和办公设备，确保此次普查工作的顺利进行。另外，相关各单位自筹经费 20 万元，推进普查工作顺利开展。

（六）制度建设

先后建立健全了文物普查资料管理制度、财务管理制度、设备管理制度及审核验收制度，制定了文物普查队管理办法和文物普查工作计划，推进普查工作科学、有序进行。

（七）宣传动员

为了做好可移动文物普查试点工作，向公众开展可移动文物知识宣传、文物普查的重要性以及文物保护相关政策与法规，提高公众对可移动文物普查试点工作的了解与认识，我们分阶段有重点地加大了第一次全国可移动文物普查及文物保护工作的宣传力度，营造了百姓了解文物、保护文物、支持文物普查的良好社会舆论氛围。

（八）数据质量控制

将普查质量控制贯穿于普查全过程，其范围包括普查到达率和调查区域覆盖率，以及普查资料、信息登记和录入，数据整合和汇总等各项技术环节。在普查过程中，确定了例会制度，随时解决质量控制中的各项问题，并聘请专家进行质量审核和验收。

三、普查工作成果

（一）普查机制建设

1. 建立“条块结合”多部门联动机制，不断提高普查工作的水平

鉴于朝阳区面积大，以及中央、北京市及区属国家机关和国有企事业单位数量众多的特点，积极争取各方的支持与配合，全面展开第一次全国可移动文物普查工作。

2. 建立“专群结合”工作机制，确保普查结果真实有效

普查数据的真实有效直接决定普查工作是否成功完成。朝阳区立足自身区域特点，实现条块紧密结合，不断完善普查网络：一方面各个街乡自查区域内国有可移动文物情况，并上报朝阳区第一次全国可移动文物普查工作办公室；另一方面在专家指导办公室专家的指导下，由实地普查队有针对性地按照系统进行核查；同时，针对有可能存在国有可移动文物的一些重点单位进行复查，从而保证了数据明、家底清。

3. 建立动员宣传机制，努力营造良好的工作氛围

（1）宣传教育形式多样化。充分利用朝阳区相关委办局及各街乡的文件资料、宣传橱窗、宣传栏、宣传折页等载体，深入介绍第一次全国可移动文物普查工作，让广大群众了解文物普查的重要意义，积极引导群众提供文物线索。

（2）丰富载体扩大宣传范围。将文物保护宣传与可移动文物普查宣传相结合，以春节、元宵节、端午节等传统节日及“国际博物馆日”、“文化遗产日”为契机，广泛开展文物保护和第一次全国可移动文物普查的宣传展示活动，发放宣传册，让群众了解保护文物的重要性，提高群众文化遗产的保护意识。

（3）强化新闻宣传扩大影响力。根据第一次全国可移动文物普查的时序安排，重点发挥好区属媒体《朝阳报》和朝阳有线电视的作用，宣传文物保

护知识、相关法规和普查意义，提高公众对普查工作的认可。同时，积极联系中央和北京的主流媒体，宣传朝阳区试点工作的做法。

（二）普查方法和普查技术创新

普查方法采取条块结合的办法，按照街乡地域内即“块”上需要普查的单位和各系统即“条”上的单位，两者结合分门别类的进行普查，最大限度达到不漏报、不误报。

普查技术上提出了“三个务求”的目标，即“组织保障体系务求缜密”、“队伍保障务求专业”、“经费保障务求到位”，构建起符合直辖市行政特点，市局专业指导、区级计划统筹、街乡分布推进的三级普查体系，形成了分工明确、信息畅通、落实到位的普查网络，确保普查试点工作圆满顺利完成。

（三）普查仪器设备配置

在普查物力配套上，积极创造条件，配备了普查专用车辆、电脑、打印机、扫描仪、相机、摄影灯、电子秤、移动存储介质、档案盒、尺子等普查设备，同时也配备了空气净化设备、工作服、手套、口罩、毛巾、消毒液等劳保用品，优化了普查条件，保障了普查工作的顺利进行。

（四）普查队伍建设

试点工作中注重加强普查队伍建设，朝阳区进一步充实了区普查办工作人员，建立健全了普查队伍。成立由北京市文物局和朝阳区人民政府共同组成的朝阳区第一次全国可移动文物普查领导小组，设组长两人，成员单位 50 个。领导小组下设普查专家指导办公室和普查工作办公室。普查专家指导办公室由北京市文物局领导、北京市文物鉴定专家委员会成员及各专业鉴定专家等组成。普查工作办公室设主任一人，下设综合协调组、资料组和宣传信息组三个日常工作组，以及博物馆系统普查队、党政机关普查队、企业普查队、事业单位普查队四支实地普查队。普查试点单位也分别成立了试点工作领导小组。此次试点工作参与普查人员共 150 名。

（五）科研成果汇总

制定了《朝阳区国有可移动文物普查设备管理制度》、《朝阳区国有可移动文物普查审核验收办法》、《朝阳区国有可移动文物普查资料管理办法》、《朝阳区国有可移动文物普查专项经费管理暂行办法》等4个规章制度；整理发布了《朝阳区国有可移动文物普查试点工作手册》、《朝阳区第一次全国可移动文物普查试点文物系统国有单位名录》、《朝阳区第一次全国可移动文物普查试点收藏单位名录》等资料。

第三部分　可移动文物普查数据汇总

一、各类文物的总量及分类统计

此次可移动文物普查试点工作，共普查登记文物13596件套，其中历史文物13233件套、古籍278件套、历史档案62件套、古脊椎动物化石和古人类化石23件套。

按各类文物分类统计：

朝阳区第一次全国可移动文物普查试点工作统计表

文物类别	数量
历史文物：玺印	1
历史文物：武器装备、航天装备	2
历史文物：珐琅器	4
历史文物：音像制品	4
历史档案：其他	5
历史文物：雕塑、造像	12
古脊椎动物化石和古人类化石：古脊椎动物化石和古人类化石	23

续表

文物类别	数量
历史文物：皮革	43
历史文物：货币	51
历史档案：文献图书	62
历史文物：邮品	63
历史文物：度量衡器	122
历史文物：骨角牙器	137
历史文物：玻璃器	175
历史文物：纺织（绣）品	188
历史文物：文具、乐器、法器	216
历史文物：拓片	250
历史文物：书法	255
历史文物：石器石刻	269
古籍：文献图书	278
历史文物：徽章、证件	327
历史文物：金银器	367
历史文物：砖瓦	385
历史文物：票据	431
历史文物：铁器	440
历史文物：绘画	463
历史文物：竹木漆器	465
历史文物：铜器	489
历史文物：交通、运输工具	551
历史文物：宝、玉石器	684
历史文物：瓷器	1038
历史文物：文献图书	1528
历史文物：陶、泥器	2075
历史文物：其他	2193

二、文物收藏单位的性质、所属系统的分类统计

此次第一次全国可移动文物普查试点工作共搜集国有单位6338个，通过发放调查表，排除没有文物的单位，对可能有文物的收藏单位上门走访沟通，由于区内中央、市属单位较多，普查存在进门难、说话难、配合不积极等情况，最终确定重点普查对象29个。下一步，普查全面开展，我们将继续协调相关部门，解决难点问题。

1. 收藏单位性质统计

朝阳区第一次全国可移动文物普查试点工作收藏单位性质统计表

单位性质	数量
博物馆	11
其他文博机构	6
其他国有事业单位	6
国有企业	1
政府机关	5

2. 收藏单位所属系统统计

朝阳区第一次全国可移动文物普查试点工作收藏单位所属系统统计表

所属系统	数量
农、林、牧、渔业	2
电力、燃气及水的生产和供应业	1
建筑业	1
交通运输、仓储和邮政业	1
批发和零售业	1
金融业	1
科学研究、技术服务和地质勘查业	2
水利、环境和公共设施管理业	1
教育	1
卫生、社会保障和社会福利业	1
文化文物、体育和娱乐业	14
公共管理和社会组织	3

三、各类可移动文物定级情况的分类统计

朝阳区第一次全国可移动文物普查试点工作文物定级情况统计表

文物级别	数量
一级文物	74
二级文物	213
三级文物	578
一般文物	1294
未定级文物	11437

四、各类可移动文物年代的分类统计

朝阳区第一次全国可移动文物普查试点工作文物年代情况统计表

统计年代	数量
旧石器时代（约200万年~1万年前）	18
新石器时代（约1万年~4千年前）	857
商（前1600~前1046年）	45
西周（前1046~前771年）	44
春秋（前770~前476年）	51
战国（前475~前221年）	186
秦（前221~前207年）	9
汉（前206~公元220年）	1530
三国（220~265年）	2
晋（265~420年）	35
南北朝（420~589年）	77
隋（581~618年）	20
唐（618~907年）	222
五代（907~960年）	5
宋（960~1279年）	221

续表

统计年代	数量
辽（907～1125年）	323
金（1115～1234年）	14
元（1271～1368年）	148
明（1368～1644年）	316
清（1644～1911年）	1787
中华民国（1912～1949年）	1346
中华人民共和国（1949年以来）	659
200万年以前	8
19世纪	6
20世纪	4273
21世纪	470
年代不详	924

五、各类可移动文物建档及保护情况的分类统计

（一）文物建档情况统计

各普查单位对所藏文物均已建立起了纸质和电子文物档案，有条件的单位还对文物信息进行了补充。

（二）文物保护情况统计

朝阳区第一次全国可移动文物普查试点工作文物保护情况统计表

文物完残程度	数量
完整	7404
基本完整	4170
残缺	1982
严重残缺（含缺失部件）	40

第四部分　可移动文物普查数据分析

一、第一次全国可移动文物普查文物总体情况分析

（一）各类文物收藏单位性质分析

在此次试点工作中，参与普查的试点单位共29个。其中：博物馆11个，占37.95%；其他文博机构6个，占20.68%；其他国有事业单位6个，占20.68%；国有企业1个，占3.45%；政府机关5个，占17.24%。

（二）文物的认定、建档和保存状况分析

1. 文物认定情况分析

此次普查共有2159件文物已认定，占比15.87%。未认定文物11437件，占比94.13%，尚待进一步认定。

2. 文物建档情况分析

各普查试点单位对文物建档工作比较重视，通过试点工作，各普查单位对所藏文物均已建立起了纸质和电子文物档案，有条件的单位还对文物信息进行了补充。

3. 文物保存状况分析

从普查登记文物看，状态稳定、不需修复的10425件套，占比76.68%；部分损腐、需要修复的3151件套，占比23.18%；腐蚀损毁严重，急需修复的20件套，占比0.14%。

从保存状况看，共有23.61%的文物需要修复。需要加大文物保护知识的宣传、培训，增强文物保护意识，提高文物保护技能，加大文物保护经费投入，确保需要保护的文物得到及时、有效的保护。

（三）第一次全国可移动文物普查中各类文物的年代数据分析

从普查文物年代分布情况看，清代以前文物5916件套，占比43.51%；近现代文物6756件套，占比49.69%，数量最多；未明确年代924件套，占比6.8%。

（四）第一次全国可移动文物普查中各级别文物数据分析

从普查文物级别分布情况看，一级文物74件套，占比0.54%；二级文物213件套，占比1.57%；三级文物578件套，占比4.25%；一般文物1294件套，占比9.51%；未定级文物11437件套，占比84.13%，数量最多。

二、可移动文物普查成果与文物保护事业发展的关系分析

近年国家加大保护投入，有效遏制了馆藏文物的损失速度。但是很多非文物系统的国有单位由于未进行系统的文物调查、认定和登记，未纳入国家文物保护管理体系，文物安全面临威胁，潜在损失难以估计。通过普查，将对文物保护事业起到以下作用：

1. 拥有一本数据翔实、信息全面的可移动文物账本

通过普查，基本掌握区域文博系统和各级党政机关、国有企事业单位可移动文物的数量和分布，文物的本体特征、基本数据，并对保护发展趋势作出基本的评价。

2. 建成一套符合区域行政特点的可移动文物统计工作机制

通过普查，理顺文物管理部门、政府各相关部门及属地街乡的关系，形成共同保护文物的工作合力。建立文博系统、党政机关、企事业单位可移动文物名录、档案和信息管理系统，为今后文物的标准化和动态管理创造了基础条件。

3. 培养一支专业、高效、敬业的文物管理队伍

通过普查，相关单位的文物保护意识进一步强化，文博系统工作人员的科学知识、专业技能和管理水平进一步提升，为建立一支具有现代化科学素养的专业队伍打了下基础。

三、可移动文物普查成果与国家经济社会发展的关系分析

可移动文物普查，对于全面掌握文化遗产资源，科学保护、合理利用文化遗产，加快文化强国建设具有十分重要的意义。

1. 是有效增强国家软实力，建设文化强国的战略工程

近年来，围绕北京奥运会、建国60周年、建党90周年和辛亥革命100周年等举办的系列展览，极大振奋、激发全国人民爱国热情和民族自豪感。同时文物作为“外交使者”、“国家名片”配合国家外交大局，提升中华文化国际影响力。加强文物资源的调查、展示和利用，将大力弘扬中华传统文化和爱国主义精神，增进中华民族凝聚力、向心力，提升国家软实力。

2. 是充分提升服务能力，保障人民群众基本文化权益的重要举措

我国正处于全面建设小康社会的关键时期，人民群众精神文化需求正随着社会发展而不断增长。特别是2008年博物馆免费开放以来，文化遗产的公共文化服务和社会教育效用充分发挥。开展普查，将极大拓展文物资源，促进文化产品开发，丰富公共文化服务内容，让文化遗产保护成果更好地惠及人民群众。

第五部分　文物普查主要成果

北京市朝阳区第一次全国可移动文物普查主要成果汇总数据。包括：

一、第一次全国可移动文物普查试点中各类可移动文物的总量统计

朝阳区第一次全国可移动文物普查试点工作各类可移动文物总量统计表

文物类别	数量
玺印	1
武器装备、航天装备	2
珐琅器	4

续表

文物类别	数量
音像制品	4
历史档案	5
雕塑、造像	12
古脊椎动物化石和古人类化石	23
皮革	43
货币	51
文献图书	62
邮品	63
度量衡器	122
骨角牙器	137
玻璃器	175
纺织（绣）品	188
文具、乐器、法器	216
拓片	250
书法	255
石器石刻	269
古籍：文献图书	278
徽章、证件	327
金银器	367
砖瓦	385
票据	431
铁器	440
绘画	463
竹木漆器	465
铜器	489
交通、运输工具	551

续表

文物类别	数量
宝、玉石器	684
瓷器	1038
文献图书	1528
陶、泥器	2075
其他	2193

二、可移动文物编码系统建立情况汇总

在普查试点工作中，由于普查信息系统中普查文物的编码是由国家文物局审核后系统自动生成，因此，普查的可移动文物尚未进行统一编码。

三、《国有可移动文物收藏单位名录》编制情况汇总

普查办按照普查试点工作要求，依据《国有可移动文物普查——收藏单位名录编制规范（试行）》，已建立了《朝阳区第一次全国可移动文物普查试点文物系统国有单位名录》及《朝阳区第一次全国可移动文物普查试点收藏单位名录》，从而为朝阳区制定文物保护方针政策提供了依据，为各级政府统一配置管理文物资源、充分发挥文物资源的社会效益提供了支持。

四、可移动文物信息管理系统建立情况汇总

为提高普查文物的信息化管理水平，各文物收藏单位依托《国有可移动文物普查信息采集软件》，加强可移动文物信息管理系统建设。有条件的单位在文物基本普查信息的基础上，不断充实和完善文物其他信息内容。各级普查办注重与各收藏单位的沟通交流，及时更新普查文物信息，不断加强普查数据管理力度，真正实现收藏单位与普查办文物信息数据有效衔接，

五、《国有可移动文物名录》编制情况汇总

普查办按照普查试点工作要求，依据《国有可移动文物普查——文物名录

编制规范（试行）》，都已建立了完整的《朝阳区国有可移动文物名录》，从而为朝阳区制定文物保护方针政策提供了依据，为促进其规范化、制度化管理，提高文物保护、利用的整体水平奠定了基础。

六、第一次全国可移动文物普查中普查队伍建设情况汇总

在参与普查试点工作的 150 名人员中，在职人员 58%，借调人员 27%，临时人员 15%。

从来源情况看，文化文物系统 38%、国家机关 56%、图书档案系统 4%、教育科研系统 2%。

从学历构成看。博士 1.33%、硕士 12%、本科学历 86.67%。

从职务分布看。处级 23%、科级 40%、科员 37%。

以上数据可以看出，文化文物系统人员作为基础构成，年轻化、专业化特征明显，也反映出各级政府对普查试点工作的高度重视。

通过试点工作，普查队伍业务能力水平得到了显著提高，为普查工作的全面推开奠定了人才基础，同时也促进了文物工作的开展。

七、第一次全国可移动文物普查中普查仪器设备配置编制情况汇总

普查试点中，一方面利用原有设施设备，另一方面购置新设备用于普查。此次普查中使用电脑 21 台，其中原有 18 台，新置 3 台；打印机 15 台；扫描仪 5 台；传真机 3 台；复印机 7 台；照相机 22 台，其中原有 16 台，新置 6 台；移动存储 23 个；汽车 5 辆；新置空气净化器 1 台；劳保用品若干。强大的物力支持，有效地保障了普查工作的顺利开展。

第六部分　政策建议

一、可移动文物普查试点发现的问题及建议

第一次全国可移动文物普查是继第三次文物普查之后，我国文化遗产保护领域又一次重要的国情、国力资源调查。因此，我们认为普查试点过程是一次宝贵的发现问题、解决问题、总结经验的过程。所以，在这次普查中我们不仅仅注重数据信息的收集，更重视经验的积累、方法的改进和机制的创新。主要体会和建议有如下几条。

1. 出台政策加强宣传，提高普查配合与知晓度

此次普查范围较广，涉及的国家机关、企事业单位众多，各个单位情况不一，心态各不相同，很多单位对普查工作一无所知。在试点过程中，经常出现普查队员“门难进、脸难看、配合不积极”等情况。因此，要将普查工作落到实处，首先在国家层面要出台政策性文件，要求各级政府高度重视、统一实施推动普查工作。其次要加强中央级媒体的宣传力度，营造一个全国性的氛围，提高普查工作的权威性、严肃性。第三为普查人员发放专门证件，提高被信任度，方便工作开展。具体在宣传方面，要实现社会宣传和新闻宣传要同步推进，突出加强宣传的计划性、主动性、多样性、知识性；应广泛设立宣传栏、建立普查工作网页、开辟普查工作论坛，不仅有利于广大民众更加方便、直接、及时、准确地了解和掌握普查工作情况，也能促进各普查单位的直接沟通交流，互通有无，取长补短，为普查工作快速、高效地开展创造条件。

2. 多方整合资源，提高普查专业性

可移动文物普查专业性强，文物认定难度较大。文物类别细，数量多，即使经过培训，普查队员在短时间内依然很难掌握文物的认定、分类、定名、年代等内容，且专家组人数有限，无法全程参与现场认定。朝阳区在普查中得到了市文物局的强有力的智力支持，通过下派专家队伍对不易认定的文物进行集中鉴定，从而解决了这一难题。在普查全面开展时，建议在加大对普查人员进行系统培训的基础上，充分利用北京等大城市高校多、专家多的优势，从相关机构、大专院校聘请专业人士组成国家级的普查指导团，对专业力量较为薄弱的地区进行定期指导。

3. 加强科技手段应用，提高普查工作效率与质量

在普查中发现，许多文博单位、图书馆已拥有各自的数据采集软件，国家相关部门也做过类似的数据采集工作，但普查软件与博物馆和图书馆等单位原

有软件还不能实现完全兼容，如重新录入，不但需要增加庞大的人力物力投入，还将造成不必要的重复性工作问题。因此，建议加强调查研究，提高信息采集软件的兼容性和工作效率。另外，在数据审核过程中，还发现文物登记号出现雷同现象，随着全国普查工作的开展，极有可能因编号雷同致使数据统计出现问题，希望日后在技术上予以解决。

4. 优化培训课程，提高普查准确率

作为基层的街乡及社区（村）的文化干部，在我们这次普查试点中发挥了很大的作用。但在普查中我们也发现，基层街乡和社区（村）的文化干部知识水平不一，接受能力不同，且新手较多，普查经验严重缺乏。因此，在正式普查的培训中，应采取理论与实践相结合的方法进行系统的培训，要重在操作层面，做到人人过关。而且，要根据不同阶段的工作内容，设计相应的培训内容，每次培训内容切忌贪多，重在实用。

5. 合理配比经费投入，提高经费使用效率

在普查试点中，国家下拨的普查经费明确要求不准购置相关硬件设备。但在实际普查过程中，尤其是在文物清点整理过程中，专业设备的配置是文物信息采集必不可少的工具。而普查中我们发现许多收藏单位缺乏专业的设备，无法按要求进行文物普查登记。同时，由于此次普查覆盖面广，尤其是面对非文博系统单位占绝大多数，这就需要投入大量人力对这些单位进行走访，而且这些单位在进行文物盘点和数据录入时也需要大量的专业人员。尤其是对于原来基础相对薄弱，收藏量又较大的收藏单位，工作量及难度更大。因此，建议在开展全国可移动文物普查过程中，加大国家下拨资金量并适当放宽使用范围，使中央支持的资金在撬动地方资金和实际工作推进中发挥更大的作用。

6. 认真分析数据，盘点文物资源总量

此次普查目的不仅仅是要摸清家底，更重要的是在严把数据审核关的基础上，对数据进行测算、分析，总结本区域可移动文物的资源数量、种类、分布、保存状况，为研究制定本地区经济社会与文物保护事业发展战略、规划，政府决策提供科学依据。如，从此次普查收集上来的一万三千多条数据分析，朝阳区可移动文物 84% 为未定级或未经过鉴定的文物。同时，文物保护现状

不容乐观，保护环境达不到标准库房要求，至于如何利用和发挥文物的价值和作用，还难以提上日程。通过此次普查试点，许多单位通过普查购买设备，改善文物保护条件。如朝阳区图书馆利用普查契机，购买书架，将300余册古籍置于专业防潮、防湿、防尘的环境下，进行保存。因此，加强文物保护与利用的研究，改善文物保存状况，已经到了刻不容缓的阶段。

7. 深化普查成果，探索文物保护可持续发展的机制

随着普查试点工作的推进，我们对普查工作的认识也不断深入。面对收藏单位，特别是行业外单位不配合，或消极配合，或质疑的态度，我们建议能否借鉴国外经验，将此次普查成果纳入国家文物保护范畴，统一列入目录，使文物收藏单位享受与行业内收藏单位一样的经费支持，如文物修复、文物鉴定、文物保存环境改善、举办文物展览等。明确文物保护的责权利，让收藏单位切实感受到文物保护给本单位带来不仅是社会责任，还是社会荣誉。手心手背都是肉，将单一的行政命令，转化成收藏单位的内在需求，这样才能准确掌控文物资源底数，形成全社会文物保护的合力。

二、可移动文物保护建议

多年来的文物工作实践告诉我们，只有对文物实施切实有效的保护，才能最大限度地利用文物这一从历史走向现在和未来的载体，推动社会的进步和发展。

1. 加强对文物保护工作的领导

各级党委和政府要加强对文物工作的领导和支持，把文物工作作为社会主义精神文明建设的重要内容。贯彻落实国务院《关于加强和改善文物工作的通知》精神，切实落实“五个纳入”，即把文物保护工作纳入当地经济和发展计划，纳入城乡建设规划，纳入财政预算，纳入体制改革，纳入各级领导责任制。各级政府都应把保护文物视为自己不可推卸的职责，真正将“五纳入”落实到各级政府的工作中去。

2. 进一步加强《文物保护法》的宣传和普及工作

《文物保护法》是文物工作的主要依据，它是以宣传为基础，以文物保护

为主体，并与刑法等多门法律规范相协调的文物保护法规体系，各级机关、企业事业单位、社会团体和每个公民都有依法保护文物的责任，我们要广泛宣传《文物保护法》，使之深入人心，家喻户晓，加强和提高全社会文物保护的法制观念、意识，加大对破坏文物构成犯罪的打击力度。

3. 重视文博队伍的建设

要做好文物工作，需要增强文博队伍实力，建设一支政治强、业务精、作风正的文物工作队伍。各级部门和单位要高度重视队伍的建设，积极创造条件，努力改善文物干部职工的工作、生活条件，稳定文物队伍。对现有的人员要加强在职培训，丰富他们的专业知识，努力提高整体队伍素质。

三、文物保护事业发展与国家经济社会协调发展建议

文物是民族文化的灵魂、先民宝贵的遗存，具有很高的历史、文化、艺术、科学价值。有效保护文物、合理开发利用文物，不仅是继承和弘扬民族优秀传统文化的需要，而且对于加快推动经济社会全面协调可持续发展具有十分重要的意义。

1. 提高认识，转变观念

要辩证地思考经济增长与文物保护的关系，充分认识到文物保护工作的完善有助于发展经济，文物是具有多种社会功能的优秀历史文化遗产，当然也是发展旅游经济的重要资源，从这个意义上讲，文物也是生产力。所以，保护文物将是促进发展、壮大旅游经济的基础性工作；同时，经济的发展则为文物保护提供资金和技术支持。

2. 健全法制，确立标准

要在深入开展宣传、贯彻、落实新修订的《中华人民共和国文物保护法》及其《实施条例》的同时，因地制宜，逐步完善与地方经济发展相配套的文物保护法规体系，走和谐共赢道路。此外，还要进一步加大执法监督力度，利用罚款、违规行为社会公示等方式，提高违规违法破坏文物的单位和个人的损失成本，从而逐步将文物保护工作纳入经济发展的法制化轨道，使文物资源得到永久持续的保护与传承。

3. 改革机制，完善政策

通过深化改革，形成有利于促进经济发展和文物保护和谐共处的体制条件和政策环境，文化、城建、司法等部门，应形成合力，齐抓共管，综合利用法律、经济等多种政策手段，妥善处理发展经济与文物保护的矛盾。在配合做好城市建设工作，促进经济发展的同时，加大对文物保护的支持力度，建立有利于文物保护工作的组织结构，调整和影响市场主体，完善保护文物的机制。

附录三　朝阳区大力发展博物馆事业的工作意见

（朝阳区文化委员会　2011 年 8 月）

为深入贯彻落实中央、北京市关于博物馆建设工作的重要部署，进一步促进我区博物馆事业发展，根据《朝阳区“十二五”时期文化发展规划》，结合区域实际，提出如下意见：

一、重要意义

（一）博物馆是展示城市文化文明的重要载体。

建设高品位、均衡化、多元化和国际化的城市文化是朝阳区实施“新四区”发展战略的重要内容之一。博物馆作为收藏、传承人类文化遗产的专业机构，是体现现代城市文化特色的重要载体，在文化建设中承担着传播历史文化、弘扬区域文化、提高综合素质、提升文化软实力的重要职责。

（二）博物馆是文化建设的重要内容。

随着朝阳区经济社会的快速发展，人民群众的精神文化需求日益增长，经济社会发展的最终目标是实现人的发展。博物馆通过展示、讲解等服务方式，满足人民群众共享人类文化与自然遗产的精神需求，是保障人民群众基本文化权益的重要阵地，是提升百姓幸福指数的重要途径，构建博物馆服务体系是公共文化体系建设的重要内容。

（三）博物馆是促进区域经济发展的助推器。

“十二五”时期，加强传统文化的传承、延续和再创，提升文化软实力，是朝阳区在更高层次上又好又快发展的重要内容。博物馆的建设与开放，不但可以再现与传承传统文化，培育公共文化空间，同时还将带动旅游、会展、出版、艺术品交易等文化创意产业的发展，促进朝阳区转变发展方式、提升城市综合竞争力。

二、重点任务

“十二五”时期，坚持“政府主导，社会参与，依法管理，集群发展”的原则，对辖区内博物馆进行统一规划，制定政策，整合资源，明确任务，抓好博物馆事业发展的“六个一”工程建设（即建设1个区域综合博物馆，做强1个民俗博物馆，发展一批街乡博物馆，制定1项民办博物馆扶持办法，打造博物馆聚集区，成立1个博物馆协会）。全面提升辖区内博物馆的社会服务水平，实现朝阳区博物馆公共服务体系初具规模。

（一）高水平规划建设区域综合博物馆——朝阳区博物馆。

区域综合博物馆是集中展示城市历史、文化、发展成果的重要平台。朝阳区经济社会的快速发展，文化的多元化和国际化，为区域博物馆的建设提供了丰富的文化内涵和良好的社会氛围。“十二五”期间，在东坝地区规划建设一座中型综合类博物馆——朝阳区博物馆，集中展示朝阳区历史文化、民风民俗、城市发展情况，同时为国际文化交流提供服务。充分借鉴国际管理经验，将其建设成为一座运用多媒体新技术展示区域文化文明、体现首都文化底蕴、彰显中华文化特色的标志性公共文化设施。

（二）做大做强北京民俗博物馆。

北京民俗博物馆是朝阳区唯一一座区属公办博物馆，也是北京市唯一一座民俗类专题博物馆。“十二五”期间，进一步加强北京民俗博物馆建设，充分发挥区属公办博物馆的引导和示范作用，围绕春节、端午节、中秋节等传统节日，开展形式多样的民俗文化活动，举办民俗文化进社区、进校园活动，使更多百姓了解博物馆，走进博物馆，接受博物馆教育。

以创办东岳书院为契机，拓展、深化北京民俗博物馆的社会服务功能，打造传承优秀传统文化的“一十百千”工程（即建立1个传统文化教育基地，策划10个以传统伦理道德为核心的主题活动，开展百场传统文化讲座，招募千名传统文化宣讲员），将北京民俗博物馆建设成为朝阳区传统文化研究中心、培训中心、中外文化交流中心。

（三）建立一批街乡特色博物馆。

随着朝阳区农村城市化进程的快速推进，文化资源整合对促进区域健康、稳定、和谐发展的作用日趋显著。街乡博物馆在保留区域记忆、传承区域历史的过程中发挥着重要作用。“十二五”期间，在各街乡分期分批建立区域特色博物馆，纳入全区公共文化服务体系建设，统一规划，规范管理，扶持发展。

（四）制定扶持办法，大力发展民办博物馆。

民办博物馆是公民文化需求日益增长的产物，是动员全社会广泛参与，共同构建公共文化服务体系，促进文化大发展、大繁荣，建设和谐社会的一支重要力量。通过制定《朝阳区鼓励促进民办博物馆发展实施办法（试行）》、加强业务指导、加大资金扶持、扩大宣传范围等方式，促进民办博物馆事业的健康可持续发展。

（五）积极引进整合资源，打造博物馆聚集区。

利用博物馆聚集区的集群效应，打造城市文化名片。“十二五”期间，根据北京市总体规划，奥林匹克公园周边地区将建设4座国家级博物馆，包括中国美术馆新馆、中国工艺美术馆、中国音乐博物馆、中国戏曲博物馆；1座市级博物馆——北京奥运博物馆。大型博物馆的落户将极大提升朝阳区的文化影响力，要以此为契机，加强与项目建设单位的沟通联系，做好属地服务保障，创新工作思路，积极引进具有国际影响力的博物馆，打造以国家体育场为核心的北部博物馆聚集区。

高碑店地区一批小型博物馆的落户，已经形成了民办博物馆聚集的态势。在此基础上，打造以高碑店地区为核心的南部博物馆聚集区。

（六）成立朝阳区博物馆协会，加强人才队伍建设。

组织辖区内博物馆成立朝阳区博物馆协会，开展博物馆宣传系列活动，扩大博物馆的社会影响力。举办主题鲜明的“博物馆日”活动，提高公众对于人类文化遗产的认知度；招募一批志愿者，建立“博物馆之友”队伍，参与博物馆服务；举办博物馆学堂，让文物、博物馆知识走进社区、学校、企事业单位；结合爱国主义教育基地建设，充分发挥博物馆教育功能，提升文化影响力；定期组织会员进行培训，为文物、博物馆事业的可持续发展提供智力支持和人才保障。

三、工作要求

（一）高度重视，形成博物馆发展合力。

各部门要切实提高认识，加强部门联动，创新服务管理，抓好各项政策措施的落实。各街乡要充分挖掘辖区内历史文化资源，收集整理反映区域历史变迁的文献实物资料，成立区域特色博物馆，开展乡土民情教育。

（二）加大政策资金扶持力度，推动博物馆可持续发展。

加快制定博物馆发展实施意见和工作细则，根据我区实际，做好博物馆事业发展规划。加强对博物馆建设资金的监督和管理，拓宽资金投入渠道，形成以政府支持为主、社会力量积极参与的博物馆建设机制。

（三）加强业务人才支撑，促进博物馆规范化发展。

切实加强对博物馆发展的指导，对博物馆的项目审定、场馆设计、藏品征集、陈列展示等给予业务支持，逐步提升博物馆的社会形象和展览水平。创新博物馆管理机制，充实专职工作人员，制定一套符合博物馆事业发展规律的人才培养制度，多形式、多层次、多渠道解决人才短缺问题。

（四）加大宣传力度，形成有利于博物馆健康发展的社会舆论氛围。

充分利用广播、电视、报纸、网络等媒体，加大对博物馆的宣传力度，吸引市民走进博物馆，形成全社会共同关心和支持博物馆事业发展的良好环境，使博物馆成为朝阳区文化事业的亮点和对外文化交流的重要窗口。

附录四　朝阳区鼓励促进民办博物馆发展实施办法（试行）

（朝阳区文化委员会　2011年8月）

第一章　总　则

第一条　为促进朝阳区民办博物馆健康有序发展，进一步调动社会力量参与文化遗产保护和社会主义先进文化建设的积极性，根据《国家文物局民政部财政部国土资源部住房和城乡建设部文化部国家税务总局关于促进民办博物馆发展的意见》（文物博发［2010］11号）、《文化部财政部关于推进全国美术馆公共图书馆文化馆（站）免费开放工作的意见》（文财务发［2011］5号）和《朝阳区大力发展博物馆事业的工作意见》，制定本办法。

第二条　本办法所称民办博物馆是指馆址在朝阳区行政区域内，由社会力量利用非国有文物、标本、资料等资产依法设立，经北京市文物局、北京市文化局、北京市民政局审批注册并取得法人资格，以教育、研究、欣赏为目的，向公众开放的非营利性社会服务机构。

第三条　按照积极鼓励、正确引导、依法管理的指导思想，根据民办博物馆自愿办馆、自筹资金、自负责任、自主管理的特点，逐步完善促进民办博物馆发展的优惠政策和配套措施。

第四条　将民办博物馆纳入全区国民经济和社会发展规划，由区文化委进行业务管理和监督。

第二章　扶持对象与条件

第五条　成立由专家、相关行政部门组成的朝阳区民办博物馆评审小组，对民办博物馆进行综合评定，评定结果作为扶持或终止补助办馆的主要依据。

第六条　已批准设立的民办博物馆，能对公众正常开放并具备下列条件之一的，可获得相应扶持。

（一）积极参与朝阳区非物质文化遗产抢救、保护和展示工作的。

（二）能体现地方特点，代表朝阳区某一特定历史发展时期的。

（三）结合本馆特点，开展形式多样、生动活泼的社会教育和服务活动，社会反响较好的。

（四）展览形式与内容和谐统一，具有较高学术和文化价值的。

（五）被国家、市有关部门授予“爱国主义教育基地”或“青少年科技教育基地”称号的。

（六）在全国博物馆陈列展览评选活动中获得重要奖项的。

第三章　扶持措施

第七条　民办博物馆按照现行税法规定享受有关税收优惠政策。

第八条　区文化委设立朝阳区民办博物馆发展专项资金，为民办博物馆公共服务提供经费补助。

（一）陈列展览专项补助

对在朝阳区备案的民办博物馆，根据展厅面积、藏品数量、展览规模、展览性质、参观人数，提供陈列展览专项资金补助。

（二）门票收入经费补助

将购买的民办博物馆门票，免费发放给老年人、青少年、残疾人（包括伤残军人)；将每月的第1个星期六设立为朝阳区民办博物馆免费开放日，对在此期间免费开放的民办博物馆给予经费补助。

（三）公益活动经费补助

对民办博物馆根据藏品特色，针对特殊群体举办的公益性文化活动，提供经费补助。

（四）专题展览补助

民办博物馆可申办由朝阳区命题的专题展览，并获得相关经费补助。

（五）博物馆备案一次性补助

对在朝阳区备案的民办博物馆，按实际展览面积、藏品数量给予一次性补助。

第九条 营造促进民办博物馆健康发展的社会舆论氛围。

（一）加大民办博物馆在国家级、市级报刊媒体上的宣传力度；在朝阳文化网、《朝阳报》开辟民办博物馆专栏，宣传博物馆概况、展览讯息，扩大民办博物馆的社会影响力。

（二）将具有旅游服务功能的民办博物馆纳入全区旅游规划，开辟特色旅游专线，积极宣传推介。

（三）编辑制作朝阳区博物馆导览手册，向市民、游客免费发放。

（四）充分发挥民办博物馆爱国主义教育基地功能和中小学生社会大课堂作用，积极组织学生参观学习。

第十条 成立朝阳区博物馆协会，定期组织会员活动，开展业务培训，加强公办博物馆与民办博物馆之间的馆际交流与合作。

第十一条 资助民办博物馆学术研究。

（一）向民办博物馆赠阅《中国文化报》、《中国文物报》。

（二）民办博物馆专业人员可参加区属公办博物馆举办的业务培训；公办博物馆可为民办博物馆提供专业技术职称申请信息。

（三）民办博物馆招聘专业人才可享受朝阳区人才引进相关优惠政策。

（四）有重大学术成果，对朝阳区文博事业发展做出杰出贡献的民办博物馆从业者，可申报朝阳区专业人才奖励。

第四章　申请与审核

第十二条　区文化委负责民办博物馆申请扶持资金的备案工作。

第十三条　申请人须提交下列材料：

（一）申请书。

（二）市文物局或市文化局设立博物馆的审批文件，以及市民政局的注册证明。

（三）博物馆法定代表人的身份证明。

（四）藏品目录及合法来源说明。

（五）陈列大纲。

（六）公益活动项目书。

（七）其他相关材料。

第十四条　受理和审核程序：

（一）区文化委对申请材料进行核查；

（二）朝阳区民办博物馆评审小组进行调研评定并提出意见；

（三）区文化委对评审小组意见进行审核批复。

第五章　监督与管理

第十五条　民办博物馆须严格遵守国家相关政策法规、技术标准规范，以及国际博物馆协会职业道德准则，依法自我管理、科学运行，承担相应的社会义务。

第十六条　民办博物馆应接受区文化委的指导、监督，定期向区文化委报告年度工作情况。

第十七条 民办博物馆应依法收藏、妥善保管文物，建立、健全藏品收藏、保护、研究、展示等相关规章制度。

第十八条 民办博物馆变更法定代表人、馆名、馆址、章程，终止办馆，应及时报区文化委备案。

第十九条 申请人应如实填写申报材料，不得多头申报，如提供虚假信息，区文化委将追回补助资金，申请人 3 年内不得再申请补助。

第二十条 民办博物馆违反相关法律法规或本办法有关规定的，将终止扶持。

第六章 附则

第二十一条 对其他由个人或民营企业出资筹建并向社会开放取得较好社会效益，经依法登记且有收藏、保护、研究、展示功能的艺术馆、纪念馆、美术馆、展览馆等非营利性民办单位，经区文化委审核批准后，可参照民办博物馆相关政策予以扶持。

第二十二条 本办法由区文化委负责解释。

第二十三条 本办法自 2011 年 11 月 1 日起试行，试行期限 1 年。

附录五　朝阳区不可移动文物一览表

序号	名称	年代	地址	级别
1	北京东岳庙	元	朝阳区朝阳门外大街 141 号	全国重点文物保护单位
2	清净化城塔院	清	朝阳区黄寺大街 11 号	全国重点文物保护单位
3	元大都城墙遗址（朝阳段）	元	朝阳区健安东路、健安西路北侧，东起土角楼西侧北京服装学院以东 673 米处，西至京藏高速路	全国重点文物保护单位
4	日坛	明	朝阳区日坛北路 6 号日坛公园内	全国重点文物保护单位
5	大运河（通惠河朝阳段）——永通桥、平津闸	明、元	朝阳区管庄乡八里桥村东南、高碑店乡高碑店村西北	全国重点文物保护单位
6	四九一电台旧址	1918 年	朝阳区双桥街 9 号院	全国重点文物保护单位
7	十方诸佛宝塔	明	朝阳区王四营乡古塔公园内	北京市文物保护单位
8	北顶娘娘庙	明	朝阳区奥运村街道奥林匹克中心区国家游泳馆南侧	北京市文物保护单位
9	顺承郡王府	清	朝阳区朝阳公园南路 19 号	北京市文物保护单位
10	海阳义园（山东会馆）	清	朝阳区呼家楼南里 2 号	朝阳区文物保护单位
11	马骏烈士墓	民国	朝阳区日坛北路 6 号日坛公园西北隅	朝阳区文物保护单位

续表

序号	名称	年代	地址	级别
12	张翼祠堂	清	朝阳区豆各庄乡豆各庄村西	朝阳区文物保护单位
13	常营清真寺	明	朝阳区常营乡民族家园东路西南侧	朝阳区文物保护单位
14	肃慎亲王敬敏墓	清	朝阳区王四营乡道口村西北（现柏阳景园小区西侧）	朝阳区文物保护单位
15	显谨亲王衍璜墓	清	朝阳区潘家园东里	朝阳区文物保护单位
16	那桐墓	清	朝阳区三间房乡双桥路西里 6 号	朝阳区文物保护单位
17	南下坡清真寺	清	朝阳区朝外二条 129 号	朝阳区文物保护单位
18	龙王庙	明	朝阳区奥运村街道奥林匹克森林公园内	登记项目
19	弥陀古寺	明	朝阳区奥运村街道天居园小区内	登记项目
20	太清观	明	朝阳区大屯街道黄草湾郊野公园内	登记项目
21	关庄关帝庙	清	朝阳区大屯街道北湖渠路 15 号院内	登记项目
22	白衣庵	清	朝阳区东坝乡东坝镇白衣庵街东侧	登记项目
23	东坝娘娘庙	明	朝阳区东坝乡东坝镇娘娘庙街南口东侧东坝中心小学内	登记项目
24	双关帝庙	明	朝阳区东坝乡板桥村	登记项目
25	真武庙	明	朝阳区东坝乡单店村	登记项目
26	观音院	清	朝阳区崔各庄乡北皋村	登记项目
27	东辛店娘娘庙	清	朝阳区崔各庄乡东辛店村中部	登记项目
28	雷家桥关帝庙	明	朝阳区孙河乡雷家桥村	登记项目
29	来广营娘娘庙	清	朝阳区来广营乡来广营西路金茂府小区内	登记项目
30	东湖关帝庙	清	朝阳区东湖街道北小河公园内	登记项目

续表

序号	名称	年代	地址	级别
31	清河营娘娘庙	清	朝阳区来广营乡润泽庄园小区西北	登记项目
32	兴隆寺	清	朝阳区望京220千伏变电站东侧	登记项目
33	护国天仙圣母庙	明	朝阳区来广营乡北湖渠村南	登记项目
34	来广营关帝庙	清	朝阳区来广营乡北纬40度小区西侧	登记项目
35	平房天主堂	1932年	朝阳区平房乡平房街正街87号	登记项目
36	南磨房关王庙	明	朝阳区南磨房乡世纪东方嘉园小区绿地内	登记项目
37	双龙寺	清	朝阳区十八里店乡西直河村西（西直河小学内）	登记项目
38	英家坟关帝庙	清	朝阳区八里庄街道英家坟东方培新学校内	登记项目
39	马房寺关帝庙	清	朝阳区王四营乡马房寺村西北	登记项目
40	杨闸清真寺	清	朝阳区管庄乡杨闸村	登记项目
41	管庄清真寺	清	朝阳区管庄乡管庄村西部	登记项目
42	西会清真寺	清	朝阳区管庄乡西会村	登记项目
43	万子营清真寺	清	朝阳区黑庄户乡万子营村	登记项目
44	普门寺	明	朝阳区高碑店乡小郊亭村	登记项目
45	九天普化宫	明	朝阳区朝外大街227号	登记项目
46	八里庄清真寺	清	朝阳区六里屯街道八里庄158号	登记项目
47	碧霞宫娘娘庙	清	朝阳区管庄乡小寺村	登记项目
48	朝阳公园老君庙	明末清初	朝阳区朝阳公园南路1号朝阳公园内	登记项目
49	三间房关帝庙	清	朝阳区三间房乡三间房东村南侧	登记项目

续表

序号	名称	年代	地址	级别
50	乐家花园	民国	朝阳区双井街道通惠河南岸庆丰公园西园内	登记项目
51	卫武家族墓碑	清	朝阳区奥运村街道奥林匹克森林公园内	登记项目
52	兆惠墓碑	清	朝阳区奥运村街道奥林匹克森林公园曲棍球场院内	登记项目
53	图海家族墓碑	清	朝阳区奥运村街道奥林匹克森林公园内	登记项目
54	海望家族墓碑	清	朝阳区奥运村街道奥林匹克森林公园内	登记项目
55	吴努春诰封碑	清	朝阳区奥运村街道奥林匹克森林公园内	登记项目
56	席哈纳诰封碑和席哈纳墓碑	清	朝阳区王四营乡双合村	登记项目
57	固伦和敬公主坟石狮子	清	朝阳区东坝乡东坝街西门外路北京一轻高级技术学校门口	登记项目
58	费扬古谕祭碑和费扬古墓碑	清	朝阳区东坝乡东坝郊野公园内	登记项目
59	席图库诰封碑和席图库父母诰封碑	清	朝阳区高碑店乡华润饭店西南侧、京通快速路北侧便道绿地内	登记项目
60	常保神道碑	清	朝阳区高碑店乡京通快速路铁路桥西南侧	登记项目
61	博济诰封碑和博济神道碑	清	朝阳区高碑店乡高碑店污水处理厂西墙院内	登记项目
62	严泰御祭碑	清	朝阳区南磨房乡东四环南路窑洼湖桥南东侧辅路绿化隔离带内	登记项目
63	和硕和嘉公主坟石刻	清	石碑坊位于朝阳区高碑店乡大望之星台球厅南侧；翁仲、石马、福隆安墓碑位于朝阳区高碑店乡高碑店村科举匾额博物馆门前	登记项目

续表

序号	名称	年代	地址	级别
64	满文松颐诰封碑	清	朝阳区建国路 86 号长安 8 号院内	登记项目
65	赛必汉诰封碑和保德祖父母、父母诰封碑	清	朝阳区高碑店乡四惠交通枢纽南侧	登记项目
66	线应奇墓碑	清	朝阳区高碑店乡高碑店村科举匾额博物馆门前	登记项目
67	苏尔兖衣诰封碑	清	朝阳区高碑店乡高碑店村科举匾额博物馆门前	登记项目
68	重修朝阳门石道碑	清	朝阳区三间房乡定福庄东村	登记项目
69	通县界碑	民国	朝阳区朝阳路定福庄段路北主辅路绿隔内	登记项目
70	常汝贵诰封碑和常明扬神道碑	清	朝阳区东风乡辛庄村星火西路路西绿地内	登记项目
71	额公诰赠碑	清	朝阳区团结湖南里 16 号团结湖公园内	登记项目
72	三和墓碑	清	朝阳区劲松街道农光东里 11 号锅炉房院内	登记项目
73	王进泰墓碑	清	朝阳区崔各庄乡北皋村南北小河北岸	登记项目
74	广寿诰封碑和广寿神道碑	清	朝阳区崔各庄乡费家坟村（现泉辛路东西两侧）	登记项目
75	蟒吉图墓碑	清	朝阳区八里庄街道慈云寺神华国华北京热电分公司东门西侧	登记项目
76	法尔纳诰封碑	清	朝阳区高碑店乡高碑店村科举匾额博物馆门前	登记项目
77	觉罗公墓表	清	朝阳区东四环路大郊亭桥东南侧化工二厂西墙汽车修配厂内	登记项目
78	和硕显亲王富寿墓碑	清	朝阳区日坛北路 6 号日坛公园内	登记项目
79	神木谣碑	清	朝阳区双井街道空军干休所院内	登记项目

续表

序号	名称	年代	地址	级别
80	拜音柱诰封碑	清	朝阳区西坝河光熙门北里14号楼东	登记项目
81	星纳墓碑	清	朝阳区建国路93号万达广场东北侧	登记项目
82	酒仙桥关帝庙功德碑	清	朝阳区奥运村街道北顶娘娘庙内	登记项目
83	吴纳哈墓碑	清	朝阳区王四营乡古塔公园内	登记项目
84	重修药王庙碑	民国	朝阳区呼家楼街道朝阳区文化馆后院瓦舍博物馆前	登记项目
85	沃岳氏圣旨碑	清	朝阳区建国路乙108号雅诗阁服务公寓东南大厅	登记项目
86	御题“金台夕照”碑	清	朝阳区东三环中路7号财富中心广场内	登记项目
87	洪熙圣旨碑	明	朝阳区常营乡连心园小区内	登记项目
88	增海墓碑	清	朝阳区王四营乡北焦医院院内	登记项目
89	石文晟继妻佟氏诰封碑	清	朝阳区三间房乡三间房东村西北角	登记项目
90	额克锡纳墓碑	清	朝阳区广渠东路6号北京市恒物物流公司院内	登记项目
91	科尔可大诰封碑	清	朝阳区孙河乡孙河村	登记项目
92	重修显应禅寺碑	清	朝阳区崔各庄乡东辛店娘娘庙内	登记项目
93	辽代经幢	辽	朝阳区金盏乡金盏村温榆河金河湾西岸	登记项目
94	三岔河汉墓埋藏区	汉	朝阳区东坝乡三岔河村西北部	登记项目
95	三台山汉墓埋藏区	汉	朝阳区小红门乡三台山村	登记项目
96	松王坟	清	朝阳区东风乡辛庄村中部	登记项目
97	双桥革命烈士墓	1954年	朝阳区黑庄户乡大鲁店长青园骨灰林基地	登记项目
98	全国农业展览馆	1959年	朝阳区东三环北路16号	登记项目

续表

序号	名称	年代	地址	级别
99	北京工人体育馆	1959 年	朝阳区工人体育场西侧	登记项目
100	北京工人体育场	1959 年	朝阳区工人体育场路南侧	登记项目
101	北京炼焦化学厂	1958 年	朝阳区化工路东口	登记项目
102	北京第二棉纺织厂	1954 年	朝阳区八里庄东里 1 号	登记项目
103	798 厂	1954 年	朝阳区酒仙桥路 4 号	登记项目
104	中国计量科研院恒温楼	1955 年	朝阳区北三环东路 18 号	登记项目
105	齐家园外交公寓	1957 年	朝阳区建国门外大街 9 号院	登记项目
106	建国门外大街外交公寓 1 号	1972 年	朝阳区建国门外大街北侧	登记项目
107	建国外大街外交公寓 12、14 号	1973 年	朝阳区建国门外大街友谊商店东侧	登记项目
108	北京国际俱乐部	1972 年	朝阳区建国门外大街 21 号	登记项目

参考文献

《元史》，中华书局，2000 年。

《明史》，中华书局，2000 年。

《清史稿》，中华书局，1998 年。

《清实录》，中华书局，1986 年。

《八旗通志》，东北师范大学出版社，1985 年。

《八旗满洲氏族通谱》，辽海出版社，2002 年。

《爱新觉罗宗谱》，学苑出版社，1998 年。

《日下旧闻考》，北京古籍出版社，1983 年。

《朝阳区地名志》编辑委员会编：《北京市朝阳区地名志》，北京出版社，1993 年。

北京市地方志编纂委员会编：《北京志·建筑卷·建筑志》，北京出版社，2002 年。

北京市地方志编纂委员会编：《北京志·文物卷·文物志》，北京出版社，2004 年。

北京市朝阳区地方志编纂委员会编：《北京市朝阳区志》，北京出版社，2006 年。

北京市文物事业管理局编：《北京名胜古迹辞典》，北京燕山出版社，1989 年。

北京市文物事业管理局编：《北京文物博物馆事业纪事：上（1949～1978）》，1994 年。

北京市文物局图书资料中心、《北京志·文物志》总编室编：《北京文物博物馆事业纪事：下（1979～2006）》，2007 年。

北京市档案馆编：《北京寺庙历史资料》，中国档案出版社，1997 年。

北京民俗博物馆编：《北京东岳庙与北京泰山信仰碑刻辑录》，中国书店，2004 年。

北京市朝阳区政协学习与文史委员会编：《朝阳文史》第五辑，2005 年。

北京市政协文史资料委员会编：《北京文史资料精选 · 朝阳卷》，北京出版社，2006 年。

北京市朝阳区政协学习与文史委员会编：《朝阳文史》第七辑资料，2007 年。

北京历史考古丛书编辑组编：《北京文物与考古》，1983 年。

北京市文物研究所编：《北京文物与考古》第三辑，1992 年。

中国考古学会编：《中国考古学年鉴：1997》，文物出版社，1999 年。

苏天钧主编：《北京考古集成》，北京出版社，2000 年。

北京市文物局、北京市文物研究所编：《北京奥运场馆考古发掘报告》（上、下），科学出版社，2007 年。

宋大川主编：《北京考古发现与研究：1949 ~ 2009》上、下，科学出版社，2009 年。

北京市文物研究所编：《北京皇家建筑遗址发掘报告》，科学出版社，2009 年。

北京市文物研究所编：《北京寺庙宫观考古发掘报告》，科学出版社，2010 年。

北京市文物局、《北京文物建筑大系》编委会编：《北京文物建筑大系：坛庙》，北京美术摄影出版社，2011 年。

北京市文物局、《北京文物建筑大系》编委会编：《北京文物建筑大系：桥塔》，北京美术摄影出版社，2011 年。

北京市文物局、《北京文物建筑大系》编委会编：《北京文物建筑大系：寺观》，北京美术摄影出版社，2011 年。

北京市文物局、《北京文物建筑大系》编委会编：《北京文物建筑大系：近代建筑》，北京美术摄影出版社，2011 年。

北京第二棉纺织厂编：《求实奋进的三十年：1955 ~ 1985》，1985 年。

国家广播电影电视总局四九一台编写组编：《寻访红色电波传输发射的源头》，2010 年。

冯其利：《清代王爷坟》，紫禁城出版社，1996 年。

蒋效愚、李凤玲主编：《京畿丛书·朝阳》，北京图书馆出版社，1998 年。
陈巴黎：《北京东岳庙》，中国书店，2002 年。
中国藏语系高级佛学院编：《西黄寺》，2009 年。
日坛公园编委会编：《日坛史略》，吉林大学出版社，2010 年。
郭京宁：《当代北京考古史话》，当代中国出版社，2012 年。
张明悟：《辽金经幢研究》，中国科学技术出版社，2013 年。

冯其利：《京郊清墓探寻》，《北京档案史料》，2001 年第 4 辑至 2003 年第 4 辑。
杨海山：《京郊清代墓碑》，《北京档案史料》，2005 年第 2 辑。
《北京市 1958 年文物调查总结》，《北京档案史料》，2009 年第 1 辑。
曹彦生：《普查队长手记》，http：//www. risingsun. org. cn/朝阳文化网。

《人民日报》，1951 年 12 月 31 日第 3 版。
《考古》，1962 年第 5 期。
《中国钱币》，1983 年第 2 期。
《考古学报》，1986 年第 1 期。
《人类学学报》，1990 年第 2 期。
《科技潮》，1998 年第 9 期。
《中国道教》，2004 年第 1 期。
《北京社会科学》，2008 年第 4 期。
《文物》，2008 年第 9 期。
《北京文博》，2003 年第 2 期。
《北京文博》，2004 年第 4 期。
《北京文博》，2005 年第 2 期。
《北京文博》，2007 年第 2 期。
《北京文博》，2009 年第 2 期。
《北京文博》，2009 年第 3 期。

后 记

盛世修志，是时代赋予我们的神圣职责。《朝阳文物志》数易其稿，终于如期付梓。这是朝阳区正式出版的第一部文物类志书，是对新中国成立以来尤其是改革开放以来，朝阳区文物保护事业的系统总结，是研究北京地区历史的一个重要补充，无疑将对朝阳区文化事业的大繁荣、大发展产生积极的推动作用。

《朝阳文物志》时空跨度大，涉及范围广，全书的编写工作是一个系统而繁重的工程。编写过程中，朝阳区领导高度重视，积极创造条件，为编写工作打下了坚实的基础。区文化委陆续调配专（兼）职工作人员从事修志工作，前后参加编修的工作人员达十余人。编写人员广泛查阅档案、古籍、报纸期刊、论文著作，深入实地考察，走访知情者，使内容更加充实、完善、可靠。

在资料搜集过程中，我们得到了北京民俗博物馆、朝阳区图书馆、朝阳区档案馆以及区内外其他单位和个人的无私帮助；文物出版社人文图书编辑中心为本书的编辑出版给予了大力支持；承蒙我国著名文物专家罗哲文为本书题写书名，对此深表感谢。在此，我们谨向所有为编修《朝阳文物志》付出心血、做出贡献的各方人士，向所有关心、支持、帮助修志的单位与个人，致以诚挚谢忱。

由于编者水平有限，加之某些史料缺乏，书中难免有疏漏之处。敬请各方专家和广大读者不吝赐教指正。

北京市朝阳区文化委员会

二〇一三年十二月